DROEMER

VINCENT KLIESCH

Nach einer Idee von
SEBASTIAN FITZEK

DIE FREQUENZ DES TODES

AURIS

THRILLER

DROEMER

Besuchen Sie uns im Internet:
www.droemer.de

Aus Verantwortung für die Umwelt hat sich die Verlagsgruppe Droemer Knaur zu einer nachhaltigen Buchproduktion verpflichtet. Der bewusste Umgang mit unseren Ressourcen, der Schutz unseres Klimas und der Natur gehören zu unseren obersten Unternehmenszielen. Gemeinsam mit unseren Partnern und Lieferanten setzen wir uns für eine klimaneutrale Buchproduktion ein, die den Erwerb von Klimazertifikaten zur Kompensation des CO_2-Ausstoßes einschließt. Weitere Informationen finden Sie unter: www.klimaneutralerverlag.de

MIX
Papier aus verantwortungsvollen Quellen
FSC® C083411
FSC
www.fsc.org

Originalausgabe Mai 2020
Droemer Taschenbuch

Ein Projekt der AVA International GmbH
Autoren- und Verlagsagentur
www.ava-international.de
Redaktion: Regine Weisbrod
Covergestaltung: ZERO Werbeagentur, München
Coverabbildung: Andrew Krasovitckii / shutterstock.com
Satz: Adobe InDesign im Verlag
Druck und Bindung: CPI books GmbH, Leck
ISBN 978-3-426-30760-1

2 4 5 3 1

KAPITEL 1

CECILE

Von allen Geräuschen, die es vermögen, das Grauen anzukündigen, vernahm Cecile Dorm das vermutlich schlimmste. Es war kein heftiges Pochen an der Wohnungstür mitten in der Nacht. So wie letztens, als der Nachbar von schräg gegenüber im Pyjama vor ihrer Haustür gestanden hatte. Friedmann, der sonst nicht einmal grüßte, vermutlich, weil er sich für etwas Besseres hielt, hier in der Villengegend in Westend … *die uns eigentlich eine Nummer zu groß ist, Schatz. Findest du nicht?* Aber ihr Mann Jonathan mochte es, war hier groß geworden, wenn auch in einem Mietshaus ohne Garten. So gesehen hatten sie es nun in dem renovierungsbedürftigen, aber großzügigen Anwesen besser. Auch wenn es einsamer war als in ihrem Heimatdorf in Mahlow, wo Cecile früher nie schräg angeguckt worden war, wenn sie mal eilig im Jogginganzug, ungeschminkt und mit einem hastig gebundenen Verlegenheitszopf was fürs Frühstück holte. *»Ist das nicht die Tante vom Jugendamt? Die Frau vom Nervenarzt? Der holt sich seine Irren nach Hause, heißt es. Ja, er hat jetzt sogar die Praxis vom Dachboden in den Keller verlegt. Ob er in der Klinik rausgeflogen ist? Und das Haus! Nicht mal einen Anstrich können die sich leisten.«*

Das hatte ihr Friedmann, der sich seit seiner Pensionierung zu so etwas wie einem Nachbarschaftssheriff aufgeschwungen hatte, sogar einmal ins Gesicht gesagt: »Eine Schande, wie Sie die alte Villa verkommen lassen.« Damals jedoch, als er sie aus dem Schlaf gerissen hatte, war ihm die bröckelige Fassade nicht wichtig gewesen. Barfuß und mit einem nicht funktionierenden Telefon in der Hand stand er vor ihnen.

»Sie sind doch Arzt«, hatte er flehentlich zu Jonathan gesagt. »Bitte, mein Enkel erstickt!«

Der Vierjährige, den die Friedmanns für ihre Tochter babysitteten, hatte einen Pseudokrupp-Anfall erlitten. Cecile wickelte den Kleinen einfach in eine Decke und trug ihn nach draußen. Sein spastischer Hustenkrampf hatte sich schnell gelöst.

Jetzt hingegen war es kein ersticktes Röcheln, das Ceciles Herz dazu brachte, ihr gegen die Rippen zu schlagen wie ein Basketball aufs Turnhallenlinoleum. Auch kein Hupen, gefolgt von quietschenden Autoreifen, das sich rasend schnell auf sie zubewegte. Weder das Bersten von Fensterglas im Wohnzimmer, während sie nachts im Bett lag, noch das helle Knacken eines Knochens beim Aufprall nach einem Sturz. Das Geräusch, das sie so sehr ängstigte, war weit schlimmer als all das. Es kam direkt aus der Wiege, in die sie die kleine Selma zum Schlafen gelegt hatte. Das Geräusch war Stille. Nichts als absolute, erbarmungslose Stille.

Von dieser beängstigenden Ruhe war Cecile geweckt worden. Nur für einen kurzen Moment hatte ihre Erschöpfung die Oberhand gewonnen über das Beschützertier, das seit Neuestem in ihr wohnte. Die Bärenmama, die ihr Junges nicht für einen Augenblick aus den Augen lassen wollte, hatte versagt und war mit der Milchpumpe in der Hand auf dem Sofa eingeschlafen. Und das lag nicht einmal daran, dass Nachtruhe und Durchschlafen seit nunmehr sechs Wochen nicht mehr als entfernte Erinnerungen für sie waren. Nachts war sie alle zwei Stunden aufgestanden, um ein Fläschchen zuzubereiten, weil das wenige, das aus ihren Brüsten in die Pumpe tropfte, nicht einmal ein Mäusebaby hätte satt machen können. Einmal hatte Jonathan angeboten, ihr zu helfen, hatte mit schläfriger Hand und geschlossenen Augen müde nach ihr getastet, doch sie hatte abgewinkt. Er brauchte seinen Schlaf für die Patienten. Musste ausgeruht sein, durfte keine Fehler machen. Gerade jetzt, da er sich endlich – nach über einem Jahrzehnt als Arzt und Psychotherapeut in verschiedenen Berliner Kliniken – selbstständig gemacht hatte. Die Depressions-, Essstörungs- und Panikpatienten, die ihn hier zu Hause in seiner Praxis aufsuchten, hätten kein Verständnis dafür, wenn er es Cecile gleichtat und während einer der Therapiesitzungen einschlief. Wobei es aber gar nicht das Baby gewesen war, das Cecile in der vergangenen Nacht so beschäftigt hatte – in den zwei Stunden zwischen den Fläschchen, die sie Selma anreichte und während derer sie nur schwer zurück in den Schlaf finden konnte. Es war die Tatsache, dass sie nun schon seit Tagen ihre Mutter nicht erreichen konnte. Die beiden telefonierten regelmäßig miteinander, und es sah ihrer Mutter so gar nicht ähnlich, dass sie bereits seit einer Woche nicht mehr auf Ceciles Nachrichten reagierte, die sie ihr auf dem Anrufbeantworter hinterlassen hatte.

»Ruf mich bitte zurück, Mama, ich hab dir so viel zu erzählen. Meine Kollegin hat mir von einem Einsatz berichtet – in einer völlig verwahrlosten Familie, die bis zum Mutterschutz unter meiner Betreuung stand. Sie musste das Kind aus der Familie nehmen, dabei hatte ich bis zuletzt gehofft, dass es zu vermeiden wäre. Du kannst dir die Zustände nicht vorstellen. Gott, bin ich froh, dass Jonathan nicht trinkt oder Drogen nimmt. Wobei ich das Gefühl habe, dass er sich verändert hat, seit Selma da ist. Manchmal denke ich sogar, er ist eifersüchtig auf die Kleine. Aber vielleicht irre ich mich ja auch, ich meine, es ist schon alles etwas viel für ihn. Du weißt ja, wie überfordert er mit privaten Dingen manchmal ist. Erinnerst du dich an die Hochzeit? Gott, was war er nervös …« Cecile hatte kichernd aufgelegt.

Die Hochzeit! Was für ein wunderschöner Tag das gewesen war. Mindestens genauso schön wie der Moment, als Jonathan ihr den Antrag gemacht hatte. Er hatte so unglaublich aufrichtig geklungen, als er nach dem Besuch im Theater des Westens in dem kleinen Restaurant an der Hardenbergstraße ihre Hand ergriffen hatte. Als er sie angesehen hatte, wie er es nur dann tat, wenn er etwas Bedeutsames zu verkünden hatte. Mit diesem Funkeln in den grünen Augen, das Cecile immer nur dann an ihm bemerkte, wenn er mit ihr sprach.

»Könntest du dir vorstellen, einen Mann zu heiraten, der zwanzig Jahre älter ist als du, der seltsame Hobbys hat, jeden Tag mit psychisch Kranken arbeitet und der morgens nach dem Aufwachen immer erst mal mürrisch ist und aussieht wie ein Kobold?«

Cecile hatte gelacht, aber nicht wegen Jonathans selbstironischer Scherze. Immerhin war es auch ein solcher Scherz gewesen, mit dem er sie das erste Mal zu einem Rendezvous eingeladen hatte. »Würden Sie mit mir essen gehen, solange ich die Gabel noch selbst zum Mund führen kann?«, hatte er sie gefragt, nachdem sie ihn überraschend auf der Geriatrie besucht hatte. Eine Schwester reichte dort gerade fürsorglich einer alten Dame das Essen an, und Cecile und Jonathan hatten ihr für einen Augenblick dabei zugesehen. »Nur, wenn ich Ihnen danach nicht den Rücken mit Franzbranntwein einreiben muss«, hatte Cecile geantwortet und damit ihre Beziehung nach wochenlangem Austausch von E-Mails und WhatsApp-Nachrichten auf eine neue Ebene gehoben.

Nein, Cecile hatte aus Verlegenheit über den Heiratsantrag gelacht. Aus Verlegenheit darüber, dass sie nicht sicher war, was sie Jonathan antworten sollte. Sie hatte keinen Zweifel daran, dass es absolut richtig für sie wäre, ihn zu heiraten. Das Beste, was ihr jemals passieren könnte. Woran sie zweifelte, war, ob es auch das Beste für ihn sein würde, sie zur Frau zu nehmen. Eine kleine Inspektorin vom Jugendamt, die gern Daily Soaps sah, im Konzert an den falschen Stellen klatschte und mit ihrer Abstammung vom brandenburgischen Dorf auch sonst nicht eben von dem Kaliber war, das ein *Dr. Jonathan Dorm* aus dem feudalen Westend an seiner Seite erwarten durfte.

Zu Ceciles Freude war ihre Mutter stolz darauf, dass sie Jonathan an ihrer Seite hatte. Was hätten wohl andere Mütter gesagt? *Er ist zu alt für dich, als Psychologe ist der garantiert selbst verrückt, wenn der sich eine andere sucht, sitzt du mit dem Kind auf der Straße*. Doch so etwas hätte Ceciles Mutter nie gesagt. Im Gegenteil, es gab nichts Gutes, das sie ihrem einzigen Kind nicht gegönnt hätte. Und dann hatte ihre Tochter diese wahrhaft gute Partie gemacht, denn wenn Jonathan auch nicht reich war, so vermochte er ihr doch immerhin ein Leben in bürgerlichem Wohlstand zu ermöglichen. Einem Wohlstand, den ihre

Mutter nie erlebt hatte und den sie ihrer kleinen Cecile allein deswegen von ganzem Herzen gönnte.

Es war eine unerträgliche Stille, die sich ihren Weg aus Selmas Wiege zu Cecile bahnte.

Hat Jonathan sie vielleicht woanders hingebracht? Cecile wagte es nicht, sich dem Babybett zu nähern. Wie versteinert blieb sie auf der Schwelle der Verbindungstür stehen, die das Kinderzimmer vom Schlafraum trennte. Die Tür war seit Selmas Ankunft niemals geschlossen gewesen, noch nie hatte die Kleine ein Geräusch von sich gegeben, das Cecile nicht gehört hätte. *Warum sollte Jonathan sie aus der Wiege nehmen? Und warum sollte ich das nicht merken?*

Als läge ein böser Fluch über dem Kinderzimmer, verweilte Cecile auf der Schwelle, während ihr Puls sich mit jedem Schlag ihres Herzens weiter und weiter beschleunigte. Das liebevoll eingerichtete Zimmer mit den niedlichen Bildern an der Wand, den Kuscheltieren auf den Möbeln und dem sanften Rosenduft erschien Cecile mit einem Mal so düster und unheimlich wie ein Grabgewölbe. In ihrem hellblauen Trainingsanzug stand sie mit zittrigen Knien da und hoffte entgegen aller Vernunft, dass sie sich nur in einem bösen Traum befand.

Es war erst wenige Wochen her, dass Cecile mit der kleinen Selma nach Hause gekommen war. Ein kerngesundes Mädchen, das jedem, der es zu Gesicht bekam, unweigerlich ein Lächeln auf die Lippen zauberte. Auch wenn es nicht viele Menschen waren, die das Kind bislang zu sehen bekommen hatten. Cecile und Jonathan hatten Selma noch nicht herumgezeigt, wie andere Eltern es getan hätten. Sie hatten keine Fotocollagen immer gleicher Babybilder auf sozialen Netzwerken veröffentlicht, keine

Karten an den erweiterten Bekanntenkreis verschickt, die mit einem niedlichen Foto von Selma, erwartbaren Körpermaßen und einem Spruch wie *Hier bin ich!* bedruckt waren. Und das, obwohl Cecile es eigentlich in die Welt hatte hinausschreien wollen: *Seht sie euch an, das ist Selma, das wundervollste Kind auf dem Planeten! Kerngesund, bildschön, ein wahrer Engel!* Doch Jonathan war es mit seiner einfühlsamen Art gelungen, sie davon abzuhalten. *Die Geburt war schwer und belastend für euch beide, Schatz. Lass es uns noch nicht an die große Glocke hängen, ihr braucht jetzt erst mal Ruhe. Wenn unsere Familien und Freunde alle ankommen, setzen wir Selma nicht nur Stress aus, sondern auch der Gefahr von Infektionen. Ich weiß, du denkst jetzt, dass da der überängstliche Mediziner aus mir spricht. Der in seinem Beruf zu viele schlimme Dinge erlebt hat und jetzt bei seinem eigenen Kind auf Nummer sicher gehen will. Aber wir haben doch Zeit und sollten auf keinen Fall irgendwas riskieren! Lass Selma erst noch ein bisschen unser Geheimnis sein. Und dann gibt es eine große Überraschung für alle!*

Doch jetzt war es still in der Wiege.

Vielleicht schläft sie nur ganz ruhig? Vorsichtig setzte Cecile den rechten Fuß ins Kinderzimmer. *Aber es gibt doch immer ein Geräusch, auch wenn sie schläft! Sie atmet, oder es raschelt. Irgendwas höre ich immer.* Sie biss die Zähne zusammen und presste sich die Hände auf den Mund. So, als ziehe eine magische Kraft sie an, während ihre Angst noch immer versuchte, sie zurückzuhalten, setzte Cecile auch den zweiten Fuß auf den flauschigen Teppich, der in dem zarten Grün gehalten war, das sie so liebte. Für einen Moment fuhr ihr Blick wirr durchs Zimmer. Über die Poster mit den Bären, Feuersalamandern und Hundewelpen, um sich dann an den wiederkehrenden Mustern der lustigen Kindertapete festzuhalten, als habe sie die Orientierung verloren. *Also gut.* Sie rieb sich mit den Händen übers Gesicht und atmete tief durch. *Ich werde jetzt in diese Wiege sehen.* Ein letztes Mal schien ihre Angst sie zurückhalten zu wollen, doch schließlich war es die Sorge um ihr Baby, die Cecile mit kleinen, gleichmäßigen Schritten vorangehen ließ. Als sie kurz davor war, in das Babybett hineinsehen zu können, schloss Cecile die Augen. Sie tastete sich die letzten Schritte vor und hielt inne. Dann nahm sie all ihren Mut zusammen, atmete tief durch – und öffnete die Augen wieder.

Blut!

KAPITEL 2

JONATHAN

Wann bescheinigen Sie mir endlich meine Diensttauglichkeit und beenden diesen Mist hier?«

Jonathan Dorm antwortete nicht sofort, und das nicht nur, weil dieser große, viel zu muskulöse Kerl mit den kurz geschorenen Haaren und dem Stoppelbart sich so vehement gegen seine Traumatherapie zur Wehr setzte. Es hatte fast einen Monat gedauert, bevor er überhaupt kooperiert hatte, und selbst jetzt, da er kurz vor der entscheidenden Beurteilung stand, hatte er offenbar noch immer kein volles Vertrauen in seinen Therapeuten gefasst. *Schon wieder eines dieser armen Schweine, die in ihrem inneren Gefängnis hocken und lieber darin verrecken, als sich einzugestehen, dass sie nicht perfekt sein können.*

Jonathan war nicht Psychotherapeut geworden, weil er – wie viele seiner Kommilitonen – von den Lehren Sigmund Freuds wahlweise begeistert oder gegen sie eingenommen war. Auch nicht, weil ihm diese Wissenschaft gleichermaßen Verantwortung und Macht über die Menschen verlieh, die sich ihm anvertrauten. Er hatte seinen Beruf erlernt, weil er die Menschen liebte. Und weil es ihm Unbehagen bereitete, wenn jemand aufgrund eines Traumas oder einer unglücklichen Entwicklung in seinem Leben die Zeit, die er auf der Erde hatte, nicht genießen konnte. *Ein großer Anspruch, ich weiß,* hatte er seinem

Professor bereits im zweiten Semester erklärt. *Aber würden Sie einen Therapeuten wollen, der nur seine Quartalsabrechnung im Sinn hat?* Der Professor hatte süffisant gelächelt und mit einer gewissen Ironie erwidert: *Mit dieser Einstellung wird der weite Weg zu Ihrem eigenen Seelenheil Sie aber nicht reich machen.* Dorm hatte nicht lange überlegen müssen, was er darauf antworten sollte: *Das Seelenheil selbst ist der Reichtum! Und wenn ich mein eigenes nicht finde, will ich zumindest dafür kämpfen, dass es möglichst vielen anderen gelingt.*

»Also gut, Justin, Sie fühlen sich noch immer schikaniert. Sie sehen die vergangenen Wochen als Zeitverschwendung an. Sehe ich das richtig?«

Dorm saß vorgebeugt in seinem Sessel. Hätte er sich entspannt zurückgelehnt, was ihm aufgrund der kurzen Nächte, die Selma ihm bereitete, lieber gewesen wäre, hätte dies Desinteresse signalisieren können. Auch die zerschlissene Jeans und den alten Wollpullover mit den abgenutzten Stellen am Ellbogen hätte er normalerweise nicht bei der Arbeit angezogen, doch Justin Hollstein entstammte einer ehrlichen Arbeiterfamilie und würde sich von einem zurechtgemachten Schnösel sicher nichts sagen lassen. Schließlich war der bullige Polizist nicht freiwillig zu ihm gekommen, was üblicherweise Voraussetzung für eine Erfolg versprechende Psychotherapie war. Der für seine Dienststelle zuständige Amtsarzt hatte dem Beamten die Sitzungen mit Dorm verordnet und zur Voraussetzung für seine Wiederaufnahme in den Polizeidienst gemacht. Umso mehr war sich Jonathan bewusst, dass jeder Blick, jede Geste, jedes Wort sich darauf auswirkte, ob sein Patient entschied, mit ihm zu kooperieren oder sich ihm zu verweigern.

»Ich habe diesen Typen nun mal erschossen, was soll ich denn jetzt noch machen? Ihn wieder aufstellen?«

Dorm hatte zahlreiche Polizisten wie Justin erlebt. Viele dieser testosterongeladenen, aufgepumpten Jungs aus den Plattenbauten, die zur Polizei gegangen waren, weil sie von ihrer jungenhaften Vorstellung fasziniert waren, frei zu sein und über den Gesetzen zu stehen, Macht auszuüben, schnell fahren und schießen zu dürfen, Sonderrechte zu haben und ihre Gegner vermöbeln zu können, wenn sie einem blöd kamen – und das vollkommen legal auf der *richtigen Seite des Gesetzes*. Auch Justin war eines dieser Alphatiere, die ihrer Frau und ihren Kindern am Abend stolz davon berichten wollten, wie sie mit ihrer Einheit ein Waffenlager gestürmt, ausgehoben und wie viele Verbrecher sie dabei festgenommen hatten. Ein großer, bulliger Kerl, der im Grunde das Gute wollte, aber niemals wirklich verstanden hatte, was *das Gute* eigentlich war.

»Sie haben einen schizophrenen Mann erschossen, der zwei Frauen mit einer Machete abschlachten wollte.« Dorm fixierte seinen Patienten mit festem Blick. »Und seitdem sehen Sie ihn jedes Mal vor sich, wenn Sie die Augen schließen. Wieder und wieder, er verfolgt Sie.«

»Herrgott noch mal, hätte ich Ihnen das bloß nicht erzählt!« Hollstein schlug die Hände über dem Kopf zusammen.

»Warum denn? Weil so ein Trauma schon wieder weggehen wird, wenn man es bloß allen verschweigt? Oder weil *ein Indianer keinen Schmerz kennt?*«

»Was labern Sie da, Mann? Ich hab keinen Bock mehr auf diesen Scheiß hier, wir machen das schon ewig. Bescheinigen Sie mir einfach meine Diensttauglichkeit, wenn ich mit dem Supervisionsheini komme!« Justin erhob sich.

»Sie beenden die Sitzung?« Dorm lehnte sich jetzt doch zurück, aber nur, um der Aufbruchsbewegung seines Patienten etwas entgegenzusetzen. »Was würde Ihre Mutter Ihnen jetzt wohl raten? Gehen oder bleiben?«

»Meine Mutter würde nie im Leben zu einem Psychodoktor gehen. Schon gar nicht zu einem, der so was da spielt.« Justin Hollstein deutete auf das Schachbrett, das auf dem kleinen Glastisch in der hinteren Ecke des Raumes aufgebaut war.

»Was hat Ihre Mutter gegen Schach?«

»Sie hat was gegen Leute, die das Leben nicht kapieren! Glauben Sie etwa, so funktioniert die Welt da draußen? Ich einen Zug, du einen Zug? Schön fair, *möge der Bessere gewinnen?* Am Arsch!«

»Interessant, was Sie da sagen. Als ein großes Schachbrett, auf dem jeder Mensch erfolgreich sein kann, wenn er nur mit Klugheit und Bedacht die richtigen Züge macht, habe ich die Welt bisher noch gar nicht gesehen. Spannender Gedanke.«

»Was labern Sie, Mann? Wenn da so ein Penner mit seiner verschissenen Machete steht, dann wägst du nicht in aller Ruhe deinen nächsten Zug ab. Dann musst du reagieren, aber sofort! Auge um Auge, der oder ich, das ist keine bekackte Zielscheibe auf dem Schießstand!«

Dorm schloss kurz die Augen und kratzte sich am Kopf. »Das Leben ist für Sie also keine Schachpartie, na gut. Was denken Sie, Justin, würden Sie die Welt eher als einen Boxring bezeichnen, in dem jeder auf jeden einprügelt und der Stärkste am Ende gewinnt?«

Hollstein lachte auf, und Dorm konnte nur erahnen, welche Erlebnisse aus seinem Berufsalltag in den Berliner Gettos aus diesem bitterbösen Lachen klangen.

»Das kommt der Sache näher«, sagte er und wollte sich schon zur Tür umdrehen.

»Also gut! Dann schlage ich Ihnen jetzt was vor.« Dorm stand auf und trat an den kleinen Holzschrank heran, auf dem er Wasser, Halsbonbons und Taschentücher für seine Patienten bereitstellte. »Wir tragen es auf Ihre Weise aus.« Unter den verdutzten Blicken seines Patienten holte er zwei Paar abgenutzte Boxhandschuhe aus dem Schrank, von denen er eines Justin reichte.

»Was soll der Scheiß?«

»Nur ein kleines Sparring, Sie sind ja gut im Training.« Dorm streifte sich sein Paar Boxhandschuhe über. Es war etwas zu klein für seine Hände, das größere Paar musste er seinem Patienten überlassen, dessen Pranken wahrhaft ehrfurchtgebietend waren. »In ein paar Tagen steht ja endlich der Termin mit Ihrem Supervisor an. Wir machen es so: Sie versuchen, meine Deckung zu treffen. Wenn Sie das drei Mal schaffen, erkläre ich Sie bei dem Treffen wieder für dienstfähig.«

Und da sind sie wieder. Die Fragezeichen in den Augen eines Hünen mit überbordenden Kräften, der jetzt, vollkommen überfordert mit der Situation, am liebsten in sein Kinderzimmer laufen und die Tür hinter sich zuknallen würde.

»Ich will Ihnen nicht wehtun!«

Justin Hollstein wirkte auf Dorm mit einem Mal wie ein Teenager, dem seine erste Freundin beim Besuch auf dem Rummelplatz vorschlug, *Hau den Lukas* zu spielen. Er hatte dabei nichts zu gewinnen. Würde er fest genug schlagen, dass die Glocke ertönte, hätte er lediglich die Erwartung seiner Freundin erfüllt. Aber wehe ihm, wenn etwas schiefginge. Wenn er danebenschlug oder – Gott bewahre! – seine Kräfte nicht so groß waren, wie er vermutete.

Immerhin, abgesehen von seiner beachtlichen Statur war Justin ein ausgebildeter Schutzpolizist mit guter Kondition und besten Kenntnissen im Nahkampf. *Den sein blöder Seelenklempner von Ende vierzig allen Ernstes aufgefordert hat, gegen ihn zu boxen.* Und das noch nicht einmal in einem Boxring, sondern in einer spartanisch eingerichteten psychotherapeutischen Praxis mit Laminatfußboden.

»Sie tun mir schon nicht weh.« Dorm hob die Hände vors Gesicht und begann, über den Boden zu tänzeln. »Immer auf die Deckung!«

Justin rührte sich noch immer nicht. Aus seinem Berufsalltag war er daran gewöhnt, von Schwächeren provoziert zu werden, es war sein täglich Brot, sich darauf nicht einzulassen.

»Ist das echt Ihr Ernst?«

»Mein völliger Ernst! Drei Treffer, und Sie können wieder zum Dienst antreten. Los, machen Sie schon!«

Dorms Bewegungen verrieten seinem Patienten anscheinend, dass der Therapeut zumindest über gewisse Grundkenntnisse im Boxsport verfügte. Nach weiteren Sekunden des konsternierten Abwartens zog sich der Polizist schließlich die Boxhandschuhe über und beugte sich leicht vor. Halbherzig und kraftlos schob er die Rechte in Dorms Richtung, doch dieser wich dem Schlag mit derselben Leichtigkeit aus, mit der eine Katze wohl dem Hieb eines Faultiers entkommen wäre.

»Mehr haben Sie nicht drauf?«

Immer schneller und wendiger tänzelte Dorm um seinen Patienten herum, und allmählich schien diesen der

Ehrgeiz zu packen. Der zweite Hieb kam bereits deutlich schneller und kräftiger daher, doch wieder wich Dorm ohne Schwierigkeiten aus.

»Kommen Sie schon, Sie wollen Ihr Trauma doch so gern mit sich allein ausmachen. Ohne einen blöden Psychoheini, der sowieso keine Ahnung hat, *wie es da draußen wirklich abgeht*. Ich verbessere mein Angebot: Ein Treffer auf meine Deckung reicht, und Sie bekommen Ihre Bescheinigung!« Dorm ließ nun selbst die Faust ansatzlos vorschnellen. Nur wenige Zentimeter vor Hollsteins Kinn bremste er den Schlag ab, der in einem echten Boxkampf ein Wirkungstreffer geworden wäre.

»Alter, echt jetzt?« Der Polizist hob die Fäuste endlich mit voller Entschlossenheit und sah Dorm mit strengem Blick in die Augen.

»Dieser Kerl mit seiner Machete ist schuld daran, dass Sie jetzt immer wieder sein Bild sehen müssen, wenn Sie die Augen schließen. Los schon, stellen Sie sich vor, ich wäre dieser Kerl. Hauen Sie mich um!«

Justin Hollstein tänzelte auf einmal überraschend gekonnt um Dorm herum, fixierte ihn und holte aus. Dorm analysierte die Bewegung und duckte sich vor dem Schlag weg. Zweimal kurz nacheinander trafen nun Dorms Fäuste auf die Deckung des Polizisten, der seine anfänglichen Hemmungen abstreifte und sich dem Duell endlich mit Ernsthaftigkeit stellte. Immer wieder versuchte er, Dorms Deckung zu treffen, doch der ließ ihm keine Chance.

Schließlich trat der Therapeut einen Schritt zurück und streifte die Boxhandschuhe ab. Sein Patient hatte ihn nicht ein einziges Mal getroffen. »Justin, Sie können diesen Kerl vor Ihrem inneren Auge nicht einfach umhauen. Indem Sie ihn getötet haben, ist er ein Teil Ihres Lebens geworden. Und wenn Sie nicht wollen, dass er Sie und alle, die Sie lieben, wie ein böser Geist verfolgt, müssen Sie sich ihm stellen. Je früher, desto besser.«

Der Polizist schwitzte und atmete schnell. Er ließ die Fäuste sinken und sah Dorm an. Und zwar mit diesem ganz bestimmten Blick, den Jonathan schon so oft bei seinen Patienten gesehen hatte. Aus *Was soll diese Scheiße hier?* war *Danke für Ihre Hilfe!* geworden.

»Versuchen Sie doch mal, sich umzudrehen, wenn Sie den Kerl mit seiner Machete sehen.«

»Was?«

»Sie blicken immer nur auf den Mann, den Sie getötet haben. Wenn Sie sich in Gedanken umdrehen, sehen Sie stattdessen die beiden Frauen.«

»Die Frauen, die der Kerl umlegen wollte?« Hollsteins Stimme wurde brüchig.

»Die unschuldigen Frauen, die noch am Leben sind, weil Sie den Kerl erschossen haben, der ihnen gerade die Köpfe abhacken wollte. Wenden Sie dem Täter den Rücken zu und sehen Sie zu den Opfern. In ihre dankbaren Augen. Und in die dankbaren Augen der Familien dieser Frauen.«

»Okay …« Justin lief eine Träne über das markante Kinn, bis sie sich in seinem Stoppelbart verlor.

»Sie haben diese Therapie bisher besser gemeistert, als Sie denken, Justin. Aber wenn Sie ehrlich zu sich sind, dann wissen Sie auch, dass Sie noch nicht ganz an Ihrem Ziel angekommen sind. Ich freue mich trotzdem auf das Gespräch mit Ihrem Supervisor. Bis dahin werde ich noch mal gut über Ihre Entwicklung nachdenken.«

Hollstein legte den Kopf leicht schräg und sah Dorm mit erwartungsvollem Blick an. »Eine Frage hätte ich noch!«

»Schachboxen!«

»Was?«

»Sie wollten doch sicher fragen, warum ich das so gut kann. Ich betreibe Schachboxen, schon seit fünf Jahren. Mann gegen Mann, immer abwechselnd eine Runde Schach und eine Runde Boxen. Das war vom Erfinder ursprünglich mal als Kunstperformance gedacht, aber mittlerweile ist es ein echter Sport geworden. Verstand, Strategie, Beweglichkeit und körperliche Kraft vereinen sich zu einer Disziplin. Wer gewinnen will, muss gleichermaßen schlau sein und sich seiner Haut wehren können. Was denken Sie, könnten Sie sich mit so einem Bild von der Welt anfreunden?«

»Vielleicht habe ich Sie unterschätzt.«

Dorm genoss die Anerkennung, die aus Hollsteins Blick sprach. Er zuckte mit den Schultern und lächelte verschmitzt, als er antwortete: »Ach, das tun viele. Aber die meisten nur ein Mal!«

KAPITEL 3

Kaum dass er seinen Patienten verabschiedet hatte, war Jonathan in seine Pantoffeln geschlüpft. Endlich raus aus diesen muffigen Turnschuhen mit den abgetretenen Sohlen, die er ebenso ungern trug, wie er das steife Hemd und die Krawatte getragen hatte. Damals, als er noch hauptberuflich in der Klinik gearbeitet hatte. *Ein weiterer Vorteil der Selbstständigkeit.* Ein paar Notizen wollte er sich noch machen, auch wenn die Sitzung mit Justin eher nicht zu denen gehörte, deren Verlauf und Ergebnis er bis zum nächsten Termin vergessen haben könnte. Doch die Dokumentation des Therapieverlaufs gehörte nun mal zu seinen Aufgaben. Jonathan gähnte. *Drei Sitzungen in Folge, und das auch noch an einem Samstag.* Aber was sollte er tun? Der Umzug des Therapieraums ins Souterrain hatte Geld verschlungen, ebenso der Ausbau des Dachbodens. So blieb Jonathan kaum etwas anderes übrig, als auch noch am Samstag Termine zu vereinbaren. Zudem waren viele seiner Patienten berufstätig, sodass ihnen die Sitzungen am Wochenende entgegenkamen. *Nicht mal eine einzige Tasse Kaffee habe ich bisher trinken können.* Luisa, die seit etwa einem Jahr zu ihm in die Therapie kam, hatte am Abend zuvor einen unerwarteten Anruf von diesem Kerl bekommen, der sie erst geliebt, dann betrogen, sich anschließend mit ihr verlobt und sie dann wegen ihrer eigenen Schwester verlassen hatte. Luisa war außer sich gewesen und hatte nicht aufhören können, abwechselnd wie ein Wasserfall zu reden und zu weinen. Jonathan war froh gewesen, seine Patientin zumindest so weit stabilisieren zu können, dass sie keine Medikamente brauchte.

Danach war Kurt gekommen, der als Teenager einen tödlichen Verkehrsunfall verschuldet hatte. Kurt hatte mal wieder in den schillerndsten Farben von seiner Studienkollegin erzählt, mit seinen schwärmerischen Worten aber offenkundig deren älteren Bruder gemeint. Nur dass er sich dies selbst immer noch nicht eingestand. Lediglich die Sitzung mit Justin Hollstein war für Jonathan an diesem Tag ein Erfolgserlebnis gewesen.

Dann wollen wir mal! Gerade als Jonathan seinen Laptop aufgeklappt hatte, wurde er aus seiner Konzentration gerissen.

»Sie ist weg!«, schallte es von oben, und hektische Schritte bewegten sich in Jonathans Richtung.

Es war nicht das, was seine Frau gesagt hatte. Es war die Art, *wie* sie es gesagt hatte. Die Angst, die Not, die Verzweiflung in ihrer Stimme. Sofort legte Jonathan seinen Laptop beiseite, sprang aus dem Sessel auf und eilte in den Flur seiner Praxis.

»Schatz? Was ist denn los?«

Cecile war am oberen Treppenabsatz angekommen und stürzte zu Jonathan hinunter.

»Selma! Sie ist weg, ihre Wiege ist leer. Und überall ist Blut!«

»Was?!«

Cecile hatte das Souterrain erreicht. Mit ungebremstem Schwung warf sie sich Jonathan in die Arme und umklammerte ihn so fest, dass er sich kaum noch bewegen konnte. Er erwiderte die Umarmung mit sanfterem Druck und gab Cecile einen Kuss auf den Nacken, wie er es immer tat, wenn sie Angst hatte oder traurig war.

»Schnell, wir müssen sie finden! Bitte, Jonathan, tu was!«

»Das kann doch gar nicht sein!«

Jonathan spürte, wie sich alles um ihn zusammenzog. Der Raum, die Luft, sein eigener Körper, alles schien sich mit einem Mal um ihn zu winden wie ein Python, dessen Würgegriff mit jedem Atemzug fester und fester wurde.

»Bitte, bitte! Jonathan, tu was! Irgendwas!« Cecile schien dem Zusammenbruch nahe, so außer sich wirkte sie.

»Du sagst, es ist Blut in der Wiege?« Jonathan versuchte, sich zu fokussieren, den Python abzuschütteln, nicht in Panik zu geraten.

»Selma!« Cecile klang verzweifelt, Tränen flossen ihr aus den Augen.

»Warte hier!«

Jonathan löste sich aus Ceciles Umklammerung und rannte die Treppe in den ersten Stock hinauf. Er stürzte ins Kinderzimmer und beugte sich schwer atmend über die Wiege.

Nein, das darf nicht wahr sein! Wo kommt das Blut her? Verdammt, bitte nicht!

Hastig warf er einen Blick ins angrenzende Schlafzimmer, in dem nichts Ungewöhnliches zu sehen war. Er überprüfte das Badezimmer und sah nach oben zum Dachgeschoss, in dem sich früher seine Praxis befunden hatte. Mit einem Kontrollgriff an seine Hosentasche vergewisserte er sich, dass er den Schlüssel für den Raum noch bei sich trug. *Den habe nur ich, da kommt außer mir niemand rein. Vielleicht ist sie unten?*

Jonathan lief zurück, die Treppe runter. Er riss die Tür zum Wohnzimmer auf, in dem Cecile um diese Zeit sonst immer mit Selma im Arm auf der Couch lag und eine der Kinder-CDs hörte, die das Baby noch gar nicht verstehen konnte, die Cecile aber ein wohliges Gefühl bereiteten. Die Wolldecke, die sie sich dabei gern über die Beine warf, lag noch genauso zerknüllt über der Sofalehne, wie sie am Abend zuvor dort liegen geblieben war. Doch von Selma war auch hier weder etwas zu sehen noch zu hören. Zurück also in den Flur, wo Jonathans Blick auf die Küchentür fiel. *Aber wie sollte die Kleine denn da hingekommen sein?* Es war egal, er würde jeden Winkel des Hauses nach Selma absuchen. Doch auch die viel zu kleine und viel zu altmodisch eingerichtete Achtzigerjahre-Küche war menschenleer, und nichts deutete darauf hin, dass hier etwas Ungewöhnliches geschehen wäre.

»O Gott, Cecile …«, hauchte er leise genug, damit sie es nicht hören konnte.

»Wie ist der Code für das Handy? Ich muss sofort die Polizei rufen!«

Ceciles Worte ließen Jonathan aufhorchen. Eilig stürmte er aus der Küche. »Was hast du da?«

Cecile hielt ein altes iPhone aus der ersten Generation in der Hand. »Das lag in deinem Sprechzimmer, es hing am Ladekabel.«

»Leg das bitte weg.« Jonathan sprach schlagartig ruhiger und verlangsamte seine Schritte.

»Was redest du da? Die Polizei muss sofort kommen und uns helfen!«

»Nein, das muss sie nicht! Leg einfach das Handy wieder weg.« Jonathan sprach mit Cecile, wie er auch mit einer Frau gesprochen hätte, die im Begriff war, sich von einem Hausdach zu stürzen.

Ungeachtet seiner Worte aktivierte sie das Mobiltelefon und stellte fest, dass sie keine PIN benötigte, um zumindest einen Notruf abzusetzen.

»Stopp!« Jonathan rief so laut, dass Cecile zusammenzuckte. »Entschuldige bitte, ich wollte dich nicht erschrecken, mein Schatz. Leg bitte jetzt das Handy weg. Ich weiß, was zu tun ist.«

Sie sah ihn an, als wäre er ein Fremder. So, als sei er soeben in einer dunklen Gasse aus einem Versteck hervorgeschossen und hielte ihr ein Messer an die Kehle. Bereit dazu, sie jeden Augenblick aufzuschlitzen. Nur dass hier nicht ihr Leben in Gefahr war, sondern Selmas.

»Aber … das ist doch wohl nicht dein Ernst?«

»Cecile, wir haben darüber geredet. Du darfst mit niemandem außerhalb dieses Hauses über das Baby sprechen!«

»Außerhalb dieses Hauses?« Cecile sah Jonathan entgeistert an. »Bist du völlig …?«

Und noch bevor Jonathan antworten konnte, hatte seine Frau auch schon den Notruf betätigt. Das Freizeichen war aus dem Telefon zu hören. Jonathan schüttelte ungläubig den Kopf und fuhr sich mit zittriger Hand durchs Haar. Dann sah er Cecile mit einem Blick an, als zerreiße es ihm das Herz, bevor er ihr ebenso sanft wie klar entgegnete: »Es tut mir leid, mein Engel, aber ich darf nicht zulassen, dass du Hilfe rufst!«

KAPITEL 4

CECILE

Cecile sah Jonathan betont ruhig auf sich zukommen. So, als hätte sie sich in eine giftige Schlange verwandelt, die in sein Haus gekrochen war und die er fangen musste, ohne sie aufzuschrecken. Der Anblick erschien ihr irreal, aber darauf kam es jetzt auch nicht mehr an. Denn absolut alles, was Cecile gerade wahrnahm, erschien ihr irreal. Das dumpfe Summen, das in ihrem Kopf klang, seit sie in die leere Wiege gesehen hatte, wollte nicht verstummen, und ihr Körper fühlte sich an, als könne er sich jeden Augenblick in die Luft erheben, so leicht und bedeutungslos schien er zu sein.

Verzweifelt und verloren stand Cecile in ihrem rot befleckten Morgenmantel mit blutigen Händen zwischen den Töpfen mit den Zimmerpflanzen, den überall wild im Flur abgestellten Schuhen und den auf dem Boden herumliegenden Kuscheltieren, für die es nun vielleicht niemals mehr Verwendung geben würde.

»Schatz, bitte leg auf!« Jonathan kam immer näher.

»Mein Baby braucht Hilfe, und die wird es bekommen!«

Ceciles Blick und der Klang ihrer Stimme schienen Jonathan klargemacht zu haben, dass er nicht die geringste Chance hatte, sie von dem Notruf abzuhalten. Jedenfalls bemerkte sie, dass sich etwas an seiner Körperhaltung veränderte. Das Sanfte, Väterliche, das er jedes Mal annahm, wenn er sie sah, schien verschwunden.

»Notruf Berliner Feuerwehr, wo genau ist der Notfallort?«, klang es aus dem Handy.

»Hilfe, mein Baby ist weg. Hier ist nur … Blut …!« Cecile sprach so klar, als wäre sie ein Roboter.

»Bitte bewahren Sie Ruhe, wo ist der Notfallort?«

Cecile wollte gerade die Adresse durchgeben, als sich Jonathans Gesicht zu einer verzweifelten Fratze verzog, er ansatzlos auf sie zustürzte und versuchte, ihr das Handy aus der Hand zu reißen. Reflexartig zog sie das Telefon weg, wobei es zu Boden fiel. Als Jonathan sich danach bückte, fiel Ceciles Blick auf die blaue Vase, die eingestaubt auf dem Schuhschrank direkt vor ihr stand. *Ich weiß nicht, wer dieser Mann da ist. Er hat so gar nichts mehr von Jonathan, meinem liebevollen Helden.* Intuitiv griff Cecile nach der Vase und schlug sie Jonathan auf den Hinterkopf.

Mit einem hellen Aufschrei ließ er von dem Handy ab und fasste sich an den Kopf. Cecile griff das Telefon vom Boden, atmete tief durch und schüttelte sich. Dann rannte sie auf die Schiebetür zu, durch die sie in den Garten gelangen würde. Doch sie benötigte kostbare Sekunden, um die schwergängige Tür aufzuschieben, sodass Jonathan ihr nun wieder dicht auf den Fersen war. Im Laufen nahm sie das Handy ans Ohr.

»Mein Baby ist weg. Überall ist Blut! Sie müssen mir helfen!«

»Das habe ich verstanden. Wo ist der Notfallort?«

Während Cecile die Adresse zu nennen versuchte, hatte Jonathan sie auch schon erreicht. Sie spürte den Ruck, mit dem er sich von hinten auf sie stürzte. Sie fiel zu Boden, das Handy noch immer fest umklammert. Die Stimme des Mannes von der Leitstelle drang zu ihr, als Jonathan das Telefon an sich riss. Noch einmal versuchte sie mit aller Kraft, dem Mann vom Notruf etwas zu sagen, als Jonathan das Telefonat beendete, das Handy deaktivierte und es in seine Hosentasche steckte.

»Warum?« Cecile wimmerte, während sie noch immer mit aller Kraft versuchte, sich ihrem Mann zu entwinden.

»Vertrau mir!«

Jonathan, dessen Kräften Cecile nichts entgegenzusetzen hatte, fasste sie und zog sie vom nasskalten Boden hoch. Sein fester Griff umklammerte ihre Handgelenke wie ein Schraubstock.

»Was passiert denn hier bloß?« Cecile liefen Tränen übers Gesicht.

»Ich bringe dich nach oben in die ehemalige Praxis. Da ist alles vorbereitet.«

»Vorbereitet?«

»Du wirst es verstehen, wenn es so weit ist.«

Bitte, lass das alles nur einen bösen Traum sein!

Cecile schloss die Augen, als würde sie dies aus einem Schlaf erwecken, den sie gar nicht schlief. Noch einmal versuchte sie, sich loszureißen, doch die trainierten Boxerhände ihres Mannes ließen ihr keine Chance. In kürzester Zeit hatte Jonathan sie ins Dachgeschoss getragen. Im Flur setzte er sie ab, ohne sie loszulassen, zog mit einer Hand den Schlüssel zu seiner ehemaligen Praxis aus der Hosentasche und stieß die Tür mit dem rechten Fuß auf.

»Was ist das denn?« Cecile riss die Augen auf.

Der Raum unter dem Dach hatte für Jonathans Patienten noch vor wenigen Wochen eine behagliche Therapieatmosphäre verbreitet. Jetzt war er wie ein Behandlungszimmer eingerichtet, das trotz seiner medizinischen Zweckmäßigkeit offenbar dennoch so etwas wie Wohlbefinden vermitteln sollte. Ausgelegt mit praktischem Laminat, in beruhigendem Blau gestrichen und mit Bildern von Blumen und Seen an den Wänden. Kein Tageslicht fiel mehr in den Raum, vor die Fenster waren Metallplatten geschraubt. Es roch nach Desinfektionslösung und Wandfarbe, und das gedämpfte Licht der Lampen flackerte leicht; ein leises Surren kam von dem Kühlschrank neben der Badezimmertür. Cecile sah die Kisten mit den Wasserflaschen, die Mikrowelle, das IKEA-Regal mit den Lebensmitteln darin und das Geschirr. Dann zog Jonathan sie vom Flurboden hoch und zerrte sie in den Raum. Ceciles Blick fiel auf Puppen und Kuscheltiere, ihren Bademantel, die Körperpflegeartikel und den Kleiderständer, an dem die Sachen hingen, die sie nach Selmas Geburt in die Säcke für die Altkleidersammlung gegeben hatte. *Er hat das hier alles von langer Hand geplant und vorbereitet!* Ein gedämpfter Schrei riss Cecile aus ihren Gedanken. Erst jetzt wendete sie ihren Blick auf etwas in diesem unheimlichen Raum, das ihr noch nicht aufgefallen war. Auf *jemanden,* der ihr bislang nicht aufgefallen war!

»Aber das kann doch nicht …« Die Worte blieben ihr im Halse stecken.

In einem Krankenbett, das ganz hinten im Raum unter der Dachschräge stand, lag jemand. Ein Mensch, den Cecile nur allzu gut kannte. Und den sie seit ihrer Hochzeit nicht mehr gesehen hatte.

»Mama? Was machst du denn hier?«

Ceciles Mutter antwortete nicht. Sie lag an Händen und Füßen gefesselt auf dem Bett und starrte an ihrer Tochter vorbei mit angsterfülltem Blick auf Jonathan.

»Was hast du mit meiner Mutter gemacht?«

Jonathan versuchte ganz offensichtlich, so sanft wie möglich zu klingen. »Um Petra geht es hier nicht!«

Cecile sah noch einmal in die verängstigten Augen ihrer Mutter, bevor sie ebenso bang wie nachdrücklich fragte: »Wo ist mein Baby?«

Endlich ließ Jonathan die Handgelenke seiner Frau los. Und auf einmal veränderte sich sein Blick, wurde weich und mitfühlend. Seine Augen füllten sich mit Tränen, und mit brüchiger Stimme, die Cecile zum letzten Mal an ihm wahrgenommen hatte, als er ihr vor dem Standesbeamten das Jawort gegeben hatte, schluchzte er:

»Alles wird gut, meine Liebe. Denk nicht mehr an das Baby, es wird alles wieder in Ordnung kommen. Es tut mir so leid, aber irgendwann wirst du das hier alles verstehen!«

KAPITEL 5

HEGEL
DREI TAGE SPÄTER

Das Hallen der Schritte drang vom Gefängnisflur an Matthias Hegels Ohren, als wolle es wie ein Bote vorauseilen, der das Eintreffen seines Herrn zu verkünden hatte.

Er trägt immer noch diese Schuhe mit den kleinen Metallplatten an den Fersen. Aber die Schritte mit rechts klingen weiter und zügiger als die linken. Und er rollt links nicht richtig ab. Er scheint sich den Knöchel verletzt zu haben. Wenn er in dieser Geschwindigkeit weitergeht, klopft es in acht Sekunden an meine Tür. Acht.

Hegel war in Jeans und T-Shirt gekleidet, womit er sich unter normalen Umständen in etwa so fühlen würde, als habe man ihm ein Tigerkopf-Tattoo in den Nacken gestochen. Doch zum Tragen seiner Maßanzüge und Designermode boten sich dem Forensiker nicht allzu viele Anlässe. Nicht hier in der Untersuchungshaftanstalt Moabit.

Sieben.

Hegel sah durch die vergitterten Fenster seiner Zelle auf den Hof hinaus. Es war noch früh, dennoch herrschte bereits reges Treiben da unten. Was konnten ein bisschen Regen und Wind diesen harten Kerls schon anhaben? Männer, die sich nach Nationalität, religiöser Überzeugung, begangenen Straftaten oder anderen willkürlich gewählten Kriterien zu kleinen Gruppen zusammenrauften, in denen sie darüber berieten, aus welchen Gründen ihre jeweilige Zusammensetzung eine bessere sei als die der anderen. *Männergebaren, Revierkampf.* Und dazwischen die armen Hunde, die nicht kriminell waren, sondern einfach nur Mist gebaut hatten. Chronische Schwarzfahrer, kleine Steuersünder, Ladendiebe. *Was für ein gottverdammter Ort zum Leben.*

Sechs. Fünf. Vier.

Hegel betrachtete seine Fingernägel. Sie waren zu lang und stellenweise dreckig. Als er sich mit der Hand durchs Haar fuhr, wurde er daran erinnert, dass seine früher stets akkurate Frisur nun ungeordnetem, viel zu langem Gestrüpp gewichen war. In der Welt da draußen standen Friseure, Maniküristen und Herrenschneider in seinem Adressbuch auf den vorderen Seiten, doch was nützte ihm das hier in seiner Zelle? Auf diesen mickrigen paar Quadratmetern, auf denen der geniale Phonetiker seit seiner Verurteilung nun insgesamt schon länger als ein Jahr einsitzen musste. Wegen eines brutalen Mordes, den er zunächst gestanden und von dem er später behauptet hatte, ihn doch nicht begangen zu haben.

Drei. Zwei.

Draußen sprach jemand zu dem Vollzugsbeamten, der den Gast zu Hegels Zelle begleitet hatte.

»Ich möchte allein mit ihm sprechen.«

Eins.

Es pochte an die Tür, und gleich darauf wurde sie von außen geöffnet.

»Sie haben also endlich das Rauchen aufgegeben, Oswald. Sehr gut, ich gratuliere.« Hegel drehte sich nicht zu seinem Gast um. »Mit dem jahrelangen Nikotinkonsum haben Sie die Schleimhäute geschädigt. Und wenn die Stimmbänder nicht mehr von Schleimhäuten geschützt werden, reiben sie aneinander. Davon schwellen sie an, was irgendwann zur typischen Raucherstimme führt. Glücklicherweise regenerieren sich unsere Schleimhäute ziemlich schnell. Wenn ich das Ausmaß der Verbesserung Ihrer Stimme zwischen unserem letzten Treffen und heute vergleiche, dann schätze ich, dass Sie seit zwei Monaten rauchfrei sind.«

Der Besucher regte sich nicht.

»Neun Wochen, um genau zu sein.«

Keine Reaktion.

»Und was verschafft mir die Ehre Ihres Besuchs? Ich vermute, das LKA hat einen gewichtigen Grund.« Erst jetzt wandte sich Hegel seinem Besucher zu.

Der Erste Kriminalhauptkommissar Oswald Holder war etwas kräftiger geworden, seit Hegel zuletzt mit ihm zusammengearbeitet hatte. Es musste etwa drei oder vier Jahre her sein. Damals war es um ein Erpresservideo gegangen, ein Maskierter hatte einer Supermarktkette angedroht, deren Produkte zu vergiften. Hegel hatte hören können, dass der Täter aus Dänemark stammte, aber in Mannheim aufgewachsen sein musste. Seine Aussprache wies auf eine operierte Gaumenspalte hin. Die aus diesen Erkenntnissen resultierende Rasterfahndung hatte innerhalb von weniger als zwei Stunden zur Identifizierung und Festnahme des Täters geführt.

»Ich komme nicht gern zu Ihnen, das können Sie mir glauben. Schon gar nicht in dieser Angelegenheit.«

»Das klingt ernst.«

Holder hielt die Arme hinter dem Rücken verschränkt. In seiner Daunenjacke wirkte er auf Hegel, als habe seine

Frau ihn angezogen, sogar einen Schal hatte er umgebunden, was Hegel angesichts der eher milden Temperaturen übertrieben vorkam. *Aber so war er schon immer. Stets auf alles vorbereitet. Kritisch, misstrauisch und unnahbar.* Oswald Holder, der als einer der Jahrgangsbesten die Ausbildung für die höhere Polizeilaufbahn abgeschlossen und sich im LKA schnell hochgearbeitet hatte.

»Vor drei Tagen ist bei der Leitstelle ein Notruf eingegangen. Eine völlig aufgelöste Frau hat berichtet, dass ihr Baby verschwunden und alles voller Blut sei. Kurz danach wurde der Anruf unterbrochen. Der Disponent hat den Vorfall zunächst als einen *Vierundzwanzig* eingestuft.«

Hegel zog die linke Augenbraue hoch. »Der Berliner Polizeiapparat benötigt meine Hilfe für eine mögliche Fehlgeburt?«

»Warten Sie es ab! Nach dem Tauwetter und dem Scheißregen am Samstag sind überall in Berlin Wasserrohre geplatzt. Und es gab einen Autounfall nach dem anderen. Die Mitarbeiter der Notrufleitstelle mussten ohne Pause Anrufe entgegennehmen, da wäre dieser vermeintliche Vierundzwanzig beinahe untergegangen.«

»Aber dennoch hat er offenbar seinen Weg ins LKA gefunden.«

»Der Leitstellenmitarbeiter hat selbst Kinder. Deswegen ist ihm dieser Anruf nicht aus dem Kopf gegangen. Auch weil danach kein zweiter Notruf in der Sache mehr kam. Er hat sich dann nach Feierabend noch mal den Mitschnitt angehört, und dabei ist der Eindruck entstanden, dass die Frau mit jemandem gekämpft haben könnte. Danach ist ihm die Sorge gekommen, dass sie mit dem Satz ›*Mein Baby ist weg*‹ eine Entführung gemeint haben könnte.«

Hegel sah seinen Gast so teilnahmslos an, wie es ihm möglich war. »In der Leitstelle der Berliner Feuerwehr gehen an einem ganz normalen Tag etwa dreitausend Anrufe ein, die zu etwa tausendfünfhundert Einsätzen führen. Am Samstag dürften es noch einige mehr gewesen sein. Also, Oswald, was war an diesem Notruf einer unbekannten Frau so besonders, dass Sie hier bei mir in der Zelle auftauchen?«

»Wir haben wie gesagt Grund zu der Annahme, dass es sich um eine Kindesentführung handelt.«

Holders Blick weicht aus, seine Augen werden glasig, er spricht leiser und etwas brüchig.

Hegel beugte sich ein paar Zentimeter zu seinem Gast vor. »Sie werden mich ja wohl kaum wegen einer simplen Kindesentführung um Hilfe bitten.«

»Natürlich nicht.«

Hegel lächelte süffisant. »Nun, dann lassen Sie mal die Katze aus dem Sack.«

»Wir vermuten, dass in dieser Angelegenheit *Remus* die Hände mit im Spiel hat.«

Hegel verharrte kurz in seiner Haltung, setzte sich dann auf die Tischkante und dachte einen Augenblick lang nach.

»Das erklärt allerdings einiges ...«

»Sie verstehen also, wie ernst die Lage ist?«

»Allerdings, Oswald. Allerdings! Wie lange ist diese unangenehme Sache jetzt her?«

Holder musste nicht überlegen. »Ziemlich genau zehn Jahre.«

»Wie doch die Zeit vergeht. Also, wenn Ihre Vermutung zutrifft, sitzen Sie tatsächlich ziemlich tief in der Scheiße! Ich wüsste nur beim besten Willen nicht, wie ich Ihnen helfen sollte.«

»Hegel, ich spüre, dass wir dieses Mal eine echte Chance haben, Remus das Handwerk zu legen! Ihre Aufgabe wäre es einfach nur …«

»… diesen Notruf zu analysieren?« Hegel zuckte mit den Schultern. »Warum sollte ich das tun?«

»Wir können diesen Anruf nicht zurückverfolgen. Sie sind unsere beste Chance, herauszufinden, wo sich diese Entführung abgespielt hat. Aber wir dürfen keine Zeit mehr verlieren.«

Hegel erhob sich von der Tischkante, steckte die Hände in die Hosentaschen und wendete seinen Blick wieder auf den Gefängnishof. »Ich bin nicht interessiert!«

Hegel hörte, wie Oswald Holder etwas aus seiner Jackentasche zog. »Sie wollen also lieber hier drinnen versauern?«

Er vernahm das Klicken eines Knopfes, der gedrückt wurde. Unmittelbar darauf erklang Rauschen, dann ein Freizeichen und schließlich der Mitschnitt des Notrufs, den die Leitstelle drei Tage zuvor aufgezeichnet hatte. Nachdem der Mitschnitt verklungen war, schloss Hegel die Augen und schwieg mehrere Sekunden lang.

»Was hat die Ortung des Handys ergeben?«, fragte er schließlich.

»Wir wissen nur, in welche Funkmasten sich das Gerät eingeloggt hat. Diese Gegend ist dünn besiedelt. Wir haben einen Umkreis von über fünfzehn Kilometern, in dem der Anruf abgesetzt worden sein muss. Vom Berliner Westen bis nach Brandenburg rein. Wir müssen das Suchgebiet unbedingt eingrenzen.«

»Und zwar mithilfe der Informationen, die ich aus diesem Telefonat heraushören kann.« Hegel lächelte in sich hinein.

Dieser Holder hatte ihn noch nie leiden können, auch wenn er stets versuchte, es sich nicht anmerken zu lassen. Den hochbegabten Diplomatensohn, den Millionenerben, der schon im Alter von vierzehn Jahren in mehr Ländern gelebt hatte, als Holder vermutlich je bereisen würde. Den stets perfekt gekleideten Gentleman mit dem absoluten Gehör, der mehrere Fremdsprachen aktiv beherrschte und noch einige mehr verstehen konnte. Der nicht nur ein hervorragender Analytiker, Arzt und Psychologe war, sondern auch noch groß gewachsen und attraktiv. Allesamt Attribute, über die Holder nicht verfügte. Holder, der schon während der Schulzeit die Klassenkameraden verpfiffen hatte, wenn sie voneinander abgeschrieben oder den Unterricht geschwänzt hatten. Einer, dem es körperliche Schmerzen bereitete, wenn er auch nur beim *Mensch ärgere dich nicht* verlor. Einer, der für Niederlagen andere verantwortlich machte, Erfolg nicht teilen wollte und eine Sache mit Gewissheit ganz und gar nicht gern tat: den Freak, der an der Stimme eines Menschen erkennen konnte, wann dieser zum letzten Mal eine Zigarette geraucht hatte, in einem Fall um Hilfe zu bitten, den er selbst vor zehn Jahren mit Pauken und Trompeten vergeigt hatte.

»Ich verstehe das nicht.« Hegel drehte sich zu Holder um. »Sie bemühen sich persönlich in die jämmerliche Zelle eines Kerls, mit dem Sie schon lange nicht mehr zusammengearbeitet haben, und bitten mich um Hilfe? Gibt es in Deutschland keine anderen phonetischen Forensiker mehr?«

»Schon, aber Sie sind der Beste! Und ich brauche den Besten.«

»Wie auch immer, ich bin nicht interessiert.«

»Verdammt!« Holder trat gegen den einzigen Stuhl in

der kleinen Zelle, der scheppernd umfiel. »Wissen Sie eigentlich, worum es hier geht?«

Hegel ließ sich von Holders Ausbruch nicht beeindrucken. »Um das Leid der Welt? Seit ich hier festsitze, bin ich kein Teil dieser Welt mehr. Warum sollte mich also ein entführtes Baby interessieren? Jeden Tag passieren Millionen schrecklicher Dinge. Was gehen die mich hier in meiner kleinen Zelle an?«

Hegel genoss die Situation. Er wusste, dass Holder ihn jetzt am liebsten angeschrien hätte. Ihn nur allzu gern als arroganten Dreckskerl beschimpft, angespuckt, ihm vielleicht sogar in die Fresse geschlagen hätte. Sich all das verkneifen zu müssen, bereitete dem Kommissar vermutlich kaum weniger Schwierigkeiten, als es das Aussprechen der folgenden Frage tat: »Was wollen Sie für Ihre Hilfe haben?«

Hegel nickte anerkennend. »Nun, wenn Sie tatsächlich so dringend auf meine Analyse angewiesen sind, müssen Sie mir schon eine interessante Gegenleistung bieten.«

»Und die wäre?«

Ein Lächeln breitete sich auf Hegels Gesicht aus. Wie wunderbar es war, diesen Kerl in seiner Winterjacke dastehen zu sehen. Zu wissen, dass er auf ihn angewiesen war. Wie ein Vater seinen Sohn sah Hegel den Kommissar an, bevor er ihn mit spöttischem Unterton fragte: »Können Sie sich das denn nicht denken, Oswald?«

KAPITEL 6

JULA

Solange du glaubst, dass dein ganzes Leben nur aus deinen Problemen besteht, wird es das auch tun! Hast du darüber mal nachgedacht?«

Was hatte Jula sich bloß dabei gedacht? Warum um alles in der Welt hatte sie sich nur breitschlagen lassen, sich mit ihrem Ex-Freund Paul in diesem Restaurant am Savignyplatz zu verabreden? In einem dieser kleinen, elitären Bildungsbürgerlokale, in denen man an winzigen Tischen saß und winzige Portionen zu ganz und gar nicht winzigen Preisen bestellte. Okay, Paul hatte mit seiner Standpauke nicht unrecht gehabt, das musste sie zugeben. *Jula, du hörst jetzt endlich mal damit auf, dich zu Hause einzuigeln! Seit dir Hegel diese Telefonnummer gegeben hat, suchst du nach Moritz, obwohl du keinerlei konkreten Anhaltspunkt hast. Hegel behauptet, er habe da was aus alten YouTube-Videos von Moritz zusammengeschnitten. Wir wissen nur, dass diese Nummer zu einem Anschluss in Panama zurückverfolgt werden konnte und dass dieser Anschluss auf Hegel angemeldet war. Was denkst du denn, warum er jetzt bloß wegen Fluchtgefahr in seinem Mordprozess in U-Haft sitzt und nicht wegen deiner Anzeige, dass er Zeugenschutzinformationen preisgegeben hat? Jula, geh endlich wieder vor die Tür und nimm am Leben teil. Sonst hast du bald keines mehr!* Vermutlich, so hatte

Jula überlegt, konnte es wirklich nicht schaden, sich mal wieder einen Abend lang unter Menschen zu begeben. Selbst wenn es nur ihr Ex-Freund war, der offenbar nicht aufgeben wollte, um Julas Zuneigung zu kämpfen.

»Ich denke über kaum etwas anderes nach als darüber, wie ich Moritz finden kann.« Jula sah von ihrem Wasserglas auf und rang sich ein Lächeln ab.

Sie hatte seit Wochen nicht eine einzige Nacht durchgeschlafen. Dabei hatte sie ohne Rücksprache mit ihrem Arzt sogar die Dosis ihrer Medikamente erhöht, und ja, es hatte die Rückenschmerzen tatsächlich etwas betäubt und so zumindest ein wenig physischen Druck von ihr genommen. Jula war sich durchaus im Klaren darüber, dass sie so nicht weitermachen konnte. Dass sie ihr Leben nicht weiter mit zu wenig Schlaf, zu vielen Medikamenten und in quälenden Gedankenkreisen um ihren tot geglaubten Bruder Moritz und dessen wahres Schicksal führen konnte.

»Ich verstehe ja, dass dich diese Sache extrem beschäftigt, aber es gibt auch noch andere Menschen auf der Welt.« Paul klang sanft, aber bestimmt. »Wie geht es denn deinem anderen Bruder?«

Julas Blick wich seinem aus. »Elyas ist es nach der Entführung zunächst erstaunlich gut gegangen. Er hat versucht, stark zu sein. Aber er ist nun mal vierzehn und nicht der krasse Gangster, als den er sich neuerdings so gern in seinen Rapvideos präsentiert. Es läuft im Moment nicht gut zwischen uns, er macht mich für den ganzen Mist verantwortlich, den er erleben musste. Und er hat ja auch recht damit.«

Paul antwortete nicht darauf. Immerhin, das musste Jula ihm lassen. Er gehörte zu den Männern, die wussten, wenn anstelle eines »klugen Ratschlags« nur Verständnis erwünscht war.

Nach einigen Sekunden des Schweigens sagte er schließlich: »Soll ich mal mit ihm reden? Ich schätze, euer Vater taugt nicht besonders gut für Mann-zu-Mann-Gespräche, oder?«

Jula verdrehte die Augen. »Kann man wirklich nicht behaupten. Der Mann hat es geschafft, zwei Beziehungen gleichzeitig in den Sand zu setzen. Die mit meiner Mutter – und die mit der von Elyas.«

Paul senkte den Blick. »Was das betrifft, bin ich wohl auch nicht viel besser …«

»Du hattest deine Chance, Paul.« Jula nahm eine weitere Schmerztablette aus dem Blister in ihrer Tasche und schluckte sie mit einem großen Schluck Wasser hinunter.

Paul nutzte den Moment, um sich in seinem Sitz aufzurichten und ein seltsam gekünsteltes Lächeln aufzusetzen.

»Fällt dir eigentlich was an mir auf?«

Verdammt, ich habe ihn nicht ein einziges Mal mit Bewusstsein angeguckt. Immer nur Moritz, nichts anderes ist mehr in meinem Kopf.

Jula fuhr sich verlegen durch die Haare, die nach Shampoo und Conditioner dufteten. Ihre Bluse zwickte, das blöde Teil hatte sie noch nie gern getragen. Aber sie hatte Paul auch nicht in dem Jogginganzug treffen wollen, den sie seit Tagen fast durchgehend trug. Allein vor ihrem Rechner, an den Tagen, die zu Nächten, und in den Nächten, die zu Tagen wurden. Vertieft in die verzweifelte Suche nach Hinweisen, die sie dem Geheimnis hinter der Stimme ihres angeblich toten Bruders am Telefon näherbringen konnten. Ohne dass ihr dies bisher in nennenswertem Maße gelungen wäre.

Wenn sie ehrlich war, hatte Jula Pauls Einladung allein deswegen angenommen, weil sie wieder einmal die Luft des normalen Lebens atmen wollte. *Selbst wenn ich dafür diese zwickende Bluse mit dem rauen Kragen anziehen muss.* Früher, als sie noch als Moderatorin für den Radiosender 101.5 gearbeitet hatte, war Jula stets im Businesslook zur Arbeit erschienen. Und das, obwohl sie im Radio ebenso gut im Bademantel hätte moderieren können. Sie hatte ihren überwiegend männlichen Kollegen jedoch keine Angriffsfläche bieten wollen. Zumal sie bei 101.5 täglich auf Paul getroffen war, bis sie den Job vor wenigen Wochen hingeschmissen hatte.

»Was sollte mir auffallen?« Zum ersten Mal an diesem Abend sah Jula ihren Begleiter bewusst an.

»Na?« Ein Schmunzeln lag auf Pauls Lippen.

Verdammt, wie konnte ich das übersehen? Ich bin echt fertig mit den Nerven …

»Tatsache, du hast eine neue Frisur!«

Früher hatten Pauls rote Locken wie ein Lagerfeuer auf dem Kopf gewirkt, jetzt waren sie ordentlich zu einem Scheitel frisiert, was ihn nicht nur männlicher, sondern auch seriöser wirken ließ. Und das war nicht die einzige Veränderung an Julas fünf Jahre älterem Ex-Freund. Er hatte zudem das Piercing aus dem rechten Ohr entfernt, und auch sein Kleidungsstil schien innerhalb kürzester Zeit gereift zu sein.

»Was sagst du zum Sakko?«

»Schick, nicht so hipstermäßig verspielt wie deine alten. Macht dich kantiger. Kann es sein, dass du auch ein neues Parfum benützt?«

Paul fächerte Luft zu Jula hinüber. Ein männlich eleganter Duft drang an ihre Nase. »*Antaeus* von Chanel!«

Jula nickte anerkennend. Seltsam, dass ihr das nicht gleich aufgefallen war. Andererseits hatte sie wahrlich andere Dinge um die Ohren, als Paul daraufhin zu überprüfen, ob er sich einem Umstyling unterzogen hatte. *Während irgendwo auf der Welt Moritz sitzt und meine Hilfe braucht.*

»Sag mal, hast du mich zu diesem Treffen überredet, weil du mir was sagen willst?« Jula legte den Kopf schräg und musterte Paul skeptisch.

»Schön, dass du auch mal nach mir fragst. Wir sitzen hier ja auch erst eine Stunde.« Er warf Jula eine Kusshand zu. »Tatsächlich wollte ich mit dir über etwas reden. Vielleicht ist es nicht der richtige Zeitpunkt, aber den gibt es bei dir ja eigentlich nie … Äh, ist das deins?« Paul deutete auf Julas Handtasche auf dem Stuhl neben ihr.

»Was meinst du?«

Erst jetzt bemerkte Jula, dass ihr Handy in der Handtasche zu vibrieren begonnen hatte. *Super Timing! Dieser Style ist niemals auf Pauls Mist gewachsen. Da war bestimmt eine Frau im Spiel. Hat er etwa eine Neue? Da gab es doch diese Praktikantin aus dem Radiosender, wie hieß die noch mal?*

»Willst du nicht rangehen?«

»Moment!« Jula zog ihr Handy aus der Tasche. Der Anruf kam von einer unterdrückten Rufnummer. Seit Jula im Zusammenhang mit ihren Ermittlungen im Fall Hegel sehr präsent in den Medien gewesen war, erhielt sie viele Anrufe dubioser Art. Zudem trug jeder eingehende Anruf die Hoffnung an Jula heran, dass sich Moritz bei ihr melden könnte. Allein aus diesem Grund nahm sie das Gespräch entgegen.

»Hallo?«

»Spreche ich mit Jula Ansorge?« Die Stimme des Mannes klang weich und zuvorkommend. Er schien ein wenig älter zu sein.

»Ja. Mit wem spreche ich?«

»Das möchte ich Ihnen vorerst nicht sagen. Es geht auch gar nicht darum, wer ich bin. Es geht darum, was ich weiß.«

Jula machte eine entschuldigende Geste, erhob sich vom Tisch und ging nach draußen. Die Kälte störte sie nicht.

»Das klingt ja interessant. Was wissen Sie denn?«

Noch blieb Jula gelassen. Ihr True-Crime-Podcast hatte mehr als zwei Millionen Follower, seit sie Matthias Hegel vom Vorwurf rehabilitiert hatte, die Mutter seiner Tochter brutal ermordet zu haben. Der bislang größte Fall in ihrer noch jungen Karriere als investigative Journalistin, die sich darauf spezialisiert hatte, unschuldig Inhaftierte zu entlasten. Und der sich auf schreckliche Weise gegen sie selbst gekehrt hatte, nachdem Jula der Verdacht gekommen war, dass Hegel den Mord tatsächlich begangen und sie nur als Spielball seiner Interessen benutzt hatte, um fingierte Unschuldsbeweise zu finden.

Immer wieder gingen seither seltsame Anrufe von Menschen bei ihr ein, die sich wichtigmachen oder einfach nur mit ihr in Kontakt treten wollten. Dennoch nahm Jula jeden Anruf entgegen. Egal, wie absurd das Anliegen zunächst auch wirken mochte. Wer konnte schon sagen, ob unter hundert Spinnern nicht vielleicht doch einmal ein guter Informant war?

»Na, dann schießen Sie mal los. Aber kommen Sie zum Punkt, ich habe nicht viel Zeit. Worum geht es?«

»Es geht um das Telefonat mit Ihrem Bruder Moritz.«

Julas Puls beschleunigte sich. Sie hatte zwar auf ihrem Podcast ausgiebig über den Fall ihres Bruders berichtet, doch niemand konnte wissen, dass Hegel ihr eine Telefonnummer gegeben hatte, unter der sie ihren angeblich toten Bruder erreicht hatte. *Ich habe das niemals öffentlich gemacht, um ihn zu schützen.* Julas Herz raste, während die bloße Erwähnung ihres Bruders sie zurück in die Hölle ihrer Erinnerungen stieß. *Meine Vergewaltigung in Buenos Aires. Moritz' Geständnis, dass er der Täter war, obwohl das gar nicht sein konnte. Sein Selbstmord. Die jahrelange Ungewissheit, was damals eigentlich geschehen ist. Und plötzlich ist Moritz am Telefon und schreit mich an, dass ich mich nie wieder melden soll.*

»Ich habe keine Ahnung, wovon Sie reden.« Jula versuchte, sich nichts anmerken zu lassen.

Der Anrufer setzte eine Pause, die ihre Wirkung nicht verfehlte. Julas Körper war innerhalb von Sekunden so mit Adrenalin überschwemmt, dass sie die Schmerzen im Rücken und die Kälte des Berliner Winters nicht mehr spüren konnte.

»Ich stehe in Kontakt mit Moritz.«

Cool bleiben, lass dich nicht aus der Reserve locken!

»Vielleicht stehen Sie ja auch in Kontakt mit Elvis!« Jula glaubte, ihr Herz im Hals pochen zu hören.

»Aber Elvis würde mir wohl kaum erzählt haben, dass Sie Ihren Bruder immer *Morie-Moe* genannt haben, als Sie beide Kinder waren. Und dass Ihre Stoffgiraffe *Etta* hieß?«

Oh, Gott, mein Anruf hat Moritz offenbar auch beschäftigt. Er hat sich einen Vertrauten gesucht, der sich bei mir melden soll. Aber ganz ruhig, diese Informationen könnte der Typ auch von meinen Eltern haben. Vielleicht hat meine Mutter einem ihrer Pfleger von damals erzählt? Alte Erinnerungen bleiben bei Demenzkranken immer am längsten erhalten.

»Guter Versuch, aber Sie müssten mir schon etwas erzählen, was nur Moritz und ich wissen können.« Jula zitterte, und das lag nicht an der Kälte.

»Sehr gern: Vor Ihrem gemeinsamen Flug nach Buenos Aires hat er Ihnen ein aufblasbares Nackenkissen geschenkt, noch auf dem Flughafen. Und Ihre letzten Worte zu ihm auf dem Friedhof *La Recoleta* waren: *Keine Angst, ich kann schon allein auf mich aufpassen. Versprochen.*«

Plötzlich war nichts mehr um Jula herum. Keine Kälte, kein Paul, keine neue Frau an der Seite ihres Ex-Freunds. Nur noch Moritz.

KAPITEL 7

Also gut, Sie haben meine Aufmerksamkeit.« Jula sprach tiefer und langsamer, ohne sich dessen bewusst zu werden.

»Sie suchen verzweifelt nach Informationen zu Ihrem Bruder, und das kann ich verstehen. Ich weiß Dinge, die Sie sehr interessieren werden. Auch darüber, was damals in Argentinien wirklich geschehen ist. Ich kann Ihnen weiterhelfen.«

Jula war jetzt ganz klar im Kopf. Natürlich, alles in ihr wollte diesem Kerl am anderen Ende der Leitung glauben. Ebenso, wie alles in ihr sie davor warnte, sich falsche Hoffnungen zu machen. *Von wem sollte er diese Dinge wissen, wenn nicht von …*

»Stehen Sie in Kontakt zu Moritz?« Nicht einmal bei diesen Worten hatte Julas Stimme gezittert.

»Ich habe schon zu viel am Telefon erzählt. Wir sollten uns treffen.«

Jula nickte, als könne ihr Gesprächspartner es sehen. »Wann?«

»Jetzt sofort.«

Julas Blick fiel durch die Scheibe des Restaurants zu Paul. Er sah sie an, als könne er spüren, dass etwas Bedeutsames geschehen sein musste.

»Wo sind Sie?«

»Das kann ich Ihnen am Telefon nicht sagen. Wir treffen uns auf einer kleinen Party. An einem Ort, der anonym und abgeschieden ist. Mitten in einer Wohnsiedlung, aber dennoch diskret. Ich schicke Ihnen ein Taxi, sagen Sie mir einfach, wo Sie gerade sind. Der Fahrer wird die Zieladresse kennen, ist aber angewiesen, sie nicht preiszugeben.«

»Und wenn ich Sie lieber an einem anderen Ort treffen möchte? An einem, den *ich* bestimme?«

Der Anrufer atmete tief aus, bevor er antwortete: »Nun. Sie trauen mir immer noch nicht. Passen Sie auf: Die Narbe über Moritz' linkem Auge brennt wieder etwas stärker. Die von der Basketballverletzung in der zehnten Klasse. Sie hat sich entzündet, weil er da, wo er gerade ist, keine Cortisonsalbe bekommt.«

Jula musste schlucken. »Also gut. Schicken Sie das Taxi zum Savignyplatz. Ich warte vor dem französischen Restaurant.«

Ohne sich zu verabschieden, hatte der Anrufer das Gespräch beendet. Jula hob den Blick in den Berliner Abendhimmel. *In was für einen Schlamassel begebe ich mich da jetzt schon wieder?*

»Gibt es Ärger?«

Sie drehte sich um. Paul stand in seinem schicken, kantigen, wohlriechenden Outfit direkt hinter ihr.

»Es tut mir leid, aber du wirst mir heute leider keine Neuigkeiten mehr berichten können. Ich muss los.«

»Was ist passiert?«

»Das kann ich dir nicht sagen. Nicht jetzt, bevor ich der Sache nachgegangen bin.«

Jula wusste, dass Paul den Ausdruck in ihrem Gesicht kannte. Sie wusste, dass er nicht nachfragen oder versuchen würde, sie aufzuhalten. Jetzt, da sie nicht aufzuhalten war.

»Lauf bitte nicht wieder in die nächste Katastrophe, Julchen.« Paul klang ebenso verbindlich wie besorgt. »Diese Sache mit Hegel hat dich viel von deiner Seele gekostet. Pass auf dich auf!«

Jula schwieg einige Sekunden lang, bevor sie erwiderte: »Danke, dass du dich sorgst. Aber was soll schon passieren? Schlimmer als mein letzter Fall kann der hier schon nicht werden, oder?«

KAPITEL 8

→ UND, KANNST DU AUF DIE SCHNELLE WAS ÜBER DIESEN ANRUFER RAUSFINDEN?

Julas Atem beschleunigte sich, während sie das geöffnete Chatfenster in ihrem Handydisplay anstarrte. *Wie gut, dass ich Hadrian so schnell erreicht habe.* Sicher, er antwortete meistens innerhalb von einer Minute auf Julas Nachrichten, doch selbst eine anonyme Hackerlegende wie er musste ja ein reales Leben haben, weswegen sie gelegentlich etwas länger auf Antwort warten musste. Hadrian, der geniale Computerfreak, dem es gelang, nahezu jedes System zu hacken, und ohne den Jula bei ihrer Suche nach der Wahrheit im Fall Hegel mehr als nur ein Mal aufgeschmissen gewesen wäre. Der Unbekannte, den Jula für einen Mann hielt, obwohl sie sich noch nicht einmal dessen sicher sein konnte. Denn Hadrian hatte sich damals anonym bei ihr gemeldet. Ein großer Fan ihrer Arbeit sei er, ein Bewunderer, der seine Fähigkeiten gern und freimütig in ihren Dienst stellen würde. Allein für eine Gegenleistung, nämlich die, jeden von Julas Podcasts vor dessen Veröffentlichung als Erster hören zu dürfen. *Später kam dann noch diese zweite kleine Gegenleistung dazu, dass ich es ihm ermöglichen musste, meinen damaligen Radiosender zu hacken und tagelang zur besten Sendezeit meine Podcasts darüber laufen zu lassen. Verrückter Hund! Ich wüsste zu gern, wer er ist …*

→ SEINE UNTERDRÜCKTE NUMMER HABE ICH GEKNACKT, ABER DIE BRINGT UNS NICHT WEITER.

Jula schrak aus ihren Gedanken hoch, als Hadrians Nachricht aufgepoppt war. Hastig tippte sie ihre Antwort.

→ DER KERL HAT NICHT DEN EINDRUCK GEMACHT, ALS OB ER MICH UMBRINGEN WILL. DAS KÖNNTE ER JA AUCH EINFACHER HABEN. ABER TROTZDEM, EIN BISSCHEN ABSICHERUNG WÄRE SCHON SCHÖN.

→ ER IST NICHT DUMM. HAT DAS HANDY SOFORT AUSGESCHALTET. ICH KANN IHN NICHT ORTEN.

Jula rückte unruhig auf ihrem Sitz hin und her.

→ ICH WERDE WAHRSCHEINLICH BALD AN DEM ANONYMEN TREFFPUNKT ANKOMMEN. KANNST DU IRGENDWAS FÜR MICH TUN?

→ ICH KANN DICH ORTEN! LASS DEIN HANDY AN, DANN WEISS ICH, WO DU BIST. WOLLEN WIR VEREINBAREN, UNTER WELCHEN UMSTÄNDEN ICH DIE BULLEN DA HINSCHICKEN SOLL? ZUM BEISPIEL, WENN DU DICH IN ZWANZIG MINUTEN NICHT GEMELDET HAST?

→ LIEBER EINE STUNDE. DER KERL HATTE INSIDERINFORMATIONEN, ER MUSS MIT MORITZ IN KONTAKT STEHEN.

→ OKAY. ABER LASS DICH NICHT VON DIESEM INFORMANTEN VERALBERN. ES GIBT VIELE WICHTIGTUER, VIELLEICHT WILL ER JA NUR EIN DATE MIT EINER SCHÖNEN FRAU?

Jula konnte sich ein Lächeln nicht verkneifen. Warum sollte sie auch, es sah sie ja niemand.

→ SEHR CHARMANT! ABER ICH SCHÄTZE, DA FINDET ER WELCHE, DIE EINFACHER ZU HANDHABEN SIND ALS ICH. BIS NACHHER!

→ VIEL ERFOLG!

Damit beendete Hadrian den Chat, der über unzählige IP-Adressen verschlüsselt war.

Der Taxifahrer bog auf die Winkler Straße ab. Aus ihrem Fenster sah Jula schon seit einigen Minuten nichts anderes mehr als ebenso schöne wie vermutlich unerschwingliche Villen. In dieser direkt am Dianasee gelegenen Seitenstraße schien der Begriff Luxus noch einmal eine ganz neue Stufe erklommen zu haben. Jula vermutete, dass einige der riesigen Grundstücke Botschaftsgelände waren, da dort Nationalflaggen wehten. Vereinzelt standen Polizisten vor den Gebäuden. *Nicht schlecht für den Notfall.* Ansonsten war die Straße menschenleer. Die Anwohner hatten sich vermutlich längst hinter ihre videoüberwachten Sicherheitstüren und Panzerglasfenster zurückgezogen. Julas Taxifahrer setzte den Blinker und kam zum Stehen. Eher beiläufig fiel ihr auf, dass das Gebäude, vor dem der Wagen gehalten hatte, nicht recht in das restliche Straßenbild passte. Sicher, es war nicht weniger protzig als die anderen Villen, doch es wirkte ungepflegt und wie aus der Zeit gefallen. *Eher wie eine … Geistervilla!*

»So, da sind wir! Winkler Straße 10, Villa Noelle.«

Das war also das Ziel, zu dem der unbekannte Anrufer sie hatte bringen lassen. Ein pompöser Kasten auf einem verwilderten Grundstück?

»Was ist das denn bitte für ein Spukschloss?« Jula traf keine Anstalten, das Taxi zu verlassen, im Gegenteil, sie umklammerte ihren Gurt mit beiden Händen.

»Kennen Sie das nicht? Eine verlassene Villa, die mal so ein steinreicher Stahlunternehmer hat bauen lassen. Seit Jahren rottet das Ding vor sich hin. Ein Jammer!«

»Aber was soll ich denn hier in einer leer stehenden Ruine?«

»Keine Ahnung, der Kunde hat das so bestellt. Hier soll ich Sie absetzen.« Der Taxifahrer drehte sich zu Jula um. »Ist schon bezahlt. Wenn Sie mich für die Rückfahrt brauchen, hier ist meine Nummer.«

Jula nahm die Karte mit höflichem Lächeln entgegen und verstaute sie in ihrer Handtasche. Noch einmal sah sie zu dem unheimlichen Gebäude. *Wer immer dieser Informant ist, er hat jedenfalls ein Gespür für Dramatik.*

Sie löste den Gurt und öffnete ihre Tür. »Vielen Dank erst mal. Und wer weiß, vielleicht brauche ich Sie ja schneller wieder, als Sie denken. Und Ihr Auftraggeber hat wirklich gesagt …?«

»Hat er! Aber machen Sie sich keine Sorgen, wenn er ein Vampir ist, dann beißen Sie einfach zurück!«

Jula rang sich ein Lächeln ab und stieg aus. Sie wollte den Fahrer noch bitten, einen Augenblick zu warten, als dieser auch schon den Blinker setzte und grußlos davonfuhr. *Na super, das war bestimmt auch Teil seines Auftrags. Mich hier in der Pampa allein zu lassen.* Jula blieb vor dem Zaun auf dem Bürgersteig stehen und nahm das Gebäude näher in Augenschein. Was für ein beeindruckender Bau diese Ruine mit ihren Giebeln und Erkern trotz ihres beklagenswerten Zustands doch war. Mit der mächtigen Fassade im Stil der Renaissance erinnerte sie Jula auf beklemmende Weise an die alten Edgar-Wallace-Filme, die sie als kleines Mädchen gegruselt hatten. *Jetzt fehlt nur noch, dass Klaus Kinski hier rauskommt und so was sagt wie: »Treten Sie doch näher, Mylady!«* Was für eine prächtige Auffahrt das wohl einst gewesen sein mochte, dachte Jula. Jetzt gab es nur noch Erde, Steine und Wildwuchs. Das Schild an dem alten Eingangstor, das auf das Grundstück führte, schien schon lange dort zu hängen.

»Der Entschluss ist alles«, las sich Jula selbst vor, was auf der Tafel geschrieben stand. »Verarschen kann ich mich auch allein!«

Das Klingelschild bot Platz für zwölf Namensschilder, war jedoch vollständig leer. *Dieser Schuppen würde vermutlich sogar noch mehr als zwölf Familien Platz bieten. Aber wer, der sich diese Wohngegend leisten kann, will schon in eine WG?* Jula hätte angesichts der Ankündigung, auf eine Abendveranstaltung eingeladen zu sein, mit auffallender Beleuchtung gerechnet. Gerade an einer morbiden Villa, die sich bestimmt ganz wunderbar mit Licht in Szene setzen ließ. Doch alles war dunkel. *Zumindest beinahe.* Hinter einigen Fenstern im Erdgeschoss glaubte Jula bei näherem Hinsehen gedämpftes Licht erahnen zu können. *Ganz schön dunkel da drinnen. Möglicherweise sind die Fenster von innen abgedeckt, und ein bisschen von der Innenbeleuchtung bricht sich trotzdem nach draußen Bahn.*

Da, ein dumpfes Knarzen, das vom Eingang der Villa zu kommen schien. Das ursprünglich vermutlich bombastische Portal war durch große Holzplatten ersetzt worden, in die man so etwas wie eine Baustellentür eingesetzt hatte. Die unscheinbare Metalltür öffnete sich einen Spaltbreit, und zu Julas Überraschung trat ein tadellos gekleideter Herr älteren Semesters aus dem Haus. *Ist das der Typ, mit dem ich telefoniert habe? Na ja, wenigstens ist es nicht Klaus Kinski!* Jetzt, da die Tür der Ruine für einen Augenblick offen stand, drang leise Musik aus dem Haus, in die sich das entfernte Geräusch von plaudernden Menschen, klingenden Gläsern und Schritten einfügte. *Wir treffen uns auf einer kleinen Party. An einem Ort, der anonym und abgeschieden ist. Mitten in einer Wohnsiedlung, aber dennoch diskret.*

»Frau Ansorge, wie schön, dass Sie gekommen sind. Bitte treten Sie doch ein.«

Jula vermochte nicht zu erkennen, ob die Stimme des älteren Mannes mit der Stimme am Handy identisch war. Der Kerl am Telefon hatte ruhig und gelassen gesprochen, dieser hier betonte seine Worte und legte Kraft in seine Stimme. *Ist das hier etwa so eine hippe Pop-up-Party? In einer illegalen Location, die so richtig schön »edgy« ist? O Mann, wie mich dieser pseudocoole Berliner Hipster-Mainstream nervt …* Ein Surren erklang, und Jula öffnete das Tor zum Gelände. Sie ging mit bedächtigen Schritten über das verwilderte Grundstück auf den älteren Herrn zu, der sich bei näherem Hinsehen als so etwas wie ein Butler entpuppte. *Oder ein hipper Szeneschwuler mit einem abgefahrenen Fetisch, was weiß denn ich?* Jula war schon lange nichts Menschliches mehr fremd. Sie hatte diese Art von übermotivierten Mottopartys in Berlin öfter erleben müssen, als es ihr lieb gewesen war. Damals, als sie noch beim Radiosender gearbeitet hatte und regelmäßig zu solchen Events eingeladen worden war.

»Es ist Ihrem Gastgeber eine Freude, Sie begrüßen zu dürfen.« Der Butler deutete mit höflicher Geste an, dass Jula eintreten solle.

Sie wandte sich noch einmal zur Straße um, die menschenleer war. Das Taxi war längst verschwunden, und niemand hatte sie das verwilderte Grundstück betreten sehen. Sollte sie da jetzt wirklich reingehen? Oder besser weglaufen? Aber warum – und vor wem? Alles, was Jula in diesem gruseligen Haus passieren konnte, würde besser sein als die Ungewissheit. Besser als das ewige Gedankenkarussell darum, ob Hegel diese verdammte Telefonnummer womöglich tatsächlich nur manipuliert hatte und es gar nicht Moritz gewesen war, mit dem sie für wenige Sekunden telefoniert hatte. Oder ob Jula wirklich mit Moritz gesprochen und ihn damit vielleicht sogar in Gefahr gebracht hatte.

Jula presste die Augenlider fest aufeinander, wie sie es immer tat, wenn sie einen Gedanken zu verdrängen versuchte, der schlagartig von ihr Besitz ergriffen hatte. *Du weißt ganz genau, warum du hier bist. Und warum du entgegen aller Vernunft in dieses Spukschloss gehen wirst: Weil du verdammte, dumme Kuh ernsthaft darauf hoffst, dass da kein geheimer Informant auf dich wartet. Sondern Moritz!*

»Darf ich Sie bitten?« Die Stimme des Butlers wurde etwas drängender.

Jula sah noch einmal an der unheimlichen Fassade der Ruine hoch. Über dem Eingang hatte der Erbauer eine Bahnhofsuhr anbringen lassen, die acht Uhr zwanzig anzeigte und offenbar nicht mehr funktionierte. Sie ging mit pochendem Herzen auf die Tür zu. *Was soll's? Da drinnen sind schließlich noch mehr Leute, ich habe Pfefferspray in der Tasche, und Hadrian weiß über meine SIM-Card, wo ich bin. Ich muss das riskieren, es ist wichtig.*

»Ich bin hier mit jemandem verabredet, der …« Jula stockte der Atem. Der Butler hatte sie durch die improvisierte Metalltür in die Villa geführt, in der Jula eine bunte

Mischung illustrer Gestalten aus der Berliner Partyszene vermutet hatte. Doch schon ihr erster Blick in die Eingangshalle hatte sie verstummen lassen.

»Was, verdammt noch mal, hat das zu bedeuten?«

Es war nicht so, dass sie der mit Rissen übersäte Marmorboden oder die beiden morschen Treppenaufgänge, die zu einer Galerie im ersten Stock führten, beeindruckt hätten. Ebenso wenig wie die offensichtlich teuren und erstaunlich gepflegten Einrichtungsgegenstände, darunter der mit Intarsien verzierte Mahagonitisch mit der vergoldeten Reiterstatue darauf, der gewaltige Kronleuchter, der von der mit abgebröckeltem Stuck verzierten Decke hing, oder die akkurat angerichteten Blumenbuketts in den riesigen, verspielt bemalten Porzellanvasen. Und auch wenn sich Jula nicht erklären konnte, aus welchen Gründen jemand diese Ruine so aufwendig möbliert haben sollte – das, was sie stocken ließ, war etwas anderes.

»Was ... ich verstehe nicht, wo sind denn ...?« Jula sah verunsichert den Butler an.

Dieser verneigte sich galant. »Ihr Gastgeber wird Ihnen alles erklären. Ich darf mich jetzt verabschieden.«

»Aber ...«

Ohne Julas Nachfrage abzuwarten, trat der ältere Herr aus dem Haus und ließ sie in der düsteren Eingangshalle zurück. Und während noch immer das Gewirr der Stimmen, das Klirren von Gläsern und die sanfte Musik zu hören waren, zog sich alles in Jula zusammen.

Was zum Teufel ...?

Nicht das, was Jula sah, beunruhigte sie. Es war viel mehr das, was sie *nicht* sehen konnte. Denn nirgendwo in dieser heruntergekommenen und dennoch erstklassig gepflegten Halle voller teurem Krempel standen plaudernde

Menschen in Glitzerkostümen, ironisch gemeinten Altkleidern oder Fetisch-Outfits. Es gab auch weit und breit keine klirrenden Longdrinkgläser. Und erst recht keinen DJ, der sich mit gewichtigem Gesichtsausdruck dabei gefiel, erwartbare Undergroundmusik abzuspielen und dabei irgendwas mit den Händen zu machen, was sinnlos war und niemand verstand. Die einzigen Menschen waren die düster dreinblickenden Herren auf den übergroßen Ölgemälden, die an beiden Treppenaufgängen hingen, als wachten ihre Geister über dieses Spukschloss.

Da trat im ersten Stock ein Mann im dunklen Anzug auf die Galerie. Die Halle war schwach beleuchtet, doch dieses Gesicht hätte sie vermutlich auch noch im Schein eines Teelichts erkannt.

Das kann doch unmöglich …

Und wie ein Luftballon war Julas innige Hoffnung, endlich wieder ihren Bruder in die Arme schließen zu können, zerplatzt.

»Bitte verzeihen Sie mir die kleine Scharade, liebe Jula! Aber ich musste befürchten, dass Sie nicht gekommen wären, wenn Sie gewusst hätten, wer Ihr *geheimer Informant* ist.«

Der Mann hob mit großer Geste eine Fernbedienung in die Höhe, betätigte einen Knopf darauf – und alle Geräusche, die Jula eine *edgy Pop-up-Party* vorgegaukelt hatten, waren von einer Sekunde auf die nächste verstummt.

KAPITEL 9

Matthias Hegel bedachte Jula mit einem Lächeln, wie er es in früheren Zeiten vermutlich für seine besonders begriffsstutzigen Studenten reserviert gehabt hatte.

»Sie hätten es daran erkennen können, dass Ihr Gehör nicht zum Selektieren in der Lage war. Im Gegensatz zu einem Mikrofon kann sich unser Ohr nämlich aussuchen, auf welches Geräusch es achten und welches es ignorieren will. Deswegen können wir uns auf einer Party mit jemandem unterhalten, obwohl direkt neben uns viele Menschen durcheinanderreden. Wir können die Umgebungsgeräusche ausblenden, wenn wir wollen. Aber wir verstehen kein Wort mehr, wenn in einer TV-Talkshow alle Gäste gleichzeitig in ihre Mikrofone sprechen. Wussten Sie, dass sich in unserem Ohr ein Muskel befindet, der unser Trommelfell dorthin ausrichtet, wo wir hinsehen? Aus diesem Grund können wir Menschen besser verstehen, wenn wir sie beim Zuhören angucken. Probieren Sie es mal aus, Sie werden überrascht sein! Ihnen hätte bereits vor der Tür auffallen können, dass Sie nicht in der Lage waren, sich auf irgendeines der Geräusche im Haus zu fokussieren. Alles, was Sie gehört haben, war ein zweidimensionaler Brei. Das hätte Ihnen verraten können, dass alles über Lautsprecher eingespielt wurde.«

Jula stand wie angewurzelt in der Eingangshalle. »Was, verdammt noch mal, machen Sie in dieser Ruine? Ich dachte, Sie wären im Knast, wo Sie hingehören.«

»Das war ich vor Kurzem auch noch. Aber die Überlastung der Vollzugsanstalten hat mir zu einem Hausarrest verholfen. Nun ja, also das – und ein kleiner Deal mit der Staatsanwaltschaft. Aber wenn es Sie beruhigt, ich bin nicht wirklich frei. Ich trage eine elektronische Fußfessel.«

Er hat Hausarrest ausgehandelt, na super …

»Das erklärt nicht, wie Sie in diese Hütte hier kommen. Mit so einer Fußfessel dürfen Sie doch Ihr Haus nicht verlassen!«

»Das darf ich auch nicht. Vielleicht sehen Sie sich ja mal ein bisschen hier um!« Hegel streckte die Arme aus, als wolle er seinem Gast das Foyer der alten Villa präsentieren.

Jula ließ den Blick ein weiteres Mal durch die Halle gleiten. Sie musterte die Fenster. Jemand hatte diese offenbar fachkundig so verkleidet, dass man es von außen nicht sehen konnte, wenn im Innern des Gebäudes Licht brannte.

»Sagen Sie jetzt bitte nicht, dass Sie hier wohnen!«

Hegel lächelte. »Ich habe die Villa Noelle schon vor Jahren gekauft. Von innen habe ich sie herrichten lassen, von außen nicht. Wissen Sie, ein Mann, der sich in seinem Leben so viele Feinde gemacht hat wie ich, kann ein Versteck ganz gut gebrauchen. Bis zu meinem Prozess bleibe ich hier, in Ruhe vor der Welt und ihren Anfeindungen.«

»Und Sie haben ernsthaft einen Butler engagiert und eine Soundanlage installieren lassen, um mich hier reinzulocken?«

»Nicht ganz. Erstklassige Soundanlagen gehören zu meiner beruflichen Grundausstattung. Und mein Butler heißt Marian, er ist nicht nur heute hier. Da ich mein Haus nicht verlassen darf, brauche ich ihn als helfende Hand.

Er hat Sie übrigens auch als angeblicher Informant angerufen, es tut mir leid, dass ich zu diesen Mitteln greifen musste. Aber Sie wären niemals gekommen, wenn ich mit offenen Karten gespielt hätte.« Noch immer verharrte Hegel in seiner Position auf der Galerie.

»Sie glauben jetzt wahrscheinlich, dass ich wahnsinnig dringend wissen will, warum Sie mich hergelockt haben, oder?«

»Das glaube ich nicht, das *höre* ich. Sie sprechen etwas schneller als zuvor. Das könnte auch ein Zeichen von Zorn sein, aber da Sie sich weder auf mich zu- noch von mir wegbewegen und auch Ihre Muskeln sich nicht weiter anspannen, gehe ich davon aus, dass Sie sich noch immer die Informationen über Moritz erhoffen, die Ihnen mein Butler versprochen hat.«

»Wagen Sie es nicht, über Moritz zu sprechen!« Jula schloss kurz die Augen, fuhr sich mit der linken Hand durchs Haar und sah dann wieder zu Hegel hinauf, der noch immer wie der Schlossherr aus einem Horrorfilm dort oben stand und offenbar großen Gefallen daran fand, die kleine Maus Jula schon wieder in die Falle gelockt zu haben.

»Sie wollen also nicht erfahren, was die Wahrheit hinter seinem angeblichen Selbstmord ist?«

Jula ballte die Hände zu Fäusten. Wie konnte dieser arrogante Menschenverächter es nur wagen, ihr diese Frage zu stellen? Seit über drei Jahren war nicht eine einzige Stunde ihres erbärmlichen Lebens vergangen, in der sie nicht an Moritz hatte denken müssen. Hin- und hergerissen zwischen Angst und Hoffnung, Zorn und Liebe, Mut und Verzweiflung. Immer wieder hatte sie sich gefragt, ob sie überhaupt noch am Leben wäre, wenn nicht der Wunsch sie antriebe, endlich zu erfahren, was damals in Buenos Aires wirklich vorgefallen war. *Aber wenn ich jetzt einknicke, dann wird er mich niemals respektieren! Und wenn er mich nicht respektiert, wird er immer nur mit mir spielen und mir niemals verraten, was er weiß.*

»Natürlich will ich wissen, wo Moritz ist und was damals passiert ist. Aber dazu brauche ich Sie nicht! Sie haben Insiderinformationen? Gut, dann weiß ich ja schon mal, dass es welche gibt. Und stellen Sie sich vor, ich bin durchaus in der Lage, auf anderem Wege daran zu gelangen, als mich von Ihnen zum Schoßhündchen machen zu lassen. Ich möchte, dass sich Ihre Trommelfellmuskeln jetzt voll auf mich ausrichten, damit Sie dreidimensional und selektiv hören können, was ich sage!« Jula legte so viel Härte in ihre Stimme, wie es ihr möglich war. »Was immer Sie von mir wollen und was immer Sie denken, mir dafür bieten zu können, es interessiert mich nicht! Und jetzt genießen Sie Ihre Party. Wie es aussieht, sind ja alle Ihre Freunde gekommen!«

Jula wandte sich ab und ging auf den Ausgang zu, als sie eine Tonaufzeichnung vernahm. Offenbar wurde sie über die Boxen eingespielt, die ihr zuvor eine Szeneparty vorgegaukelt hatten.

»Notruf Berliner Feuerwehr, wo genau ist der Notfallort?«

»Hilfe, mein Baby ist weg. Hier ist nur … Blut …!«

»Bitte bewahren Sie Ruhe, wo ist der Notfallort?«

Geräusche erklangen, Klirren, Schreien, Laufen.

»Mein Baby ist weg. Überall ist Blut! Sie müssen mir helfen!«

»Das habe ich verstanden. Wo ist der Notfallort?«

Es war noch ein kurzes Rascheln zu vernehmen, dann verstummte die Aufnahme. Jula blieb auf ihrem Weg zum Ausgang stehen und sah über die Schulter. »Was ist das?«

»Ein Notruf.«

»Das höre ich selbst! Haben Sie mich deswegen hergelockt?«

»Wenn Sie es so nennen wollen.«

»Und warum?«

»Damit Sie sehen, was Sie angerichtet haben.«

Jula lachte fassungslos auf. »Ich? Ich habe etwas angerichtet?«

»Ja, Sie! Verstehen Sie denn nicht? Man hat mir diesen Notruf zugespielt, weil ich der Einzige bin, der ihn entschlüsseln kann. Kurz gesagt: Von mir hängt das Schicksal eines Babys und dieser Frau ab, aber ich kann nicht handeln, weil ich *Ihretwegen* an dieses Haus gebunden bin!«

Jula drehte sich nun ganz um und tippte sich mit dem Zeigefinger an die Stirn. »Sie sitzen hier, weil Sie Ihre Frau umgebracht haben und ich Ihnen bei diesem *perfekten Verbrechen* auf die Schliche gekommen bin. Wenn auch leider erst, nachdem ich ironischerweise vorher Ihre *Unschuld* bewiesen habe.«

»Und weil Sie diesen lächerlichen Verdacht ja unbedingt mit dem Staatsanwalt teilen mussten, sind Sie jetzt dafür verantwortlich, dass mir in dieser Sache die Hände gebunden sind. Aber das könnten Sie wiedergutmachen!«

»Wiedergutmachen? Haben Sie noch alle Latten am Zaun? Ich soll meine Aussage zurückziehen? Nach allem, was Sie mir angetan haben? Zwei Menschen sind tot, mein kleiner Bruder Elyas wäre beinahe gestorben. Er ist stinksauer, dass er das meinetwegen durchmachen musste, und redet kaum noch mit mir. Dann haben Sie auch noch Moritz von den Toten auferstehen lassen, um danach zu behaupten, das wäre nur ein Scherz gewesen. Allein schon aus diesem Grund werde ich Sie niemals rehabilitieren!«

»Hier geht es darum, dieses Baby zu retten.« Hegel blieb vollkommen souverän. »Also, bevor Sie jetzt wieder zurück in Ihre kleine Dachgeschosswohnung fahren und versuchen, im Internet Geheimnisse zu lösen, die sich darin nicht lösen lassen, bedenken Sie eines: Diese Frau wird vermutlich sterben. Und das Baby wird niemals wissen, wer seine richtigen Eltern waren. Es gibt nur zwei Menschen auf der Welt, die das jetzt noch verhindern können: Sie und mich! Allerdings nur, wenn wir zusammenarbeiten, Seite an Seite. Also, was ist? Wollen Sie immer noch gehen?«

KAPITEL 10

Jula sah zu Hegel hinauf, als sei er die Statue eines römischen Feldherrn und sie ein Besucher des Museums, in dem diese ausgestellt war. Sicher, sie konnte nicht wie er am Klang einer Stimme erkennen, ob jemand log oder nicht. Und doch spürte sie sehr genau, dass sie diesem Kerl kein Wort glauben konnte. *Ihm geht es weder um das Kind noch um die Frau. Das beweist allein die Tatsache, dass er mich in diesen Fall hineinziehen will. Dafür gibt es keinen rationalen Grund, ich bin weder Ermittlerin noch persönlich beteiligt*. Hegel konnte nur eines im Sinn haben: Er wollte Jula schon wieder für seine Zwecke missbrauchen! Auch wenn sie keinen blassen Schimmer hatte, welche Zwecke das sein konnten.

Und doch klang er aufrichtig, als er sagte: »Sie können mir vorwerfen, was Sie wollen! Aber nicht, dass ich nicht alles für meine Tochter Mathilda getan hätte. Ich weiß, wie es ist, wenn man Angst um seine Tochter hat. Es geht hier um eine Kindesentführung! Ich möchte dieser Frau und ihrem Baby wirklich helfen.«

Und obwohl seine Worte Jula gegen ihren Willen nicht kaltließen, versuchte sie, desinteressiert zu klingen, als sie Hegel entgegenwarf: »Dann gehen Sie zur Polizei!«

Hegel schüttelte den Kopf. »Von der kommt der Anruf ja. Und das ist der Grund, weswegen ich Sie kontaktiert habe. Die Umstände verbieten es dem leitenden Ermittler, diesen Fall auf dem offiziellen Weg zu verfolgen.«

»Warum?«

Hegel ging eine Stufe hinunter. »Weil alles darauf hindeutet, dass es im LKA einen Maulwurf gibt. Gebe ich also der Polizei meine Erkenntnisse, könnte ich sie genauso gut gleich den Entführern mitteilen. Verstehen Sie jetzt, warum ich Sie brauche?«

Jula trat einen Schritt zurück. »Ist das Ihr Ernst? Sie bitten Ihre größte Feindin um Hilfe?«

Hegel lächelte. »Sie überschätzen sich! Meine größte Feindin ist vermutlich meine Schwiegermutter, die mich erschießen wollte und mir noch immer meine Tochter vorenthält. Aber ich verstehe, worauf Sie hinauswollen. Nur, wie Sie gerade schon sehr richtig feststellten, habe ich keine Freunde.«

»Das erstaunt mich jetzt aber. Wo Sie doch so eine charmante Gesellschaft sind!«

Hegel zuckte mit den Schultern. »Bei meinen Feinden weiß ich zumindest immer, woran ich bin. Also kommen Sie, die Uhr tickt. Dieser Anruf ist vor drei Tagen eingegangen. Wir sollten uns am besten sofort an die Arbeit machen!«

KAPITEL 11

Jula stand wie angewurzelt auf dem kalten Marmorboden und sah Hegel dabei zu, wie er die brüchige Treppe hinunterstieg, ohne dabei auch nur einmal auf die Stufen zu sehen. Sie musste sich eingestehen, dass er ihr Interesse geweckt hatte. Diese arme Frau klang tatsächlich, als leide sie entsetzliche Qualen, dennoch hatte Hegel sie nicht von der Frage ablenken können, derentwegen sie hergekommen war.

»Was ist mit Moritz? Und wie konnten Sie diese ganzen Dinge aus unserer Kindheit wissen, die mir Ihr Butler am Telefon erzählt hat?«

»Jula, ich habe nicht erwartet, dass Sie mir einfach so helfen. Ich werde Ihnen alles über Ihren Bruder erzählen, was Sie wissen sollten. Dafür fordere ich zwei Dinge von Ihnen: Ich will, dass Sie mir zur Klärung dieser Entführung Ihre hervorragenden journalistischen Fähigkeiten zur Verfügung stellen. Ich bin schließlich im wahrsten Sinne des Wortes an dieses Haus hier gefesselt, und deswegen brauche ich Sie als meine Hände, Ohren und Augen.«

Hegel war im Eingangsbereich angekommen. Anstatt an Jula heranzutreten, die wie ein verloren gegangenes Kind in dieser unheimlichen Halle stand, deutete er ihr an, dass sie ihm nach nebenan folgen solle. In einen Raum, aus dem ein behagliches Flackern drang, das sie ein Kaminzimmer vermuten ließ. *Falls er nicht eine Simulation installiert hat, die ich daran erkennen müsste, dass das Holz nur zweidimensional knistert.*

»Dort ist es gemütlicher. Wir haben einiges zu bereden.« Ohne eine Reaktion abzuwarten, verschwand Hegel in dem Raum.

Jula vernahm ein Knirschen, aus dem sie schloss, dass Hegel in einem Ledersessel Platz genommen hatte. Was sollte sie tun? Dieses eiskalte Schwein, das vermutlich die Mutter seines eigenen Kindes abgeschlachtet und sich dann mit einem ebenso dreisten wie genialen Plan aus der Sache herausgewunden hatte, verdiente es nicht, dass sie ihm auch nur noch eine Minute länger zuhörte. Dass sie noch länger in diesem Spukschloss blieb, das ihr in seiner längst verblassten Größe und Imposanz mit jeder Minute mehr wie ein zu sprödem Marmor gewordenes Spiegelbild seines Besitzers vorkam. *Aber wenn der Pakt mit dem Teufel meine einzige Chance ist, endlich die Antworten zu erhalten, ohne die ich es nicht mehr lange aushalten werde? Verdammt, dieser Kerl hat mich genau da, wo er mich haben will. Und das weiß er auch!*

Jula ging auf die Tür zu, wobei sie darum bemüht war, ihre Schritte fest und selbstsicher klingen zu lassen. *Als hätte ich auch nur die geringste Chance, sein Fledermausgehör auszutricksen. Vermutlich kann er schon an der Art, wie ich die Fersen abrolle, hören, dass ich unsicher bin.*

Jula fand Hegel zurückgelehnt in einem großzügigen Ledersessel vor. Der Raum war vermutlich einmal das Esszimmer gewesen und zu einer Art Bibliothek ausgebaut worden. Vom Licht des Kamins in warme Farben getaucht, ragte hinter Hegel ein imposantes Bücherregal an der Wand empor.

»Bitte, setzen Sie sich doch.« Hegel deutete auf den Sessel, der ihm gegenüberstand.

Jula blieb stehen. »Also noch mal von vorn: Von wem haben Sie diesen Notruf bekommen, und was reden Sie da von einem Maulwurf bei der Polizei?« Das Feuer loderte anheimelnd in dem alten Kamin, auch wenn es sich nur um Ethanolflammen handelte. *Klar, man würde es ja von draußen sehen, wenn der Kamin raucht. Dann wäre es vorbei mit dem Geheimquartier.*

»Der Anruf ist um 17:55 Uhr bei der Leitstelle der Berliner Feuerwehr unter der 112 eingegangen. Er wurde wie jeder Anruf automatisch aufgezeichnet und wegen seines Inhalts an die Polizei weitergeleitet. Die hat den Notruf nach einer ersten Überprüfung ans LKA gegeben. An den Ersten Kriminalhauptkommissar Oswald Holder. Er hat mich um die Analyse des Mitschnitts gebeten.«

»Der Kommissar ist damit also zu Ihnen ins Gefängnis gekommen. Das erscheint mir sehr ungewöhnlich.«

»Nicht nur Ihnen! Es gibt nämlich noch eine Reihe weiterer Phonetiker, und dieser Anruf ist für einen Fachmann nicht schwerer zu analysieren als andere auch.«

»Also gut.« Jula deutete auf das Ziffernblatt ihrer Armbanduhr. »Ich gebe Ihnen noch genau eine Minute, um endlich Klartext zu reden.«

»Dann sollte ich mich beeilen. Warum ist Holder gerade zu mir gekommen? Und das auch noch persönlich – und allein. Sinnvollerweise kann das nur daran liegen, dass ich in meiner momentanen Situation so etwas wie ein Joker für ihn bin. Eine Spielfigur, die in seinem Team niemand auf dem Schirm hat.« Hegel deutete auf seine Fußfessel. »Leider bin ich aber ein Joker mit begrenztem Bewegungspotenzial. Sobald ich mich weiter als fünf Meter aus dem Gebäude bewege, rückt die Polizei an. Und im Hausarrest habe ich auch nur begrenzt Zugriff auf Telefon und Internet. Sicher, mein Butler kann für mich telefonieren, aber wenn ich mich bei einem Verstoß gegen die Auflagen erwischen lasse, rücke ich sofort wieder in Moabit ein. Das möchte ich nicht riskieren.«

Julas Puls stieg, während Hegel sich von seinem Sessel erhob und sich in aller Ruhe einen Schluck Rum einschenkte.

»Er wendet sich also an Sie, weil Sie eingesperrt sind und niemand aus seinen Reihen Ihre Arbeit sabotieren kann.«

»So sehe ich das. Und warum sollte er das tun, wenn er nicht Grund zu der Annahme hätte, dass es in seiner Abteilung einen Maulwurf gibt?«

Jula schloss für einen Moment die Augen. »Eine Frau ruft an und meldet, dass ihr Kind verschwunden ist. Warum sollte Holder vermuten, dass ein möglicher Maulwurf im LKA versuchen könnte, seine Nachforschungen in dieser Sache zu behindern? Das ergibt überhaupt keinen Sinn.«

»O weh, das ist allerdings nicht gut für mich.« Hegel sah auf seine Uhr. »Mir bleiben nur noch zehn Sekunden von der Minute, die Sie mir gewährt haben. Wenn ich Sie so schnell noch umstimmen will, sollte mir besser noch was verdammt Gutes einfallen.«

Er zog erneut seine Fernbedienung hervor und betätigte einen Knopf. Sekunden später erklang eine weitere Tonaufzeichnung von der Halle her:

»Audioprotokoll der kriminalpolizeilichen Vernehmung von Moritz Ansorge. Herr Ansorge, Sie sind zu uns gekommen, weil Sie eine Aussage machen möchten.«

Jula stiegen Tränen in die Augen, als Moritz' Stimme erklang:

»Ja. Aber wenn ich das tue, werde ich Hilfe brauchen. Denn diejenigen, gegen die ich aussage, werden mich danach jagen. Und sie werden mich finden, überall auf der Welt. Können Sie mir eine neue Identität verschaffen und meiner Familie Schutz zusichern?«

KAPITEL 12

CECILE

Diese verdammten Metallplatten müssen doch irgendwie abzubekommen sein!«

Cecile sank erschöpft zu Boden. Fast drei volle Tage war sie nun schon zusammen mit ihrer Mutter in diesem verdammten Zimmer eingeschlossen. Weggesperrt hinter einer Tür, die so massiv war, dass bislang jeder ihrer Versuche, sie aufzubrechen, gescheitert war. Nicht einmal die geballte Wucht der Schultern der beiden Frauen hatte es vermocht, das Schloss aus dem Türblatt herauszubrechen. *Wie auch, bei meinen paar Kilo? Und Mama? Was soll eine Frau von Mitte sechzig gegen die perfekte Sicherheitstür ausrichten?*

»Denkst du, dass er Selma etwas angetan hat?« Cecile sah mit flehendem Blick zu ihrer Mutter.

»Schatz, das fragst du mich seit Tagen alle fünf Minuten.« Sie drückte Cecile einen sanften Kuss auf die Wange. »Ich weiß nur, dass er plötzlich vor meiner Tür gestanden hat. Er hat behauptet, er wolle dich mit meinem Besuch überraschen. Zudem könne ich dich ein bisschen unterstützen. Außerdem solle ich ja auch meine Enkeltochter kennenlernen. Und als ich dann im Auto saß, hat er mir eine Flasche Wasser gegeben. Nachdem ich davon getrunken habe, ist mir schwindelig geworden. Und irgendwann bin ich gefesselt in diesem Raum hier aufgewacht.«

»Wie konnte ich mich nur so in Jonathan täuschen?«

»Das haben wir doch alle getan, Schatz.« Ceciles Mutter klang warm und verständnisvoll.

Petra Kramer schien sich mittlerweile erholt zu haben, zumindest körperlich. Cecile hatte ihre Mutter nicht allzu fest an das Krankenbett gefesselt vorgefunden und die Stricke schnell lösen können. Doch wann und wie Jonathan ihre Mutter unbemerkt in diesen Raum verschleppt hatte und wie er diesen ganzen Wahnsinn hier vor ihr hatte verheimlichen können, das konnte Cecile nicht begreifen. Und vor allem wusste sie noch immer nicht, wo ihr Kind war! *Du wirst Selma nicht dadurch zurückbekommen, dass du in Panik gerätst. Damit hilfst du weder deiner Tochter noch sonst jemandem. Es gibt nur eine einzige Sache, die du im Moment tun kannst. Also los!*

»Wir versuchen es noch einmal!«

Die Metallplatten, mit denen Jonathan die Fenster der Mansarde verschraubt hatte, mussten doch irgendwie aus ihrer Verankerung zu lösen sein. Cecile hatte praktisch jeden Gegenstand, den sie auf den wenigen Quadratmetern dieses umgestalteten Raumes hatte finden können, daraufhin überprüft, ob er sich als Schraubenzieher verwenden lassen könnte. Schließlich hatte sie stundenlang den Griff ihrer Zahnbürste an der Wand gerieben, so lange, bis er schmal genug geschliffen war, um in den Schraubenschlitz zu passen. *Du darfst niemals aufgeben, wenn du dir ein Ziel gesetzt hast,* hatte ihre Mutter Cecile früher immer zugeflüstert, wenn sie nachts an ihrem Bettrand gesessen hatte. Immer wenn sie als Kind Sorgen oder Ängste gehabt hatte, war ihre Mutter da gewesen. Mit weicher Stimme, sanftem Lächeln und einem guten Rat, der ihrer Tochter weitergeholfen hatte.

»Drück mir die Daumen, Mama.«

Wieder führte Cecile unter den angespannten Blicken ihrer Mutter den scharfkantig geschliffenen Plastikgriff in den Schraubenschlitz, bis er tief genug darin versunken war. Nun machte sie sich vorsichtig daran, den selbst gebastelten Schraubendreher zu bewegen. *Bitte, lass es funktionieren.* Cecile merkte, wie der Widerstand größer wurde, vorsichtig steigerte sie die Kraft – doch schon im nächsten Moment erklang ein helles Knacken, und der scharfkantige Zahnbürstenstiel brach in der Schraube ab.

»Jonathan hat wirklich ganze Arbeit geleistet.« Cecile ließ die Überreste ihres selbst gebastelten Werkzeugs auf den Boden fallen. »Die verdammten Schrauben lassen sich keinen Millimeter bewegen.«

Petra Kramer versuchte, sich keine Regung anmerken zu lassen. Ruhig fragte sie: »Fällt es denn gar nicht auf, wenn du nicht mehr zu sehen bist? Auf der Straße oder bei deinen Freunden?«

Cecile schüttelte den Kopf. »Jonathan hat den Nachbarn erzählt, dass ich die ersten Wochen nach Selmas Geburt lieber mit ihr im Haus bleibe.«

Ceciles Mutter antwortete nicht darauf, und Cecile ahnte, aus welchem Grund. So wie damals in den Nächten, als es nicht nur die Ratschläge ihrer Mutter gewesen waren, die ihr in der Not geholfen hatten, sondern auch die Momente, in denen sie schwieg.

Selma!

Cecile trat die nutzlose Zahnbürste, mit der sie allen Ernstes gehofft hatte, sich und ihre Mutter befreien zu können, mit dem Fuß quer durch den Raum und lief zur Tür. *Irgendwann muss er doch mal reagieren!* Bestimmt zum tausendsten Mal trommelte sie gegen das massive

Holz und drückte wieder und wieder die Klinke herunter, als würde sich das Sicherheitsschloss schon noch öffnen, wenn sie es nur oft genug versuchte. Immer wieder trat sie mit ihren dünnen Beinen gegen die Tür, bevor sie schließlich davon abließ und zu Boden sank. Sie presste sich die Hände aufs Gesicht, roch den getrockneten Schweiß an ihrer Kleidung, fühlte, wie ihre Haare filzig vom Kopf hinunterhingen, und spürte die blauen Flecken und verschorften Wunden, die sie sich bei ihren Ausbruchsversuchen der letzten Tage zugezogen hatte.

Jetzt trat ihre Mutter an die Tür und rief, so laut sie konnte: »Warum redest du nicht mit uns? Wo ist meine Enkeltochter?«

Auch Cecile mischte sich ein, wenn auch etwas leiser und kraftloser als ihre Mutter. »Wo bist du, Jonathan? Wo ist Selma? Was hast du mit uns vor? Bitte sprich mit uns!«

Doch es half nichts, kein Geräusch war hinter dieser Tür zu vernehmen. Seit Tagen nicht.

»Wie kann er einer Mutter nur so etwas antun?« Petra Kramer umarmte ihre Tochter für einige Sekunden und strich ihr dann liebevoll über den Kopf. »Wer würde sein schlafendes Baby aus der Wiege stehlen und der Mutter sagen, dass sie nicht mehr an ihr Kind denken soll? Und woher kam das Blut?«

Cecile sah ihre Mutter mit klarem Blick an. »Wir müssen jetzt einen kühlen Kopf bewahren, Mama! Jonathan hat hier Lebensmittel für mindestens eine Woche gelagert. Das bedeutet, er will uns hier eine Weile wegsperren. So, wie er diesen Raum abgesichert hat, muss es ihm sehr wichtig sein, dass uns bis dahin niemand finden kann. Und aus irgendeinem Grund wollte er, dass du bei mir bist. Mama, wir haben uns lange nicht gesehen, und so schnell hättest du keinen Verdacht geschöpft, nur weil ich mal ein paar Tage nicht angerufen hätte. Also, was kann er vorhaben, weswegen wir beide hier eine Woche nicht rausdürfen?«

»Ich hatte immer schon die Sorge, dass Jonathans Beruf ihn selbst verrückt gemacht hat.« Ceciles Mutter lehnte sich mit dem Rücken gegen die Tür. »Das alles hast du nicht verdient, mein Schatz. Du wolltest doch einfach nur mit deinem Kind und deinem Mann glücklich sein. Alles, was du wolltest, war das, was sich hinter dieser abgesperrten Tür befindet. Eine Familie, die dich hält.«

Cecile lehnte den Kopf gegen die Schulter ihrer Mutter, und Tränen drangen aus ihren Augen. Für einen kurzen Moment erlaubte sie sich diese Schwäche. Machte eine Pause davon, rational zu bleiben und sich von ihrer verzweifelten Sorge um ihre Tochter nicht um den Verstand bringen zu lassen. Immerhin, ihr Verstand war das Einzige, was sie aus ihrer Lage befreien konnte. Für diesen Moment ließ Cecile auch ihre Ängste und die machtlose Trauer zu. »Wo ist mein kleines Baby? Was hat Jonathan mit ihr gemacht?«

»Was auch immer es ist, er muss das alles von langer Hand geplant haben.« Petra wischte ihrer Tochter die Tränen aus dem Gesicht. »Er kann das Dachgeschoss hier ja nicht in ein, zwei Tagen in diese Gefängniszelle verwandelt haben.«

»Wie konnte ich mich nur so in ihm täuschen? Jonathan war der liebenswerteste Mensch, dem ich je begegnet bin. Wie kann er das nur so gut gespielt haben? Und vor allem, warum hat er das getan? Und je länger ich darüber nachdenke, desto weniger verstehe ich: Wenn er etwas mit Selmas Verschwinden zu tun hat, hätte er uns doch schon vorher hier einsperren müssen. Und er schien wirklich entsetzt, als ich ihm erzählt habe, dass Selma verschwunden ist. Das hätte er niemals so spielen können. Er ist wie verrückt durchs Haus gerannt und hat sie überall gesucht. Er kann das nicht gewusst haben.«

»Aber trotzdem hat er diesen Raum präpariert, mich verschleppt, unter Beruhigungsmittel gesetzt und hier oben festgehalten, bevor er dich zu mir gesperrt hat.«

Cecile kniff die Augen zusammen, wie sie es schon als Kind getan hatte, wenn sie nachdenken musste. Sie zuckte zusammen, als sie plötzlich einen Ruf vernahm:

»Du frigide Fotze! Das machst du doch nur, weil du selbst keine Kinder hast!« Die Worte hallten vom Eingangsbereich des Hauses nach oben.

Cecile stockte der Atem. »Hast du das gehört, Mama?«

»Was denn?«

»Na, das Geschrei gerade!«

»Ich verstehe nicht, was meinst du?« Ceciles Mutter wirkte ahnungslos.

»Das musst du doch gehört haben! Ich kenne diesen Ruf. Ich habe ihn schon einmal gehört.«

»Schatz, ich habe nichts gehört!«

Konnte es sein, dass Cecile sich die Worte eingebildet hatte? Dass ihr Unterbewusstsein versuchte, sie mit einer Erinnerung auf die Fährte ihres rätselhaften Schicksals zu lenken? Cecile hob ihren Blick und sah ihre Mutter an, bevor sie mit klarer Stimme antwortete: »Ich glaube, ich habe jetzt eine Ahnung, war hier los sein könnte. Dieser ganze Irrsinn muss mit meiner Arbeit für das Jugendamt zusammenhängen!«

KAPITEL 13

JULA

Ja. Aber wenn ich das tue, werde ich Hilfe brauchen. Denn diejenigen, gegen die ich aussage, werden mich danach jagen. Und sie werden mich finden, überall auf der Welt. Können Sie mir eine neue Identität verschaffen und meiner Familie Schutz zusichern?

Jula bemerkte, wie ihr Kinn nach unten sank. Gefühle von kaum zu ertragender Intensität stiegen in ihr auf, als sie Moritz' Worte hörte, alle auf einmal, rasend schnell. Angst, Hoffnung, Liebe, Wut. Alles vermischte sich zu einem Chor von Emotionen, den sie am liebsten mit einer Übersprunghandlung zum Schweigen gebracht hätte. Schreien, Aufspringen, Weglaufen. Doch nicht jetzt! Nicht in diesem Augenblick der Erkenntnis, nach dem sie sich so sehr gesehnt hatte. *Zeugenschutz? Ist das die Antwort? Musste Moritz uns seinen Tod vortäuschen, damit wir ihn nicht suchen würden? Lebt er irgendwo an einem entlegenen Ort der Erde mit neuem Namen und falscher Identität? Aber warum? Und kann ich ihn dann jemals finden?*

Hegel stoppte die Wiedergabe.

»Was soll das bedeuten?« Jula atmete tief durch und sank auf die Lehne ihres Sessels nieder, ohne es selbst zu bemerken. »Moritz hat mit der Polizei zu tun gehabt?«

»Ihr Bruder hatte Probleme, so viel kann ich Ihnen verraten. Aber wenn Sie die ganze Wahrheit erfahren wollen …«

Jula fiel ihm ins Wort. »Sie wissen also alles? Nicht nur, wo sich Moritz versteckt, sondern auch, was damals passiert ist? Warum er mir und unserer Familie das angetan hat?«

Alles Feindselige war für einen Augenblick von Jula abgefallen. Dieser herablassende Hegel, dessen Pläne mal wieder aufzugehen schienen, war nicht mehr von Bedeutung für sie.

»Ich habe Antworten auf alles, was Sie wissen wollen.«

»Okay, ich verstehe. Sie wollen frei sein. Ich soll Sie vor Gericht entlasten. Deswegen haben Sie mich hergelockt.«

»Dieses Angebot hätte ich auch aus dem Gefängnis heraus machen können. Sehen Sie es als einen Wink des Schicksals, dass Sie jetzt nicht nur alles über Ihren Bruder erfahren können, sondern darüber hinaus vielleicht auch noch ein Kind retten.«

»Lenken Sie nicht von Moritz ab!«

»Wir werden noch genug über Moritz reden. Aber wie mir scheint, läuft uns die Zeit davon. Ich schätze, wir werden uns jetzt auf unseren aktuellen Fall konzentrieren müssen.«

»Unser aktueller Fall …« Jula sprach jetzt mehr zu sich selbst als zu Hegel. »Das ist doch Blödsinn. Wenn Sie mir im Gegenzug für Ihre Entlastung vor Gericht die Wahrheit über Moritz anbieten, warum brauchen Sie mich dann noch für die Sache mit diesem verschwundenen Baby? Und außerdem, warum vermuten Sie, dass Holder Angst davor hat, dieser Fall könne einen Maulwurf in seiner Abteilung interessieren?«

»Das liegt doch auf der Hand.« Hegel richtete sich in

seinem Sessel auf. »Das Medium ist die Botschaft. Holder kommt allein und persönlich zu mir. Es geht ihm um Diskretion, die Sache scheint wichtiger zu sein, als man auf den ersten Blick vermuten würde. Denn natürlich könnte das auch einfach der Anruf einer Betrunkenen sein, die sich mit jemandem gestritten und ihr Baby fünf Minuten später im Kinderwagen wiedergefunden hat.«

Jula sah unbewusst zur Zimmerdecke hoch und rückte ihren Kragen zurecht. »Die Botschaft ist also nicht dieser Mitschnitt, sondern die Art, wie Holder damit umgeht. Dieser Notruf hat eine zweite Ebene. Eine, die bedeutender ist, als man den Worten dieser Frau entnehmen würde …«

»Sehr gut, Jula. Und genau diese zweite, offenbar bedeutende Ebene will ich finden. Doch dafür brauche ich Sie. Sie sind nämlich gut, Jula. Verdammt gut!«

»Sie meinen, ich bin gut darin, mich manipulieren zu lassen?«

»Nein! Sie verstehen Zusammenhänge. Sie sehen ein, dass niemand aus Holders Team eine Chance bekommen darf, meine Analyse dieses Mitschnitts zu manipulieren.«

Jula nickte. »Was immer Holder über diesen Notruf *wirklich* herausfinden will, es darf nicht in die falschen Hände gelangen.«

»Ganz genau!«

Jula sah wieder zu Hegel, stützte die Hände in die Hüfte und fragte: »Seit wann?«

»Was meinen Sie?«

»Wie lange haben Sie schon die Informationen über Moritz? Hatten Sie die schon, bevor Sie mich dafür benutzt haben, Sie aus dem Gefängnis zu holen?«

»Sie werden alles erfahren, das kann ich Ihnen versichern. Aber erst, wenn wir dieses Baby gerettet haben und ich freigesprochen bin. Also, was ist? Werden Sie jetzt nach Hause gehen, oder helfen Sie mir, diesen Fall hier zu knacken?«

Jula betrachtete Hegel, wie er in selbstsicherer Pose in seinem Sessel saß und sie musterte wie ein Onkel seine Nichte. Wie ein Kind, von dem er wollte, dass es seine Entscheidung hinterher für die eigene halten würde. Die perfekte Manipulation. *Was will er wirklich? Warum soll ich dieses Kind für ihn suchen? Verdammt, Hegel, ich weiß doch, dass du nicht zum Heilsbringer mutiert bist. Was ist dein persönliches Interesse an diesem Fall?*

Jula glaubte, ihr Herz pochen zu hören. Sie hatte keinen Zweifel daran, dass Hegel es genoss, mit ihr Katz und Maus zu spielen. Sein Versprechen, ihr die Wahrheit über Moritz zu erzählen, war so verlockend, dass sie es gar nicht zurückweisen konnte. Und das, was er wusste, würde er nur ihr erzählen. Also konnte sie ja wohl kaum aufstehen, Hegel den Mittelfinger zeigen und ihn mit seiner lächerlichen Fußfessel am Bein in dieser gruseligen Geistervilla zurücklassen. Und damit außerdem eine Frau und ihr Baby ihrem Schicksal überlassen.

»Also gut, wir machen es so: Bevor ich entscheide, ob ich mich auf Ihren Vorschlag einlasse, werden Sie mir erzählen, was Sie aus diesem Notruf heraushören können. Ich muss wissen, ob ich überhaupt einen brauchbaren Ermittlungsansatz hätte.«

Hegel erhob sich aus seinem Sessel. »Das ist doch mal ein konstruktiver Vorschlag! Also gut, kommen Sie mit.«

»Mitkommen? Wohin denn?«

»In mein kleines Labor. Ich hoffe, Sie haben keine Angst vor Spinnen.«

KAPITEL 14

Der moderige Kellerraum war so gut schallisoliert, dass Jula glaubte, ihr Blut in den Adern fließen zu hören. Offensichtlich war dieses Gewölbe früher einmal ein Weinkeller gewesen, doch die Hunderte von Fächern, die für die Lagerung edler Tropfen in die Wand eingelassen worden waren, blieben mittlerweile ungenutzt. *Der Raum ist mit Holzgestellen, etlichen Pappkartons und Styroporregalen zusätzlich zur Schallisolation nach außen auch nach innen abgedämmt worden,* hatte Hegel ihr erklärt. *Zudem sind die Stromleitungen und Netztrafos so präpariert, dass sie das Brummen des Wechselstroms dämmen. Sogar die Lüfter der Rechner laufen auf reibungsarmen Kugellagern, sodass ich hier unten, in meinem geheimen Tonlabor, ruhig und ungestört arbeiten kann.*

Jula bemerkte, dass sich ihr Körper mit jeder Minute mehr und mehr verspannte, während sie Hegel schweigend dabei zusah, wie er den Notruf durch seine Analyseprogramme filterte, Bereiche markierte und Kurven und Muster auf dem Bildschirm expandierte und komprimierte.

Das ist wie in einem Kerker hier unten. Wenn man in dieser Kammer jemanden einsperrt, wird der niemals gefunden. Zumal kaum einer weiß, dass diese Bruchbude hier überhaupt bewohnt wird.

Schließlich setzte Hegel seine Kopfhörer ab und drehte sich zu Jula um. »Die Frage, die wir beantworten müssen, ist, von wo genau dieser Notruf kam. Damit wir dazu keine Kristallkugel benötigen, muss ich mich darauf konzentrieren, welche Informationen ich habe. Es gibt drei Dinge, die ich zur Eingrenzung des Standorts einbeziehen kann. Zum einen habe ich das Frequenzspektrum des aufgezeichneten Signals. Wir wissen, dass der Notruf von einem Handy kam. In diesem Fall wird der Frequenzbereich von der Qualität der Übertragung bestimmt.«

»Sie meinen, ob der Anruf mit 3G oder 4G übertragen wurde?«

Hegel nickte. »Ja, zum Beispiel. Sie müssen wissen, dass Sprachsignale akustisch sehr komplex sind. Wenn man sich mit jemandem persönlich unterhält, liegt das Spektrum der Schallübertragung auf Frequenzen zwischen siebzig und zwölftausend Hertz. So, wie man das Licht in seine Spektralfarben aufteilt, kann man beim Schall die spektralen Frequenzen bestimmen. Und so wie beim Licht die Helligkeit, hat in einem Sprachsignal jede Frequenz für jeden einzelnen Sprachlaut eine sprecherspezifische Energie. Es sind in erster Linie diese Energiemuster, die uns Vokale und Konsonanten hören lassen, nicht die Frequenzen selbst. Sie können sich Sprache wie ein Schattenspiel an der Wand vorstellen. Nur dass der Schatten beim Ton die Muster sind, die sich aus hoher und niedriger Energie bilden.«

»Aber die Frau spricht ja nicht direkt zu uns, sondern über ein Telefon, verändert das nicht diese Energie?« Jula vergaß jetzt ihre Gedanken zu dem düsteren Kellerverlies und konzentrierte sich voll auf Hegels Ausführungen.

»Ein sehr guter Einwand! Damit wären wir nämlich bei der Übertragungsqualität angekommen. Bei Telefonie steht meist nur ein kleiner Frequenzbereich zur Verfügung, gerade beim Festnetz. Das ist übrigens der Grund dafür, warum hochfrequente Rauschlaute wie *f* oder *s* am Telefon häufig gleich klingen. Und warum sich Menschen am Telefon oft so anhören, als würden sie in eine Dose sprechen.«

»Aber die Frau ruft ja nicht vom Festnetz an.«

»Leider. Dann wüssten wir nämlich schnell, wo sie ist! Zurück zu unserem Problem: Die Qualität der Handyübertragung steht und fällt ebenfalls mit dem Frequenzumfang, und der unterscheidet sich bereits zwischen 3G und 4G enorm. 4G-Anrufe haben heute fast schon Hi-Fi-Qualität. Wenn ich also weiß, wo in dem Umkreis, aus dem der Notruf kam, der Handyempfang besser oder schlechter ist, hilft mir das beim Eingrenzen.«

Jula musterte Hegel mehrere Sekunden lang schweigend. Bisher hatte er seine Analysen für sie im Gefängnis durchgeführt. Ohne jedes technische Hilfsmittel, allein mit seinem Gehör und seiner Erfahrung. Die fachlichen Dimensionen, mit denen sich ein forensischer Phonetiker zu beschäftigen hatte, waren ihr dabei nicht bewusst geworden. Jetzt, in diesem modrigen Hightech-Keller, erkannte sie zum ersten Mal, wie wenig Hegels Beruf mit Spekulationen und Vermutungen zu tun hatte. Sie konnte sich nicht dagegen wehren, so etwas wie Respekt zu empfinden. Nicht vor dem Menschen Hegel, aber doch vor seinen Fähigkeiten.

»Sie sagten, es gibt drei Dinge, die Sie in Ihre Eingrenzung einbeziehen. Das Frequenzspektrum war das Erste. Was gibt es noch?«

Hegel lächelte, wenn auch nur dezent. »Das Oszillogramm, also die Darstellung der Druckveränderungen in der Luft über die Zeit! Eine Stimme erzeugt im Raum ein Echo, das sich wieder ins Telefonmikrofon einkoppelt. Im Oszillogramm lässt sich feststellen, wann der Sprecher aufgehört hat zu reden und mit wie vielen Millisekunden sich das Echo wieder ins Telefon einkoppelt. Also zumindest dann, wenn nach dem Satzende nicht sofort ein neuer Satz folgt. In kleinen Räumen gibt es ein kurzes Intervall, in großen ein langes. Im Freien gibt es normalerweise gar kein Echo.«

»Und das Dritte?«

»Die Hintergrundgeräusche.« Hegel drehte sich zu seinen Monitoren um und deutete auf den mittleren. »Mit einer speziellen digitalen Verarbeitungssoftware kann ich deutlicher hörbar machen, was sich während eines Telefonats im Hintergrund abspielt.«

»Sie können den Hintergrund rausfiltern und ohne die Stimme der Frau wiedergeben?«

»Ganz so einfach ist das leider nicht. Die Frequenzen des Hintergrunds überlappen sich praktisch immer mit denen der Sprache. Wenn man also die Sprache komplett rausnimmt, löscht man gleichzeitig viel zu viel von den Hintergrundgeräuschen. Man kann den Hintergrund aber deutlicher hervorheben, nur benötige ich dafür mehr Zeit, und die haben wir nicht.«

»Was können Sie bisher sagen?«

»Ich habe das Telefonat bis jetzt nur oberflächlich analysieren können, es ist relativ lang, und es passiert eine ganze Menge: Räume werden gewechselt, das Echo verändert sich ständig. Aber allein mit meinem bloßen Gehör und nach einer groben Analyse kann ich schon mal so viel sagen: Die Frau befindet sich in einem eher kleinen, geschlossenen Raum, als der Notruf angenommen wird. Ich vermute, dass es sich um einen Flur handelt. *Hilfe, mein Baby ist weg. Hier ist nur … Blut …!* Dann hören wir Ruckeln, vermutlich ein kurzes Rangeln, und das Telefon fällt zu Boden. Genau genommen auf Teppich.«

»Sie können konkret hören, auf was für einen Boden genau das Handy fällt?«

»Ja, natürlich! Alle Festkörper haben spezifische akustische Muster. Wenn Sie zum Beispiel mit dem Fingerknöchel auf Holz, Glas oder Gips klopfen, klingt das jeweils unterschiedlich. Es gibt materialspezifische Dämpfungs- und Eigenresonanzeigenschaften. Aber auch ohne genaue Analyse kann ich in diesem Fall den Teppich hören, bei jedem anderen Bodenbelag hätte es lauter in der Leitung gekracht, oder das Handy wäre kaputtgegangen.«

»Also gut, wie geht es dann weiter?«

»Als Nächstes zerschellt Glas, und ein Mann schreit auf. Die Schmerzenslaute des Mannes entfernen sich schnell, die Frau hat also das Telefon wieder an sich genommen und läuft in einen größeren Raum. Nach ein paar Metern hält sie abrupt an. Wir hören, wie eine Schiebetür geöffnet wird, dann rennt sie wieder. *Mein Baby ist weg. Überall ist Blut! Sie müssen mir helfen!* Sie ist jetzt im Freien, es gibt kein Echo mehr. Dann nähert sich ihr jemand mit schnellen Schritten, offenbar findet ein kurzer Kampf statt, und das Telefonat reißt ab.«

»Der Entführer hat sie also schon in seiner Gewalt?« Jula war vollkommen fokussiert.

»Was für ein Entführer? Sie redet mit keinem Wort von einem Entführer. Sie stellt immer nur fest, dass ihr Baby weg ist und sich überall Blut befindet. Sie beschreibt ein abgeschlossenes Ereignis, aber keine aktuelle Bedrohungssituation. Trotzdem wird sie angegriffen und schlägt jemanden nieder. Nur wen? Im Vergleich zu den Schritten der Frau sind die des Verfolgers weiter, schneller und treffen schwerer auf dem Boden auf. Es ist mit einiger Wahrscheinlichkeit ein Mann, vor dem sie wegläuft. Passen Sie jetzt mal ganz genau auf. Hier, hören Sie das?«

Hegel spielte den Anruf erneut ab. Den Augenblick, bevor der Frau im Garten das Handy entrissen wurde, wiederholte er dreimal nacheinander.

»Ja, da ist was zu hören. Klingt wie ein Klatschen.«

»Sehr gut, Jula! Es ist das Klatschen der Sohlen von Hausschlappen. Ich höre zwei akustisch unterschiedliche Elemente. Das Erste ist das Klatschen der Sohle auf den Boden, das Zweite ist das Klatschen der Hacke gegen die Sohle. Wir unterscheiden in der Akustik drei verschiedene Signaltypen: Zum einen periodische Signale, also alles an Tönen, sich wiederholende Luftdruckschwankungen. Dann die aperiodischen Signale, das sind zufällige Luftdruckschwankungen, also alles an Rauschen. Und die impulsförmigen Signale, das sind kurze, meist hochenergetische Spikes.«

»Das Klatschen der Schlappen ist demnach ein impulsförmiges Signal?«

»Genau! Und nun mal ehrlich, welcher Kindesentführer kommt in Hausschlappen daher? Wir wissen also, die Mutter eines verschwundenen Babys läuft vermutlich vor ihrem eigenen Mann weg.«

»Nicht schlecht, muss ich zugeben …«

Hegel drehte sich wieder zu Jula um. Er lächelte. »Wussten Sie, dass ich bei mehreren Radiosendern Gewinnspielverbot habe? Auch bei 101.5, Ihrem früheren Arbeitgeber.«

»Warum das denn?«

»Ich habe bei einem Gewinnspiel von *Radio GuVi 82.0* hunderttausend Euro gewonnen, weil ich das *geheimnisvolle Geräusch* erkannt habe.«

»Pfff ...« Jula schüttelte den Kopf. »Wo haben die denn hunderttausend Euro her?«

»Vermutlich wollten sie die niemals auszahlen, es handelte sich nämlich um das Geräusch, das entsteht, wenn man vor der ersten Benutzung die kleine Schutzfolie von einer Tube Zahnpasta abzieht.«

Jula lachte bitter auf. »Ist das Ihr Ernst? Wie können Sie *das* denn bitte erkannt haben?«

»Nun ja, während andere Jungs in der Pubertät Fußball gespielt haben, habe ich mich in meinem kleinen Tonstudio mit Mikrofonen und Lautsprechern beschäftigt. Ich habe die Empfindlichkeit der Frequenzkurve meines Mikrofons ausprobiert, mit allem, was mir in die Finger kam. Auch mit dem Abziehen einer Zahnpastafolie.«

Jula rang sich ein Lächeln ab. »Zurück zu unserem Fall: Könnte es sein, dass der Entführer gedroht hat, das Baby zu töten, wenn die Eltern die Polizei einschalten? Das würde erklären, warum der Vater seine Frau davon abhalten will, den Notruf zu wählen.«

Hegel winkte ab. »Aber es wäre höchst ungewöhnlich, wenn die Mutter sich nicht an diese Anweisung halten würde! Das hört man auch daran, wie sie spricht. Es gibt im Sprachcode zwei Ebenen: Die eine ist die der Sprachlaute, also die der Vokale und Konsonanten. Die andere ist die Ebene der sogenannten Suprasegmentalia, also alles, was sich über die Laute legt, zum Beispiel Intonation, Lautstärke oder Stimmqualität. Gefühle hört man meist auf der Ebene der Suprasegmentalia. In unserem Fall ist das bei der Frau ein hohes Stimmtonniveau, und die Stimme fällt zum Satzende kaum ab. Da ist so gut wie keine melodische Variation in der Stimme, die Sprechlautstärke ist hoch, ihre Sprechgeschwindigkeit schnell. Und wir hören viel Shimmer.«

»Shimmer?«

»So nennt man kleine Schwankungen in der Amplitude von einer Stimmbandschwingung zur nächsten. Wir kennen das als Zittern in der Stimme.«

»Und was bedeutet das Ganze jetzt?«

»Wir hören in der Stimme dieser Frau Angst. Große Angst! Sie würde niemals die Polizei rufen, wenn sie eine anderslautende Anweisung hätte. Sie sagt außerdem, ihr Baby sei *weg*. Von einer Entführung redet sie nicht. Sie hat keine konkrete Vorstellung davon, auf welche Weise das Kind abhandengekommen ist. Sie hat also vermutlich unmittelbar zuvor einfach nur ein leeres Babybett oder einen leeren Kinderwagen mit Blut darin vorgefunden. Mehr Informationen scheint sie nicht zu haben.«

»Und warum hindert der Mann sie daran, Hilfe zu rufen?«

Hegel rückte auf die vorderste Kante seines Sessels. »Ganz genau das müssen wir herausfinden!«

Jula schloss die Augen. Kurz zuckte sie, als ihr Rücken sich mit einem Stechen meldete. Ihre abendliche Schmerztablette war bereits überfällig.

»Das ist nicht besonders viel an Information. Was können Sie mir noch sagen?«

»Sie müssen in Westend suchen, die Notrufleitstelle hat dort mithilfe der Position des Sendemastes nahe dem Olympiastadion den Umkreis ermittelt, aus dem der Anruf kam. Der ist allerdings nicht gerade klein. Suchen Sie nach Häusern, aus denen man durch eine schwere Schiebetür in einen Garten mit Rasenfläche kommt. Und deren männlicher Bewohner partout weder sein Baby noch seine Frau an die Tür holen will.«

Jula richtete sich auf. »Das ist alles?«

»Zurzeit schon. Ich analysiere den Anruf noch weiter, aber wir müssen schnell sein.«

Julas Handy vibrierte. Sie zog es hervor und warf einen Blick auf das Display. Eine Nachricht von Hadrian.

→ ALLES OKAY IN DER VILLA NOELLE? ODER SOLL ICH HILFE SCHICKEN?

Jula tippte schnell eine Antwort ein.

→ ALLES OKAY. MELDE MICH.

Sie wandte sich wieder Hegel zu. »Sehr viel ist es ja nicht, was Sie da haben. Aber es sollte der Polizei helfen.« Sie griff nach ihrer Jacke, die sie neben ihren Sessel auf den Boden gelegt hatte.

»Was sagen Sie da?«

Jula sah Hegel an, als begreife sie seine Frage nicht. »Haben Sie ernsthaft geglaubt, dass ich mich noch mal von Ihnen für Ihre Spielchen benutzen lasse? Dass ich noch mal Ihretwegen meine Familie gefährde? Das, was Sie mir gerade erzählt haben, werde ich diesem Holder vom LKA mitteilen. Und der wird mit seinen Leuten diese Frau und ihr Baby finden.«

Hegels Augen wurden schmaler, und er senkte leicht den Kopf. »Sie wissen doch wohl hoffentlich, was das für Sie bedeuten würde?«

Jula zuckte mit den Schultern. »Sie wollen mir doch gar nichts über Moritz erzählen! Sie wollen mich nur immer und immer wieder unter Druck setzen, indem Sie mir Antworten versprechen, die Sie mir niemals geben werden. Ich habe endgültig die Schnauze voll von Ihnen! Hören Sie damit auf, meine Familie zu benutzen, um Ihre Spielchen mit mir abzuziehen. Und jetzt leben Sie wohl. Dieses Mal machen Sie mich nicht zu Ihrer Marionette!«

KAPITEL 15

JONATHAN

Herr Hollstein hat wirklich sehr gute Fortschritte gemacht. Ich denke, Sie können ihn wieder in den Polizeidienst zurückkehren lassen.« Jonathan lächelte der Frau von der Supervision zu. Auch wenn er sie am liebsten angeschrien hätte, dass sie und Justin sich endlich verziehen sollten.

»Na bitte, ich habe es Ihnen doch gesagt! Also, wann kann ich zu meinen Kollegen zurück?« Der Polizist sah seine Begleiterin an, als habe er sie soeben beim Armdrücken besiegt.

Diese neigte den Kopf leicht schräg, verzog das Gesicht und begann, mit dem Kopf zu wippen.

»Also, ich weiß nicht«, setzte sie an. »Ich kann das nicht befürworten, Herr Dorm. Wie kommen Sie denn zu dieser Einschätzung?«

Verdammt noch mal, was will diese Frau eigentlich von mir? Ich habe ihr fünf Mal erklärt, dass ich heute keine Zeit habe, aber sie hat ums Verrecken nicht lockergelassen. Alle anderen Termine konnte ich verschieben, aber nicht diesen hier. Was ist denn bitte so wichtig an diesem Hollstein? Ich habe keinen Nerv für diese Nummer hier, und ich kann schon gar keine Polizisten in meinem Haus gebrauchen. Jetzt akzeptiert einfach mein Urteil und verzieht euch!

Wäre es ein Kinofilm gewesen, hätte Jonathan Dorm einen Oscar verdient gehabt – für die virtuose Darstellung eines Mannes, in dessen Leben nichts Besonderes vorgefallen war. Der scheinbar seelenruhig eine Supervision abhielt, obwohl Selma seit bald vier Tagen nicht mehr da war.

Gleich nachdem er Cecile unter dem Dach eingesperrt hatte, war er zurück ins Kinderzimmer gegangen und hatte sich ein genaueres Bild von der Situation verschafft. Das Blut war zwar an Decke, Kopfkissen und Kuscheltieren der kleinen Selma gewesen, konnte aber allein schon aufgrund der Größe der Hand- und Fingerspuren nicht von dem Baby stammen. *Warum haben die das getan? Es war doch alles klar vereinbart.* Es hatte nicht lange gedauert, bis Jonathan das Fenster zur Gästetoilette von außen aufgebrochen vorgefunden hatte. *Die sind gezielt hier eingestiegen, um das Kind zu holen.* Der Einbrecher musste von der Straße gekommen sein, und tatsächlich war auch schnell die Stelle ausgemacht, an der er die Hecke zum Gehweg zur Seite gebogen und beschädigt hatte. *Aber sonst keine Hinweise. Kein Anruf, kein Brief, gar nichts.*

Doch zunächst musste Jonathan jetzt erst einmal beweisen, welche schauspielerischen Fähigkeiten er besaß. Jetzt, da ein Polizist und eine Mitarbeiterin des LKA Berlin in seinem Behandlungszimmer saßen, während seine Cecile, der er geschworen hatte, immer für sie da zu sein, nur zwei Stockwerke höher seit Tagen verzweifelt versuchte, ihrem Gefängnis zu entkommen. *Und die nicht weiß, dass ich mein Versprechen nur auf diese Weise halten kann. Dass ich mich schon bald um sie kümmern werde. Wenn sie sich beruhigt hat.*

Die Oscar-Jury würde in ihrer Begründung vermutlich betonen, wie scheinbar souverän es Jonathan gelang, diese Supervisionssitzung, die er vergeblich abzusagen versucht hatte, so abzuhalten, als hielte er Cecile nicht seit mehreren Nächten in einer schallgedämmten Mansarde gefangen. Während er hier unten vorgab, sich für seinen Patienten zu interessieren. Einen Mann, der große seelische Probleme hatte und dem zu helfen Jonathan seit Beginn der Therapie ein aufrichtiges Bedürfnis war – auf das er sich aber jetzt nicht fokussieren konnte. *Und nein, er sollte wirklich noch nicht wieder in den Dienst, aber diese Frau wollte ja unbedingt heute kommen. Verdammt, jetzt geht einfach!*

Mehrere Sonnenaufgänge hatte Jonathan bereits auf der anderen Seite einer von ihm selbst abgeschlossenen Tür erlebt, nur wenige Zentimeter von seiner Frau entfernt. In der Hoffnung, dass sie damit aufhören würde, auf ihre Mutter einzureden, und dass ihr Weinen und Flehen nur endlich in gnädigen Schlaf übergehen würden. Und jetzt, zu allem Unheil, müde, aufgezehrt und unter dem Einfluss der Medikamente, die er üblicherweise nur seinen akuten Angstpatienten aushändigte, musste er auch noch diese verdammte Sitzung mit den beiden Polizisten abhalten.

»Justin, Sie haben sich lange gegen die Therapie gewehrt. Aber dann haben Sie sich schließlich für Kooperation entschieden, und ich spüre, dass sich Ihre reaktive Depression gelegt hat. Ich kann Ihnen eine gute Prognose stellen.«

Dorm hatte Mühe damit, aufmerksam auf seinen Patienten und dessen Begleiterin zu wirken. Sicher, er war Profi, und jede seiner Bewegungen, Reaktionen und Fragen folgte routinierten Abläufen. Dennoch boten die Türen, Wände und Stockwerke, die zwischen den beiden Polizisten und Cecile lagen, kaum Schutz genug, um mit Sicherheit ausschließen zu können, dass die Situation aufflog. *Dass das alles hier auffliegt, der ganze Dreck, das ganze Desaster, die ganze Katastrophe*. Noch ein paar Minuten musste Jonathan die Sitzung wohl durchhalten, doch die Frau von der Supervision machte nicht den Eindruck, als lasse sie sich mit Jonathans Prognose abfertigen.

»Erzählen Sie mir doch mal ein bisschen mehr. Immerhin geht es ja hier darum, Herrn Hollstein wieder mit einer Waffe in den Einsatz zu schicken, wo sich auch seine Kollegen auf ihn verlassen können müssen.«

»Was wollen Sie damit sagen?« Hollstein schien aufspringen zu wollen, beherrschte sich aber im letzten Moment.

»Sie können sich auf mein Urteil verlassen, ich mache das hier nicht zum ersten Mal.« Jonathan rang sich ein Lächeln ab.

Unter Aufbietung seiner letzten Kräfte hatte er sich wie an jedem Morgen nach Selmas Verschwinden dazu gezwungen zu duschen, sich zu rasieren und frische Kleidung anzuziehen. Die kleine Schnittwunde am Hinterkopf hatte er mit Sprühpflaster versorgt und sich eine Mütze aufgesetzt, um den Schnitt zu verdecken.

»Wollen Sie mir vorwerfen, dass ich meine Kollegen im Stich lasse, weil ich einen an der Waffel habe? Der Typ sagt doch, dass ich wieder fit bin. Also, was wollen Sie denn noch?« Hollstein sprang auf.

Justin, du Idiot. Wenn du hier so einen Anfall bekommst, akzeptiert die mein Gutachten doch nie! Okay, es reicht mir jetzt!

»Wir setzen das hier lieber kommende Woche fort. Ich fürchte, die Emotionen kochen sonst zu hoch.« Jonathan schloss den Laptop, den er ohne besonderen Grund auf seinem Schoß hatte.

»Was?« Hollstein wurde noch lauter. »Seit Wochen höre ich mir von diesem Klugscheißer an, dass ich verrückt bin, weil ich manchmal von diesem Penner träume, den ich erschossen habe. Und jetzt soll ich diesen Scheiß hier noch länger mitmachen?« Justin wandte sich der Frau von der Supervision zu. »Ich mache dämliche Atemübungen, rede über meine Familie, packe mein ganzes Leben aus. Und dann sagt dieser Heini endlich, dass ich wieder fit bin – und *Sie* haben ein Problem damit?«

»Herr Dr. Dorm ist ein angesehener Gutachter, aber …« Weiter kam die Frau nicht.

»Aber was? Der Typ macht Schachboxen!« Justin Hollstein sprach einzig zu seiner Begleitung vom LKA. »Wer ist hier der Bekloppte?«

Dorm fuhr sich mit der Hand durchs Gesicht. Seine Medikamente hielten ihn noch einigermaßen aufrecht, doch auch wenn man es ihm nicht ansah, hatten seine nahezu schlaflosen Nächte und die Verzweiflung darüber, den einzigen Menschen, den er liebte, gefangen zu halten, ihn längst an seine Grenzen gebracht.

»Herr Hollstein, Sie sind aufgebracht, weil Sie wieder in den Dienst wollen.« Die Frau von der Supervision sprach sanft und freundlich. »Das ehrt Sie! Vielleicht ist es aber gut, wenn Sie jetzt erst mal nach Hause gehen, sich beruhigen und wir das hier in ein paar Tagen fortsetzen.«

Endlich!

»Ach ja, ist es das? Was für eine Scheiße läuft denn hier eigentlich? Warum brauchen Sie einen Gutachter, wenn

Sie sein Urteil dann nicht akzeptieren?« Der Polizist sah mit bösem Blick zwischen Dorm und seiner Begleiterin hin und her. »Ich habe auf diese Scheiße hier keinen Bock mehr, ich bin raus!«

Justin Hollstein stürmte polternd zur Tür, riss sie auf, trat in den Flur, griff ruppig seine Jacke vom Garderobenständer und war Sekunden später durch die Hintertür, von der ein Schotterweg zum Gartentor führte, verschwunden.

»Was sollte das denn?« Jonathan sah die Frau vom LKA fragend an.

Sie war eine ältere Dame mit leuchtend blauen Augen, tiefen Grübchen in den Wangen und einer kleinen Narbe oberhalb der rechten Augenbraue, die sie mit Make-up zu verbergen versuchte. Der Duft eines süßlichen Parfums drang an Jonathans Nase und warf seine Gedanken für die Dauer eines Wimpernschlags zu den Wochenenden zurück, die er früher bei seiner Oma in Spandau verbracht hatte, wenn seine Eltern wieder einmal lange arbeiten mussten. Nur dass diese ältere Dame mit dem viel zu freundlichen Grinsen in dem etwas zu stark geschminkten Gesicht ihn plötzlich in einer so befremdlichen Weise ansah, dass es Dorm regelrecht gruselte.

»Jetzt, da Polizeiobermeister Hollstein auf dem Weg zum S-Bahnhof ist, sollten wir vielleicht mal unter vier Augen über etwas sprechen.« Sie säuselte fast, und nichts an ihr war noch so, wie es Minuten zuvor gewesen war.

»Unbedingt, aber bitte nicht mehr heute! Ich muss jetzt wirklich …« Jonathan stockte, als er bemerkte, wie sich die Miene der Frau schlagartig verfinsterte.

»Dieser Trottel interessiert mich nicht! Ich will etwas ganz anderes von Ihnen wissen. Sie wollten diesen Termin unbedingt absagen, und nachdem ich Ihnen das vermasselt habe, wollten Sie ihn um jeden Preis schnell hinter sich bringen. Sie sehen ziemlich fertig aus, angespannt.« Sie rückte etwas weiter auf ihrem Sessel nach vorn, beugte sich zu Jonathan vor und sah ihm tief in die Augen, bevor sie schnörkellos und ohne dabei auch nur zu blinzeln sagte: »Schluss jetzt mit dem Laientheater! Wo ist das Baby?«

KAPITEL 16

PEGGY

»Was soll die Scheiße, wir haben fünfzig abgemacht!« Peggy sah die beiden Zehneuroscheine in der Hand des fetten Typen an, als handele es sich dabei um eine fremde Währung.

»Sei froh, dass ich dir überhaupt was gebe, du Schlampe!« Er zerknüllte die Scheine und warf sie ihr gegen das Gesicht, bevor er sich keuchend seine Hose hochzog.

»Du gibst mir sofort den Rest, oder ich zeige dich an!« Peggy bückte sich, um das Geld von dem mit Urin und Erbrochenem befleckten Boden der Bahnhofstoilette aufzuheben.

Der Dicke lachte dreckig auf. »Ich soll dir den Rest geben? Habe ich doch gerade!«

Natürlich, dachte Peggy. *Wie sollte es auch anders sein?* Was hatte sie erwartet, als sie diesem ekelhaften Typen eine schnelle Nummer auf dem öffentlichen Klo zugesagt hatte? Einem Kerl von Ende fünfzig, mit verschlagenem Blick, buschigen Augenbrauen und einer abgenutzten, speckigen Lederjacke, die vermutlich sogar stank, wenn man sie nur auf Fotos sah. Der sie in die hinterste Kabine der Toilette geschleppt, sie dort am Hals gepackt und ihr eine Maulschelle verpasst hatte, die man vermutlich noch vor der Tür hätte hören können. Der ihr die dreckigen Jeans so ruppig heruntergezogen hatte, dass Peggy blaue

Flecke zurückbehalten würde, und sie dann mit dem Bauch gegen die Wand gepresst und unerbittlich von hinten gestoßen hatte.

»Du gibst mir sofort die restlichen dreißig Euro, oder du wirst es bereuen!« Peggy fauchte, und Speichel flog dabei aus ihrem Mund.

Der Typ zog seinen Reißverschluss hoch und stopfte sich das Hemd in die Hose, obwohl es ohnehin gleich wieder über dem dicken Bauch herausrutschen würde.

Dann hob er den Blick. »Halt die Fresse! Wenn ich Lust auf eine rumheulende Alte habe, dann gehe ich in die Kneipe, schmeiße was in die Musicbox und stell Mariah Carey an! Sei froh, dass ich dir überhaupt was gebe. Du bist ausgeleiert, als hättest du gestern ein Elefantenkalb zur Welt gebracht.«

Peggy hatte den Kerl im *Qualitätseck* getroffen, der Kneipe um die Ecke. Eine dieser vergilbten, muffigen Gaststätten, die ein Relikt aus einer Zeit waren, an die nur wenige Kilometer weiter, in den Trendbezirken, in denen sich praktisch keine echten Berliner finden ließen, so gar nichts mehr erinnerte. Das *Qualitätseck* befand sich in Berlin-Moabit, ganz in der Nähe der alten Markthalle. Eine dieser einst typischen Berliner Kneipen, wie es sie mittlerweile nur noch in den Arbeiterbezirken der Hauptstadt gab. Eine Zeitreise kostete hier nicht mehr als ein paar Euros für ein Bier und einen Schnaps. Als seien es noch immer die Siebzigerjahre, stand ein Flipperautomat im Nebenzimmer, der sogar D-Mark-Münzen annahm, die Geldspielgeräte in der Ecke blinkten und piepten, vergilbte Poster von Stars aus den Achtzigern hingen an den klebrigen Wänden, und aus der Zapfanlage wurde ausschließlich Bier der Marke Schultheiss ausgeschenkt. Nein, die muffige, verrauchte kleine Kneipe war ganz sicher kein Hipster-Treffpunkt. Doch wer dorthin kam, der suchte auch nicht danach. Wer ins *Qualitätseck* kam, wollte unter seinesgleichen sein, was immer das bedeuten mochte.

»Du beschissenes Stück Dreck!« Peggys Stimme überschlug sich, und sie hob drohend die Hände.

Der Typ sah auf die Bandage, die sie sich um die linke Hand gewickelt hatte. »Was hast du denn mit deinem Griffel gemacht? Dich geprügelt? Oder hast du dich mal wieder besoffen und auf Crystal auf die Fresse gepackt?« Er lachte so heftig auf, dass er davon husten musste.

»Das geht dich einen Scheißdreck an.« Peggy senkte die Arme wieder.

»Der Verband ist ja voll Blut! Habe ich mir jetzt Aids bei dir geholt, du dreckiges Stück?«

»Ich will meine Kohle!«

Er zeigte ihr einen Vogel und öffnete die Tür der Kabine.

»Nächstes Mal!« Er trat in den stinkenden Flur der Toilette hinaus und deutete auf ein großes, in Decken eingehülltes Knäuel, das Peggy vor dem Sex dort abgelegt hatte. »Was ist das eigentlich? Leergut? Oder deine Klamotten? Machst du jetzt platte?«

Peggys Gesichtsausdruck veränderte sich, als der Kerl auf das Bündel deutete.

»Los, verpiss dich, du Wichser!«, fauchte sie ihn an.

»Warum denn? Lass mal sehen!« Er trat an das Bündel heran.

Gerade als er die oberste Decke anheben wollte, sprang Peggy auf ihn zu und begann, ihm kräftig mit den Fäusten auf den Rücken zu trommeln. Und auch wenn die Schläge den Koloss wenig beeindruckten, ließ er doch von dem

Bündel ab, drehte sich zu Peggy herum und packte sie an den Handgelenken.

»Ist ja schon gut, du versoffene Kuh! Als ob ich deine vollgepissten Klamotten klauen würde.« Er spuckte ihr ins Gesicht. »Aber schlag mich nie wieder, sonst bereust du es!«

Damit wandte er sich ab und verließ die Toilette. Vermutlich, um die hundert Meter zum *Qualitätseck* zurückzugehen und das Besäufnis mit seinen Kumpels fortzusetzen. Peggy stopfte die Geldscheine in ihre Hosentasche. Immerhin, zwanzig Euro für eine schnelle Nummer waren nicht nichts, für Schnaps und Zigaretten würden sie reichen. Vielleicht wäre sogar noch ein Teil drin, obwohl sie zu Hause noch ein bisschen was an Pillen und Pulvern gelagert hatte.

»Sorry, dass du warten musstest.« Sie zog die oberste Decke von dem eingewickelten Bündel. »Ich habe Geld verdient, aber jetzt bin ich wieder für dich da.«

Sie nahm eine Zigarette aus der Schachtel in der Tasche ihrer abgenutzten Lederjacke, zündete sich eine davon an, inhalierte genüsslich den Rauch und pustete ihn gedankenlos in Richtung des Babys, das eingewickelt vor ihr in einem kleinen Körbchen lag. Sie griff nach dem rechten Arm des Säuglings und betrachtete das goldene Kettchen, das es ums Handgelenk trug.

»Selma«, las sie die Gravur auf dem Schildchen vor. »Wenn ich die Kette verkaufe, kann ich dir wieder was zu essen holen. Aber schrei nicht die ganze Zeit! Man darf dich nicht bei mir finden.«

Das Baby wand sich und weinte immer lauter. Rauch, Kälte und Fäkaliengestank setzten der Kleinen offenbar zu.

»Ich passe auf dich auf, okay?« Peggy klang jetzt strenger. Noch einmal zog sie an ihrer Zigarette, bevor sie hinzufügte: »Aber wenn du nicht mit dem Geheule aufhörst, muss Mami dich ruhigstellen! Das hat meine Mutter auch immer mit mir gemacht. Also bitte: Nerv mich nicht!«

KAPITEL 17

JONATHAN

Ich verstehe nicht? Wie … also, welches …?« Jonathan sah die Frau ratlos an.

»Sie verstehen mich sehr gut! Und es erfreut mich nicht, dass Sie offenbar in Schwierigkeiten stecken. Wir beide haben eine Vereinbarung, und wie mir zu Ohren gekommen ist, gibt es diesbezüglich ein kleines Problem. Ihre Frau hat die Feuerwehr angerufen.«

Jonathan betrachtete sein Gegenüber jetzt mit vollkommen anderen Augen. Ihre Stimme war ihm anfangs tatsächlich bekannt vorgekommen, doch er hörte in seinem Beruf sehr viele Menschen sprechen. Konnte das sein? War das wirklich diese *Frau Sommer,* mit der er wegen Selma telefoniert hatte? Mit der er alle Details geklärt und den Termin für die Abholung des Kindes vereinbart hatte? *Moment mal, das LKA hatte für heute eigentlich einen männlichen Supervisor angekündigt. Dann hat man mir kurzfristig gesagt, dass jemand einspringt.* Wie auch immer, so oder so war Jonathan klar gewesen, dass die Frau mit der freundlichen Stimme, mit der er wegen Selma telefoniert hatte, nicht wirklich *Frau Sommer* hieß. Doch dass sie im Dienst des LKA stand? *Andererseits, warum auch nicht? Ein sicherer Ort für einen Verbrecher: Im Auge des Orkans stürmt es nicht. Aber warum fragt sie nach Selma? Die haben sie sich doch längst selbst geholt. Oder etwa nicht? Aber wer … war es dann? Okay, cool bleiben!*

»Sie hatten doch gesagt, dass die Abholung vorher angekündigt wird.« Dorm sprach jetzt leiser. »Das mit dem Notruf tut mir leid, ich bin ja sofort dazwischengegangen. Von meiner Frau geht keine Gefahr aus, ich habe das geregelt. Aber ich muss noch ein paar Dinge klären.«

Die ältere Dame, die auf Dorm wie eine Mischung aus *Mary Poppins* und *Miss Marple* wirkte, verengte die Augen zu Schlitzen und lächelte spitz. »Ach so, na dann ist ja alles gut! Wir haben uns bereits Sorgen gemacht, dass es Schwierigkeiten geben könnte. Und wer mag schon Probleme? Wissen Sie, ich liebe diese kleinen Würmer einfach!« Sie zog ein überraschend zeitgemäßes Smartphone hervor, öffnete das Fotoalbum und rief ein Video auf. »Hier, sehen Sie mal!«

Dorm warf einen flüchtigen Blick auf die Aufnahme des Kindes, das von einer blonden Frau auf einer Schaukel angeschubst wurde.

»Ist das Ihre Enkeltochter?«, fragte er höflich.

»Ich habe sehr viele Enkel, überall auf der Welt. Ich liebe Kinder, wirklich. Deswegen helfe ich auch denen so gern, die sich verzweifelt welche wünschen.« Frau Sommers Blick verfinsterte sich, als sie ergänzte: »Und deswegen liefern wir auch pünktlich und verlässlich. Immer! Also, wo ist das Baby?«

Verdammt, die haben sie wirklich nicht! Aber dann kann es ja eigentlich nur …

»Sie haben sich nicht für heute angekündigt! Es geht hier nicht um einen Gebrauchtwagen. Ich kann Selma jetzt noch nicht übergeben.«

Die Frau sah mit einem Lächeln an Jonathan auf und ab,

das gleichermaßen liebevoll und bedrohlich auf ihn wirkte. Und obwohl das Gesicht dieser viel zu netten und viel zu mütterlichen Dame rund, liebenswert und in fröhlichen Farben geschminkt war, strahlte etwas aus ihren Augen, das Jonathan Furcht einflößte. Eine Furcht, die noch größer wurde, als sie mit aufgesetzter Freundlichkeit fragte: »Und wenn dem so ist, lieber Herr Dorm, wann gedenken Sie dann, Ihren Teil der Abmachung zu erfüllen?«

Verdammt, das läuft hier alles aus dem Ruder!

»Spätestens in achtundvierzig Stunden.« Dorm glaubte, sein eigenes Herz pochen zu hören. »Ich musste Selma vorübergehend in Betreuung geben. Um in Ruhe ein paar Unterlagen fälschen zu können. Für später, Sie verstehen?«

»Unterlagen fälschen, soso … Wir hatten offen gestanden ein wenig Sorge, Ihre Frau könnte es sich mit unserem Geschäft anders überlegt haben. Der Gedanke kam auf, dass Sie das Kind nicht mehr übergeben wollen und sich jetzt irgendeine alberne Ausrede ausgedacht haben.« Frau Sommer lachte gekünstelt.

Sie übernimmt die Führung. Ich muss dagegenhalten.

»Und ich hatte offen gestanden ein wenig Sorge, dass Sie sich eventuell nicht an unsere Vereinbarung halten und sich Selma einfach selbst holen wollten.«

»Das Kind ist also nicht mehr da?«

»Das habe ich nicht gesagt!«

In diesem Augenblick erklang kraftloses Pochen vom Dachboden her. Auch heiseres Flehen von Cecile war zu vernehmen, allerdings nur sehr leise. Es war angesichts ihres etwas fortgeschrittenen Alters gut möglich, dass Frau Sommer die leisen Laute vom Dachboden nicht hören konnte.

Ich muss reden, um es zu übertönen. Sie darf unter keinen Umständen auf die Idee kommen, dass Cecile eine Bedrohung für sie darstellt.

»Ich werde hier alles schnell arrangieren, und dann …«, begann Jonathan viel lauter als zuvor, doch er wurde unterbrochen.

»Pssst!« Frau Sommer beugte sich vor, streckte den linken Zeigefinger aus und legte ihn auf Dorms Lippen. »Lassen wir dieses Schauspiel jetzt mal für einen Moment.« Sie gab in ihr Handy einen kurzen Text ein, auf den sie offenbar nur Sekunden später eine Antwort erhielt. »Sie haben uns mit dem Notruf Ihrer Frau sehr verärgert, wir sind durch Ihre Nachlässigkeit in eine unangenehme Lage geraten. So etwas lassen wir schon aus Prinzip nicht einfach so durchgehen. Wir fühlen uns aber den neuen Eltern von Selma verpflichtet, sodass wir das Geschäft mit Ihnen trotz dieses Fehlverhaltens durchführen werden. Sie sollten allerdings wissen, dass wir nicht mit Güte reagieren, wenn man uns in Gefahr bringt. Das hat Konsequenzen! Lieber Herr Dorm, ich werde Ihnen jetzt noch ein zweites Video zeigen. Genau genommen handelt es sich um einen Livestream.« Sie rief eine App auf und zeigte Jonathan das Display. »Hier, kommt Ihnen diese Person bekannt vor?«

Jonathan erkannte den Mann auf dem Display sofort. »Was soll das denn werden?«

»Das hängt ganz von Ihnen ab. Also, wie sieht es aus? Bekomme ich jetzt das Baby – oder muss ich Ihnen beweisen, wie ernst es uns ist?«

KAPITEL 18

Bitte, Sie bekommen Selma in zwei Tagen!« Jonathan faltete die Hände wie zum Gebet.

»Wir fahren fort!« Frau Sommer sprach nicht zu Dorm, sondern in ihr Handy, auf dem noch immer der Livestream zu sehen war.

»Herr Dorm ist also nicht kooperativ?«, erklang eine helle Stimme mit südamerikanischem Akzent.

»Nein, Miquel, das ist er leider nicht.«

Der Angesprochene war auf dem Display von Frau Sommers Handy nicht zu sehen. Dafür aber noch immer der Mann, den Jonathan nur allzu gut kannte.

»Lassen Sie ihn in Ruhe. Er hat absolut nichts mit dieser Sache zu tun!«

Jonathan starrte mit aufgerissenen Augen auf die Livebilder, die vom S-Bahnhof Heerstraße gesendet wurden. In einigen Metern Entfernung zu dem Mann, der das Video filmte, konnte er den Rücken von Justin Hollstein erkennen. Wer immer dieser Kerl mit dem Akzent auch war, er musste dem Polizisten von seinem Haus aus gefolgt sein.

»Der Zug wird in wenigen Augenblicken einfahren.« Frau Sommer lächelte noch immer, und Jonathan kam es so vor, als grinse ihn die Fratze des Teufels an. »Also, wo ist das Baby?«

Dorm starrte auf das Livebild. Sein Patient hatte offensichtlich nicht bemerkt, dass ihm jemand gefolgt war. *So wütend, wie er war, hat er bestimmt keinen Blick für seine Umgebung gehabt.*

»Ich werde Selma übergeben, wie besprochen. Aber ich kann es nicht jetzt tun! Es war auch gar nicht abgesprochen, dass Sie heute kommen, also bitte, lassen Sie Herrn Hollstein in Ruhe, er hat nichts damit zu tun!«

Frau Sommer nickte wie eine verständnisvolle Großmutter, die ihrem Enkel zu verstehen geben wollte, dass sie es nur gut mit ihm meinte. »Es war auch nicht abgesprochen, dass Ihre Frau den Notruf wählt und damit die Polizei auf unser kleines Geschäft aufmerksam macht.«

»Aber es ist niemand von der Polizei hier aufgekreuzt. Die wissen nicht, wer sie angerufen hat.«

Frau Sommer antwortete nicht darauf, stattdessen sprach sie in ihr Handy: »Die Ware ist nicht in meinem Besitz. Wie es aussieht, benötigt Herr Dorm eine kleine Demonstration unserer Entschlossenheit.«

»Ich brauche gar nichts, ich werde unsere Vereinbarung einhalten!«

»Achtung!«

Die helle Stimme mit dem südamerikanischen Akzent klang durch das Handy, und sofort richteten Jonathan und Frau Sommer ihre Blicke auf das Display. Es war zu sehen, wie der Zug in den Bahnhof einfuhr und sich Justin Hollstein mit großer Geschwindigkeit näherte.

»Letzte Chance! Wo ist Selma?« Die Frau sah Dorm an, als könne ihr Blick ihn töten.

»Zwei Tage, maximal! Ich schwöre es Ihnen, ich werde sie übergeben!«

»Wenn das so ist ...« Frau Sommer strich Jonathan über die Wange. Dann richtete sie sich wieder an Miquel auf dem Bahnhof: »Kein Baby!«

»Aber …«

Fassungslos musste Jonathan beobachten, wie sich der Mann mit dem Handy in der Hand in rasanter Geschwindigkeit auf Justin Hollstein zubewegte, der gerade an die Gleise herantrat.

»Diese armen, posttraumatisierten Polizeibeamten.« Frau Sommer klang, als empfinde sie aufrichtiges Mitgefühl. »Da kann manchmal alle Therapie der Welt nicht helfen.«

»Nein, bitte! Sie bekommen ja, was Sie wollen!«

»Natürlich. Wir bekommen immer, was wir wollen.«

Jonathan beobachtete mit aufgerissenen Augen, wie der Mann mit der Kamera direkt von hinten an Justin Hollstein herantrat. Dann ging alles ganz schnell: Das Rattern des sich nähernden Zuges verstärkte sich innerhalb von Augenblicken, ein Ruck, der Livestream wackelte, ein Geräusch, das wie ein heftiger Aufschlag klang, aber nur für den Bruchteil einer Sekunde, dann wieder nur der Zug, und schon entfernte sich die Kamera vom Gleis, während man im Hintergrund immer mehr schreiende und wild durcheinanderrufende Menschen vernahm.

»Erledigt!«, klang es noch aus dem Handy.

Dann riss die Übertragung ab.

KAPITEL 19

Jetzt war es still im Behandlungszimmer. Die herumliegenden Bücher, das Schachbrett, der leere Patientensessel, auf dem Minuten zuvor Justin Hollstein gesessen hatte – nichts davon war noch wichtig.

Sogar die Tatsache, dass Jonathan nach wie vor die zündende Idee fehlte, wie er Selma finden konnte, war in diesen unheilvollen Sekunden der Stille bedeutungslos.

»Der bedauernswerte Selbstmord Ihres Patienten tut mir sehr leid, Herr Dorm. Aber er war nicht sinnlos. Immerhin ist er dafür gut, Ihnen zu zeigen, dass Sie hier keine Geschäfte mit Dilettanten machen, die es nicht so eng sehen, wenn sich ein Kunde seine Sache *mal anders überlegt*. Wir dulden keine Aussteiger und keine Zeugen. Wir wissen durch den Anruf Ihrer Frau, dass Selma nicht bei Ihnen ist. Aber das ist nicht unser Problem! Ich gebe Ihnen vierundzwanzig Stunden, dann liefern Sie uns das Kind. Oder das Schicksal von Justin Hollstein wird das Allergeringste sein, worüber Sie sich Sorgen machen müssen.«

Damit erhob sich Frau Sommer von ihrem Stuhl, trat in den Flur hinaus, griff ihre Jacke von der Garderobe und setzte ihren Hut auf.

»Selma wird morgen da sein, keine Sorge!« Jonathan klang kraftlos.

»Das wäre sehr gut für Sie!« Frau Sommer wollte schon gehen, als sie noch einmal stehen blieb und Jonathan ansah. »Eine Sache würde mich noch interessieren.« Frau Sommer lächelte ihn bittersüß an, doch etwas am Klang ihrer Stimme veränderte sich, als sie fragte: »Warum machen Sie das? Sie haben eine liebevolle junge Frau und ein entzückendes Baby. Ein Haus in Westend, Sie verdienen gutes Geld, und auch sonst scheint es Ihnen an nichts zu fehlen. Warum geben Sie mir Ihr Kind?«

Dorm senkte den Blick. Es dauerte scheinbar endlose Sekunden, bis er es fertigbrachte, dieser furchtbaren Frau mit dem viel zu süßen Lächeln und dem viel zu freundlich geschminkten Gesicht in die kleinen, bösen Augen zu sehen und ihr ebenso scharf wie leise zu antworten: »Ich weiß etwas über das Baby, das meine Frau nicht weiß. Und jetzt verschwinden Sie endlich!«

KAPITEL 20

JULA

Hatte sie das wirklich getan? Hatte Jula dem Mann, der nachweislich Informationen über Moritz hatte, allen Ernstes die kalte Schulter gezeigt, sich umgedreht und mit knallender Tür sein Spukschloss verlassen? War es das wert gewesen? Dieser kurze Moment der Genugtuung, dieses flüchtige Aufblitzen von Stolz, mit dem sie endlich einmal nicht auf sein verfluchtes Spielchen eingegangen war? *Verdammt, Moritz, ich hoffe, ich habe da keinen Fehler gemacht. Wo magst du jetzt wohl gerade stecken? Geht es dir gut? Oder hast du Angst? Bist du auf der Flucht?*

Natürlich, Jula hatte die Wahrheit gesagt, als sie Hegel mit den Worten verließ, nicht seine Marionette sein zu wollen. Aber sie war weder herzlos noch ignorant. Der Anruf hatte sie nicht kaltgelassen, und das Schicksal der Frau und ihres Babys hatte mehr als nur ihre journalistische Neugier geweckt. Auf keinen Fall durften andere leiden, nur weil sie Hegel für ein manipulatives Arschloch hielt. Sie würde alles in ihrer Macht Stehende tun, um dieser Frau und dem Kind zu helfen. *Aber dieses Mal werde ich nach meinen eigenen Regeln spielen, ohne Hegel als skrupellosen Strippenzieher im Nacken!*

→ DIE FEUERWEHR BEKOMMT JEDEN TAG TAUSENDE NOTRUFE, UND DIE WERDEN ALLE AUF DEREN RECHNERN GESPEICHERT. WENN ICH MICH DA REINHACKEN SOLL, BRAUCHE ICH MEHR DETAILS!

→ VON HEGEL BEKOMME ICH DIE JEDENFALLS NICHT. DER DENKT, DASS ICH GERADE BEI DIESEM KOMMISSAR HOLDER SITZE UND IHN AUFFLIEGEN LASSE.

→ UND WARUM TUST DU ES NICHT? ES WÄRE DOCH WIRKLICH DAS BESTE, ODER?

→ ICH BIN MIR NICHT SICHER. LASS MICH ERST NOCH EIN BISSCHEN SELBST RECHERCHIEREN. HEGEL BEKOMMT ES IN SEINEM HORRORHAUS JA NICHT MIT.

Jula verabschiedete sich von Hadrian und gähnte, bevor sie einen weiteren Schluck ihres viel zu starken Kaffees trank. Sie hatte nach dem Besuch bei Hegel nur wenig Schlaf gefunden, und auch ihre Rückenschmerzen waren wieder schlimmer geworden. Zumindest empfand sie es so, auch wenn ihr Arzt seine eigene Theorie dazu hatte. *Immer wenn Sie unter seelischen Druck geraten, glauben Sie, den Rücken stärker zu spüren. Das ist nichts Körperliches, nehmen Sie bitte nicht immer so viele dieser starken Tabletten. Gönnen Sie Ihrer Seele einfach mal ein bisschen Ruhe.*

Witzbold! Die Nacht war wie so oft gnadenlos mit Jula gewesen. Immer schneller hatte sich das Gedankenkarussell gedreht, während sie ruhelos auf ihrer Spezialmatratze für Wirbelsäulenpatienten gelegen und in Dunkelheit und Stille an die Decke ihres Schlafzimmers gestarrt hatte.

Was mache ich hier eigentlich? Noch vor ein paar Stunden hätte ich für die Wahrheit über Moritz alles gegeben.

Und jetzt? Jetzt habe ich die vielleicht beste Chance, die ich je bekommen werde, einfach so weggeworfen.

Noch einmal versuchte Jula, tief in ihren Schmerz hineinzuatmen, wie es ihr die Physiotherapeutin empfohlen hatte, die sie alle zwei Wochen aufsuchte. Auch wenn es eigentlich nichts brachte. Jula kam zu einem Entschluss: Wenn Hadrian in der Online-Welt nicht weiterkam, musste sie auf die guten, alten Recherchemethoden des realen Lebens zurückgreifen. Sie griff ihr Handy und zeichnete eine Sprachnotiz auf. So, wie sie es immer tat, wenn sie an einem neuen Fall für ihren Podcast arbeitete. Und das hier sollte ein Fall werden, an dessen Ende Hegel sie nicht wie ein dummes kleines Mädchen dastehen lassen würde.

»Operation Notruf, 14-1-27: Matthias Hegel hat mir nur sehr wenige Informationen über das Haus gegeben, aus dem der Notruf kam. Ob das wieder nur eines seiner Spiele ist oder ob er wirklich nicht mehr weiß, kann ich nicht beurteilen. Fakt ist, dass Hegel mich unterschätzt hat. Ich habe weit mehr von ihm gelernt, als er denkt. Denn Mr Auris hat zwar dieser Frau mit dem verschwundenen Baby seine Aufmerksamkeit gewidmet. Nicht aber dem Mann, der den Notruf entgegengenommen hat. Und genau *das* werde ich jetzt ändern!«

KAPITEL 21

Sorry, aber ich kann diesen Notruf auf keinen Fall rausgeben. Keine Chance!« Murat senkte beide Daumen nach unten, schüttelte den Kopf und rückte mit seinem Drehstuhl etwas weiter von Jula weg.

Es war nicht besonders schwer für Jula gewesen, Murat als den Disponenten zu erkennen, der den Notruf der verzweifelten Mutter entgegengenommen hatte. *Sein Alter liegt so etwa zwischen dreißig und fünfzig, und er ist wahrscheinlich etwas kräftiger gebaut. Wegen seiner Sprechmelodie und der Art, wie er das ch ausspricht, vermute ich einen türkischen oder arabischen Migrationshintergrund.* Kurz nach dieser Analyse hatte Jula die Pressestelle der Berliner Feuerwehr angerufen. Gut möglich, dass man sich dort darüber informiert hatte, wer diese junge Journalistin war, die angeblich so dringend für eine Story recherchieren musste. So zumindest erklärte Jula es sich, dass man ihr mit ihren über zwei Millionen Abonnenten schnell und unbürokratisch einen Besuchstermin in der Notrufleitstelle der Feuerwehr in Berlin-Spandau gegeben hatte.

»Ich will ganz ehrlich zu dir sein. Ich möchte dieser Frau helfen, aber dafür brauche ich mehr Informationen zu diesem Anruf.«

»Das verstehe ich ja, aber was soll ich machen? Es geht nicht, Stichwort Datenschutz!«

Jula ließ sich kraftlos in ihren Sessel sinken und drehte

sich von den Monitoren auf dem Schreibtisch weg, sodass sie in den Raum sehen konnte. Die Halle mit den technisch aufgerüsteten Bearbeitungsplätzen wirkte auf Jula wie ein Großraumbüro. Ein kühler, nüchterner Ort, der so gar nichts von dem Leid, der Angst und der Not ausstrahlte, die sich hier an jedem einzelnen Tag aus allen Teilen Berlins bündelten. Etwa zwanzig Mitarbeiter waren damit beschäftigt, die eingehenden Notrufe zu bearbeiten, ruhig und professionell, worum auch immer es ging. Ob alles verschlingende Feuer, verheerende Unfälle, Kinder, die sich verletzt hatten, oder Menschen, die einen geliebten Angehörigen leblos in dessen Wohnung aufgefunden hatten – was auch immer es war, die Disponenten halfen, berieten und beruhigten.

»Weißt du, ich finde es echt beeindruckend, wie ihr hier arbeitet. Ich dachte früher immer, in der Notrufzentrale sitzen eher so bessere Callcenter-Agenten. Aber ihr seid ja alle selbst von der Feuerwehr.«

Murat lächelte wie ein kleiner Junge, der etwas ausgefressen hatte.

Wie schade, dachte Jula, dass die Menschen, die mit ihm telefonierten, ihn nicht sehen konnten. Schon seine Ausstrahlung würde ihnen das Gefühl vermitteln, nicht allein in ihrer Not zu sein. Wie er mit den lustigen braunen Kulleraugen und dem väterlichen Vollbart dasaß, das Foto seiner Familie auf der einen Seite des Schreibtisches, die Kaffeetasse mit dem von Kinderhand geschriebenen *Bester Papa der Welt!* auf der anderen.

»Vielen Dank für die Blumen.« Murat warf Jula eine Kusshand zu. »Aber Charme und Komplimente setzen leider nicht die Regeln außer Kraft. Sorry, Jula …«

Verdammt, der ist eine härtere Nuss, als ich dachte!

Es war aufschlussreich für Jula gewesen, Murat bei der Arbeit zuzusehen. Jedes Mal, wenn er einen Anruf entgegengenommen hatte, wurde ihm ein Ausschnitt des Berliner Stadtplans angezeigt, um den sich ein Kreis legte, innerhalb dessen sich der jeweilige Anrufer befand. *Aber eben auch nicht mehr. Nur eine grobe Eingrenzung, der Umkreis der Handymasten, in die sich der Anrufer einloggt.* Außerdem wurde Murat die Telefonnummer des Anrufers angezeigt.

Er hatte dann auf seinem Rechner eine Reihe von Feldern abzuarbeiten, in denen er anhand vorgegebener Fragenabfolgen immer konkreter werdende Angaben zum Notfall einholte. Diese Angaben sendete er dann zusammen mit Adresse und Namen des Betroffenen an das Team des Rettungswagens, der dem Notfallort gerade am nächsten war. Auf diese Weise wurde der Arzt bereits vor seinem Eintreffen über alles Wichtige informiert, sodass er vor Ort unverzüglich mit seinen Rettungsmaßnahmen beginnen konnte.

Jula fiel auf, dass Murat zunächst mit keinem Wort auf den Notfall selbst einging. Nicht bevor ihm alle Angaben über Ort, Stockwerk und Identität der Beteiligten vorlagen. *Die Frau auf Hegels Aufnahme ruft immer wieder, dass ihr Baby weg ist, aber er fragt trotzdem stur nach dem Notfallort. Ist ja auch logisch. Erst muss er die Hilfe losschicken, dann kann er zuhören und beruhigen.*

»Ich war vielleicht zu ehrlich. Ich hätte dir nicht so direkt sagen sollen, dass es mir um diesen Notruf geht. Aber die Zeit für diese Frau und das Baby läuft, und ich muss den beiden helfen. Nur, ohne dich geht das nicht!«

Murat senkte den Blick, und zum ersten Mal wich seine fröhliche Ausstrahlung für einen Moment.

»Ich habe selbst drei Kinder.« Er deutete auf das Foto. »Mein Ältester ist dreizehn, die Zwillinge sind sieben. Ich kann dir sagen, die Mädels halten mich ganz schön auf Trab!« Murats Lächeln kehrte zurück.

Jula warf einen Blick auf die Uhr. Es war noch relativ früh, dennoch drängte die Zeit.

»Erzähl mir doch wenigstens, wie dieser Notruf auf dich gewirkt hat.« Jula beugte sich zu Murat vor und versuchte sich an dem Blick, mit dem sie als Kind ihren Vater um den Finger gewickelt hatte.

»Na ja, zuerst hab ich gedacht, es geht um eine Fehlgeburt. Wegen *Baby* und *Blut*. Aber dann hat die Frau aufgelegt, und es hat keiner mehr deswegen angerufen, auch nicht bei meinen Kollegen. Was soll ich da machen, wenn sofort der nächste Notruf reinkommt? Ich habe es erst mal vergessen. Später, gegen Feierabend, hab ich mich dann erinnert, und im Nachhinein kam mir die Sache doch etwas abgefahren vor. Okay, warte mal!« Er klickte sich durch die Dateien auf seinem Rechner. »Hier, das war der Anruf. An dem Tag, als hier wegen der vielen Überschwemmungen sowieso schon alles drunter und drüber gegangen ist.«

»Murat, ich fürchte, dass dieser Frau wirklich etwas Schlimmes zugestoßen ist. Ich muss sie finden. Hast du vielleicht noch irgendwelche Infos zu dem Anruf, die mir helfen könnten?«

Murat schüttelte den Kopf. »Echt nicht, im Ernst. Ich darf dir den Mitschnitt nicht mal vorspielen.«

»Das musst du gar nicht, den kenne ich. Aber ich habe die Hoffnung, dass du hier auf deinem Computer vielleicht noch irgendwas hast, das die Herkunft des Anrufs eingrenzt.«

Murat sah sich um. Er war für das Gespräch mit der Journalistin für einige Minuten freigestellt worden, während seine Kollegen in Telefonate vertieft waren. Dennoch sprach er jetzt leiser: »Also, ich kann dir den Anruf definitiv nicht geben, aber wenn du sagst, dass du ihn kennst, verstehst du ja vielleicht, was die Frau am Ende sagt. Ich hab's nicht geschafft, vielleicht kannst du ja heraushören, was sie am Schluss brabbelt. Klang in meinen Ohren wie ein Straßenname.«

Jula verstand nicht. Sie hatte das Telefonat mehrmals gehört und konnte sich genau daran erinnern. Jedes Wort hatte man klar und deutlich verstehen können. Ein undeutliches Brabbeln war nicht auf der Aufnahme gewesen. *Wovon redet er?*

»Murat, das ist jetzt sehr wichtig.« Jula richtete sich auf. »Was meinst du mit: *was sie am Schluss brabbelt?*«

Der Disponent zuckte mit den Schultern. »Na, da kommt doch am Schluss einer an und reißt sie zu Boden. Ich frage weiter nach dem Notfallort, wie ich es immer mache. Dann murmelt sie was, während jemand mit ihr kämpft.«

Was verdammt soll das jetzt bedeuten? Hat Hegel mir nicht den vollständigen Notruf vorgespielt? Oder hat … der Maulwurf beim LKA …? Okay, ganz cool.

»Ich kenne den Notruf bis zu deiner zweiten Nachfrage.«

»Hm. Ich frage aber drei Mal. Dann hast du ihn nicht zu Ende gehört.«

»Komm schon, jetzt sei mal nicht päpstlicher als der Papst. Lass mich den Notruf zumindest mal bis zum Ende anhören.«

Murats Gesichtsausdruck verhieß nichts Gutes. »Kann

ich echt nicht machen, sorry. Da müsste schon die Polizei kommen, aber du bist halt privat. Das geht nicht.«

»Jetzt überleg doch mal, wenn ich den Teil des Anrufs nicht kenne, auf dem man vielleicht eine Adresse hören kann, dann wollte jemand nicht, dass ich den kenne. Davon kann das Leben dieser Frau und des Babys abhängen. Du bist selbst Papa. Komm schon, lass mich helfen. Es erfährt garantiert niemand, ich verwende das nicht für meinen Podcast!«

»Ich verstehe dich ja. Aber das ist hier halt die Feuerwehr, kein Basar. Ich würde ja auch nicht wollen, dass mein Notruf einfach so rumgereicht wird.«

Verdammt!

Jula dachte nach. Hadrian würde die vollständige Datei auf dem Server vermutlich finden. Vor allem jetzt, da sie ihm konkret sagen konnte, zu welcher Zeit und über wessen Rechner der Notruf eingegangen war. Aber es war unwahrscheinlich, dass Jula ihn vor dem Abend erreichen würde. Neben seiner Existenz als Hacker führte er schließlich auch noch ein ganz normales Leben, und nach Julas Erfahrung ließ es ihn nur sehr früh oder sehr spät online sein. *Ich verliere einen ganzen Tag, wenn ich auf Hadrian warten muss. Und wer weiß, wie lange er dann fürs Hacken der Datei braucht? So viel Zeit habe ich nicht!*

»Was wäre denn, wenn du mir als Kavalier jetzt mal einen Kaffee holst? Und falls ich in dieser Zeit versehentlich auf irgendeine Taste komme und dabei etwas höre, das ich nicht hören darf, wäre das ja nicht deine Schuld.«

Murat schüttelte den Kopf. »Stell dir mal vor, wir würden das hier alle so machen. Ich habe dir sowieso schon viel zu viel erzählt.«

Jula wollte zu einem neuen Versuch ansetzen, als ihr

Handy zu vibrieren begann. Es lag vor ihr auf dem Tisch, und das Foto des Anrufers wurde übergroß auf dem Display angezeigt. Ein Teenager, der irgendeine Geste in die Kamera machte, die er vermutlich aus amerikanischen Rapvideos kannte. *Elyas! Wow, er meldet sich tatsächlich mal von selbst. Na ja, was soll ich sagen? Er ist stinksauer auf mich nach der Scheiße, in die ich ihn da reingezogen habe … Ich hoffe, sein Anruf verheißt nichts Schlechtes …* Jula zwinkerte Murat zu.

»Das ist mein kleiner Bruder, sorry. Da muss ich kurz rangehen. Wir haben gerade Eiszeit, er ist sauer auf mich. Leider zu Recht. Wenn er mich anruft, muss es wichtig sein.« Sie nahm das Gespräch an. »Elyas, geht es dir gut?«

»Toll, dass dich das interessiert!« Der Vierzehnjährige sprach mit hartem Tonfall. »Außer dass ich jedes Mal Schiss bekomme, wenn ein Transporter neben mir langsamer fährt, ich nachts Albträume von toten Frauen habe, dauernd denke, dass ich ersticke, und ich zweimal die Woche zu dieser verkackten Traumatherapie muss, ist eigentlich alles okay.«

»Wenn ich könnte, dann …«

Elyas fiel ihr ins Wort. »Kannst du aber nicht, also heul nicht rum! Ich rufe an, weil meine … also, weil Frau Lemke sagt, dass es vielleicht gut wäre, wenn du mal zu einer … also, wenn du mal zu ihr mitkommst. Sie fährt voll auf dieses *Miteinander-reden-Ding* ab.«

»Ja, klar. Das mache ich gern! Wenn du es auch willst und es dir hilft, auf jeden Fall.«

»Yo, danke fürs Gespräch. Ich melde mich dann wegen ’nem Termin. Hau rein!«

Als Jula wieder zu Murat sah, bemerkte sie, dass sich etwas verändert hatte.

»Elyas?«, fragte er mit seltsamer Vorsicht nach. »War das etwa gerade *der* Elyas?«

»Das war mein Halbbruder. Was meinst du denn mit *der Elyas?*«

»Ich habe sein Foto auf deinem Display gesehen. Und ich dachte, den kenne ich doch. Das ist *BigEly,* der macht diese Rapvideos auf YouTube, oder? Der ist angeblich entführt worden und wäre fast gestorben. Aber sein Produzent und Buddy Friedrich hat ihn gerettet. Das ist zumindest die Story, die er erzählt.«

»Das stimmt leider wirklich. Friedrich ist sein bester Freund, er betreibt im Keller seines Vaters ein Studio, da nehmen die beiden ihre Songs zusammen auf. Und Friedrich hat bei Elyas' Befreiung geholfen, das war im Rahmen meiner letzten Ermittlung. Mein Bruder wurde als Geisel genommen, wir konnten ihn gerade noch rechtzeitig retten. Das einzig Gute ist, dass er einen Teil dieser Erlebnisse konstruktiv durch seine Rapvideos verarbeitet. Und du guckst dir Elyas' Videos echt an?«

Murat klatschte vergnügt in die Hände, dann deutete er auf das Foto seiner Familie. »Machst du Witze? Mein Sohn zieht sich *BigElys* Videos den ganzen Tag rein, der feiert das voll! Krass, dass ich hier mit seiner Schwester sitze!«

»Ja, die Publicity durch den Fall hat ihm geholfen. Er ist jetzt ziemlich erfolgreich mit seiner Musik. Wenigstens das.«

»Meinst du, er kann meinem Sohn ein Autogramm geben? Oder ihm vielleicht sogar ein Grußvideo schicken? Mein Kleiner würde voll abgehen!«

Jula lächelte. »Er ist zwar gerade nicht besonders gut auf mich zu sprechen, aber ich schätze, das ließe sich arrangieren!«

»Echt? Das wäre ja der volle Hammer, mein Sohn hat bald Geburtstag, wenn das klappt, das wäre echt krass!«

Jula zwinkerte Murat zu. »Aber wenn ich das arrangieren soll, müsstest du jetzt mal kurz aufstehen und mir einen Kaffee holen …« Jula deutete auf den Monitor, auf dem noch immer der mysteriöse Notruf angezeigt wurde. »Wir verstehen uns?«

Murat strahlte. »Deal! Du hast einfach die besseren Argumente!«

KAPITEL 22

JONATHAN

Ceciles Wange war kalt. So, als wäre sie tot. Jonathan rieb sich die Augen und nahm noch eine der Pillen aus dem normalerweise abgeschlossenen Schrank in seinem Arbeitszimmer. Die Tabletten vernebelten seinen Verstand zwar spürbar, verschafften ihm aber die dringend notwendige Erleichterung. Wenn man in seiner Lage überhaupt an so etwas wie *Erleichterung* denken konnte. *Diese Frau will Selma noch heute haben, und sie wird sich ganz sicher nicht vertrösten lassen. Sie wird ihren Killer mitbringen, und wenn ich die Kleine bis dahin nicht gefunden habe, dann …* Jonathan atmete dreimal tief durch und wandte sich wieder Cecile zu. »Mein Schatz, es tut mir so leid.«

In seiner Jugend hatte Jonathan darunter leiden müssen, dass die Pubertät bei ihm deutlich später eingesetzt hatte als bei seinen Schulkameraden. Während diese bereits ihre ersten Freundinnen und samstäglichen Knutsch-Rendezvous erlebten, hatte er noch mit seinen Eltern vor dem Fernseher gesessen und *Wetten, dass …?* geschaut. Über ihn hatte man sich lustig gemacht, auch, wenn er im Sportunterricht als der Kleinste und Schwächste wieder einmal als Letzter in die Fußballmannschaft gewählt worden war. Und bis heute hatte Jonathan das Gefühl nicht ganz ablegen können, nicht an die anderen heranzureichen. Selbst dann nicht, als er längst erfolgreicher Arzt geworden war, während die Spötter von damals allesamt weniger erfolgreiche Karrieren vorzuweisen hatten. Erst mit Cecile hatte sich etwas geändert.

Das ist Frau Kramer, ich wollte sie dir mal vorstellen. Ein Kollege hatte sie so miteinander bekannt gemacht. Und da stand sie dann. Klein, unsicher, zierlich. Aber mit einem Glanz in den Augen, der so viel mehr versprach, als es ihre gebückte, spannungsarme Körperhaltung vermuten ließ. Wie sie ihn angelächelt hatte, so, als wolle etwas in ihrem Blick ihm zurufen: *Du gefällst mir, so wie du bist.* Und wann immer er Cecile fortan in die Arme genommen und den zarten Körper umschlossen hatte, war es ihm gewesen, als sei sie noch viel mehr sein Retter als er der ihre.

Nicht ein einziges Mal hast du mir das Gefühl gegeben, nicht zu genügen und wieder der kleine Junge zu sein, der beim Völkerball als Erster abgeworfen wird.

Jonathan strich Cecile ein weiteres Mal mit dem Zeigefinger über die Wange, die sich noch immer nicht weich und warm anfühlte. So wie sonst, wenn er sich vor dem Einschlafen noch einmal auf ihre Seite des Bettes rollte und sie von hinten umarmte. Wenn Jonathan ihr liebevolle Worte ins Ohr hauchte. *Es wird alles gut werden, mein Engel. Wir werden gemeinsam alt und glücklich. Und wir werden jede Herausforderung meistern, die sich uns in den Weg stellt. Allein mit der Kraft unserer Liebe.* Jede Herausforderung! Wie oft hatte er das seiner Cecile versprochen, wieder und wieder, Tag für Tag. Und jetzt? *Deine Wange ist kalt und hart. Aber bald werde ich sie wieder berühren können. Und dann wird sie so sein, wie sie immer war.*

Jonathan nahm die Hand von dem Computermonitor, auf dem er ganz nah an Cecile herangezoomt hatte. Die Überwachungskamera hatte er so an der Decke der Mansarde angebracht, dass seine Frau sie nicht sofort entdecken würde. *Ich hole dich da wieder raus. Aber das kann ich erst, wenn ich hier draußen alles erledigt habe.* Jonathan schüttelte sich und hustete trocken. Er hatte in der Nacht kein Auge zugetan, immer wieder hatten ihn die schrecklichen Bilder heimgesucht, wie Justin Hollstein vor den Zug stürzte und von der Wucht des Aufpralls in Stücke gerissen wurde. Und er hatte sich vorstellen müssen, dass es beim nächsten Mal Cecile sein würde, die dieser Kerl mit dem südamerikanischen Akzent von hinten aufs Gleis stieß. Doch das Schlimmste war, Jonathan hatte immer noch keine Idee, wie er die Kleine wiederfinden konnte.

»Was machst du da, Schatz? Redest du mit deiner Mutter?« Er sah wieder auf den Monitor.

Der Bildausschnitt zeigte nur Cecile, und es war deutlich zu erkennen, dass sie die Lippen bewegte. Ein Mikrofon hatte Jonathan nicht installiert, doch dessen bedurfte es auch gar nicht. *Mit wem sollte sie sonst reden, wenn nicht mit ihrer Mutter?* Jonathan setzte sich aufrecht und versuchte, sich zu fokussieren. So, wie er es immer tat, wenn er seine Gedanken ordnen wollte, murmelte er vor sich hin:

»Die Hecke vorn an der Straße war beschädigt, Äste waren gebrochen, sie wurde offensichtlich auseinandergezogen. Es gab Fußabdrücke in der Erde. Der Entführer muss also durch die Hecke aufs Grundstück gekommen sein. Dann muss er um das Haus geschlichen sein, wo er das kleine Fenster zur Gästetoilette entdeckt hat.

Das hat er eingeschlagen und sich dabei geschnitten.« Jonathan hielt kurz inne, nickte dann und fuhr fort. »Er ist vorsichtig durchs Haus geschlichen und hat sich dabei offenbar mit einem Gästehandtuch die Wunde abgedrückt. Ich habe nur wenige Blutspuren im Haus gefunden, außer dann wieder in Selmas Bett. Da musste er beide Hände benutzen, das hat noch mal eine Sauerei verursacht. Mit der Kleinen ist er dann einfach vorn zur Haustür raus, das zeigen die Blutstropfen, die vom Eingang zum Bürgersteig führen. Dort verliert sich seine Spur.«

Jonathan rieb sich mit der Hand durchs Gesicht und griff nach seinem Kaffeebecher. Er hatte heute bereits so viel Koffein intus, dass er Mühe hatte, die Tasse ruhig zum Mund zu führen. Doch seine stündlich sich verschlechternde körperliche Verfassung war im Augenblick sein geringstes Problem.

»Wo hat er das arme Kind nur hingebracht? Und wer war das, verdammt?«

Jonathan sah auf seine Armbanduhr. Die Frist verkürzte sich gnadenlos mit jedem kleinen Fortschreiten des Sekundenzeigers. Seine Frist, die von Selma – und die Frist von Cecile. *Diese furchtbare Frau und ihr Killer werden niemanden am Leben lassen, wenn ich ihr die Kleine heute Abend nicht übergebe.* Wieder sah Jonathan zu Cecile, die sich noch immer nicht von ihrer Position auf dem Fußboden wegbewegt hatte.

Was ist passiert, nachdem der Entführer mit Selma aus dem Haus gelaufen ist? Wenn ich doch nur …

Natürlich! Rucken, Knarzen, das Umfallen eines Stuhles, gefolgt vom Scheppern einer Tasse, die zu Boden fiel und in hundert Teile zersprang. Wie vom Blitz getroffen war Jonathan aufgesprungen. *Verdammt, das ist es! Ich kann es noch schaffen. Ich kann Selma finden und rechtzeitig übergeben!* Und ohne eine weitere Sekunde zu zögern, stürmte Jonathan getrieben von neuer Hoffnung zur Haustür, lief auf die Straße hinaus und rannte, so schnell ihn seine müden Beine trugen, zu diesem gottverdammten Typen hinüber, den er noch nie hatte leiden können.

KAPITEL 23

»Das können Sie vergessen, Herr Dorm!« Friedmann stand mit verschränkten Armen in seinem Hausflur.

»Es ist wirklich wichtig. Wenn hier jemand durch die Straße zieht und sich auf die Grundstücke schleicht, ist das ja auch für Sie wichtig zu wissen.«

Dorm war Profi darin, mit Menschen zu sprechen, die sich ihm nicht öffnen wollten. Aber dieser selbstherrliche Albtraum von einem spießigen Nachbarn war selbst für den erfahrenen Therapeuten eine harte Nuss. *Und die Uhr tickt.*

»Ich werde mir die Aufnahme irgendwann ansehen und Sie dann gegebenenfalls informieren. Aber nicht mehr heute, ich habe noch zu tun.«

Es war offensichtlich, dass Friedmann neugierig geworden war. Natürlich! Der Kerl, der rund um die Uhr an jedem Ort dieser Straße gleichzeitig zu sein schien. Ließ ein Anwohner sein Garagentor für ein paar Minuten offen stehen, hielt er Vorträge darüber, wie gefährlich das sei und was alles passieren könne. Machte jemand Fotos auf der Straße, aus welchem Grund auch immer, stand er auch schon hinter ihm, um sich zu erkundigen, *was er da tue,* und feierte ein Anwohner ein Fest, war es Friedmann, der mit der Zuverlässigkeit eines Schweizer Uhrwerks die Regelungen der gesetzlichen Nachtruhe in Erinnerung brachte. Außer wenn er selbst feierte, was allerdings selten vorkam.

»Ihre Überwachungskamera ist so ausgerichtet, dass sie die Straße vor meinem Haus aufnehmen müsste. Diese Beschädigung an meiner Hecke ist nicht ohne, und Sie wissen ja, was so was kostet. Ich möchte einfach wissen, ob der Verursacher auf den Bildern zu sehen ist.«

Friedmann bewegte sich keinen Zentimeter. »Ich kann Sie meine Aufnahmen nicht ansehen lassen. Datenschutz-Grundverordnung.«

Was für ein dämliches Argument soll das denn bitte sein? Du darfst deine Kamera gar nicht auf die Straße ausrichten, du selbstverliebter alter Sack! Sei froh, dass ich diese Aufnahmen brauche, sonst würde ich dir jetzt was erzählen!

»Vielleicht habe ich ja noch einen Gefallen bei Ihnen gut, nachdem ich Ihrem Enkel damals bei seinem Pseudokrupp-Anfall geholfen habe?« Jonathan zwinkerte Friedmann zu.

»Das war Ihre Frau. Außerdem, dafür haben Sie bereits einen sehr guten Cognac bekommen!« Friedmann rührte sich nicht.

Ja, der Fusel aus dem Supermarkt. Sehr freundlich! Hat der Bratensoße Aroma gegeben. Verdammt, der Typ ist echt ungenießbar.

»Ich bin zeitlich leider etwas unter Druck.« Dorm trat näher an seinen Nachbarn heran. Dieser schien allein zu Hause zu sein, jedenfalls hatte sich seit seinem Eintreten niemand bemerkbar gemacht. »Ich möchte Sie ein letztes Mal freundlich darum bitten, mir die Aufzeichnung von Samstag zu zeigen. Kurz vor achtzehn Uhr. Und ich möchte sie mir allein ansehen. Sie werden Verständnis dafür haben, Datenschutz …«

Friedmanns Atem beschleunigte sich, und er weitete seine Augen. Dorms Ton hatte sich verändert, war lange nicht mehr so freundlich und bittend. Stattdessen lag eine subtile Drohung in seinen Worten, die ihren Adressaten nicht zu verfehlen schien. Wie er jetzt dastand, dieser ätzende Kerl! In seinen Hausschlappen vor der holzvertäfelten Wand mit den Familienfotos, den Geweihen und Ziertellern, die in ihrer schmucklosen Spießigkeit wie eine einzige zynische Anklage gegen ihren Besitzer erschienen. *Du wirst mich nicht ins Grab bringen. Und schon gar nicht meine Cecile!*

»Ich schätze, Sie vergreifen sich im Ton, Herr Dorm!« Friedmann trat einen Schritt auf seinen Gast zu, der jedoch nicht zurückwich.

Im Gegenteil. Auch Jonathan trat vor, sodass die Männer einander jetzt so nahe waren, dass jeder den Atem seines Gegenübers riechen konnte. Der dunkle, muffige Flur dieses dunklen, muffigen Hauses wirkte auf Dorm wie die triste Kulisse eines Showdowns, in dem nur einer der Rivalen siegreich vom Feld gehen konnte. Und Jonathan konnte es sich nicht leisten, der Verlierer zu sein. *Ich kann nicht zulassen, dass der Frau, dich ich zu schützen versprochen habe, etwas zustößt. Tut mir leid.*

»Herr Friedmann, ich bitte Sie hier um einen Gefallen. Unter Nachbarn. Es ist in Ihrem Interesse, unser Verhältnis nicht zu beschädigen. Jedenfalls nicht noch mehr, als Sie es mit Ihren Anspielungen, meine Frau und mich betreffend, ohnehin schon tun. Hinter unserem Rücken.«

»Bitte?« Friedmann sprach leiser, er schien unsicher.

»Ich schlage vor, Sie zeigen mir jetzt diese Aufnahme, oder ich sähe mich leider gezwungen, meine Loyalität Ihnen gegenüber zu überdenken.«

»Ihre ... was?« Friedmann lachte auf, doch nicht fröhlich.

»Nun, Sie sehen doch abends immer so gern von Ihrem Fenster aus in unseres hinein, nicht wahr? Wenn Sie glauben, dass meine Frau und ich das nicht mitbekommen …«

Friedmann wollte wohl etwas entgegnen, doch es blieb bei heiserem Grummeln.

»Denken Sie, dass das umgekehrt nicht funktioniert?« Dorm flüsterte jetzt, was seine dramaturgische Wirkung nicht verfehlte.

»Umgekehrt?« Friedmann zupfte an seinem Bademantel.

»Ich kann auch von meinem Fenster in Ihres sehen. Und ich kann sehen, was Sie da mit Ihren Enkeln treiben, wenn Ihre Frau nicht zu Hause ist.«

Jonathan sah seinem Nachbarn so fest in die Augen, dass dieser dem Blick nicht standhalten konnte und für einen Moment zu Boden sah, bevor er sich fasste und brüsk antwortete: »Was wollen Sie denn damit andeuten, Herr Dorm?«

»Ich will damit andeuten, dass ich sehen kann, wie Sie den nackten Körper Ihrer kleinen Enkeltochter nach dem Baden mit Öl einreiben. Viel zu lange und viel zu genüsslich. Und wie Sie dabei an Ihrem Geschlechtsteil rumfummeln, wenn das Kind es nicht sieht.« Jonathans Ton blieb ruhig.

»Was fällt Ihnen ein?« Friedmann lief rot an und keuchte, als habe er soeben einen Sprint absolviert. »Daran ist kein Wort wahr, Sie … Sie …«

»Ich kann von meinem Fenster aus sehen, wie Sie sich Pornos mit kleinen Jungs angucken, die sich gegenseitig anpissen. Und wie Sie dabei die Kleider Ihrer Frau tragen. Ja, Herr Friedmann, ich habe einen verdammt guten Logenplatz da drüben!«

Der jämmerlich spießige Hausflur, in dem es nach Kohlrouladen roch und der zwar sauber, aber unordentlich war, schien sich um die beiden Männer zusammenzuziehen. Jonathan zuckte nicht, blinzelte kaum, atmete ruhig und fixierte Friedmann mit dem unbeugsamen Willen eines Kampfhunds, der nur auf das Schnipsen seines Halters wartete, um endlich die Kehle seiner Beute fassen zu dürfen.

»Das ist, das ist alles … gar nicht wahr!« Friedmann stotterte.

Jonathan setzte ein Lächeln auf, das gleichzeitig freundlich und bösartig war. »Ja, Herr Friedmann. Das ist alles erfunden. Sie wissen das, und ich weiß das.« Er beugte sich vor und flüsterte: »Aber wem werden die Nachbarn wohl glauben, wenn ich diese Geschichten in Umlauf bringe? Dem nervenden Möchtegernsheriff, der nichts lieber tut, als hier alle zu kontrollieren und zu gängeln? An Ihrer Stelle würde ich mich nicht darauf verlassen. Unser Gehirn ist eine ziemlich faszinierende Sache. Hören wir eine Behauptung dreimal aus drei verschiedenen Quellen, nehmen wir automatisch an, dass sie wahr ist. Wie absurd sie auch sein mag. Also, was denken Sie, Herr Friedmann? Soll ich meine kleinen Gerüchte über Sie in Umlauf bringen? Oder ziehen Sie es vor, mir die Aufnahmen Ihrer illegalen Überwachungskamera zu zeigen?«

KAPITEL 24

JULA

Jula konnte es nicht verstehen. Und das, obwohl die entscheidende Antwort vermutlich direkt in ihrer Hand lag. Sie presste sich das Handy ein weiteres Mal bei voller Lautstärke ans Ohr, um den tosenden morgendlichen Straßenverkehr am Platz der Luftbrücke zu übertönen.

»Notruf Berliner Feuerwehr, wo genau ist der Notfallort?«

»Hilfe, mein Baby ist weg. Hier ist nur … Blut …!«

»Bitte bewahren Sie Ruhe, wo ist der Notfallort?«

Das Handy stürzt, Glas bricht, ein Schmerzensschrei, Laufen, das Aufschieben der Tür.

So weit alles klar.

»Mein Baby ist weg. Überall ist Blut! Sie müssen mir helfen!«

»Das habe ich verstanden. Wo ist der Notfallort?«

Der Mann in Hausschlappen kommt angelaufen, Kampfgeräusche. Hier endet die Aufnahme, die Hegel mir vorgespielt hat. Ab jetzt wird's interessant!

»Hallo? Können Sie mich verstehen? Wo ist der Notfallort? Wo soll ich die Hilfe hinschicken?«

Sie sagt etwas, es klingt dumpf, sie hat das Handy offenbar nicht direkt am Mund. Dann stammelt sie noch mal was, das Letzte klingt wie »…halle« oder so ähnlich, aber irgendeine Karre hupt im Hintergrund. Oder sind das mehrere? Verdammt, sie sagt, wo sie ist, aber es ist nicht zu verstehen!

Jula hatte sich die Aufzeichnung von Murats Rechner als Datei auf ihr Handy geschickt. Seit sie von der Notrufleitstelle zum Hauptgebäude des LKA aufgebrochen war, hatte sie diese bestimmt fünfzigmal angehört. Laut, leise, mit und ohne Kopfhörer. Sie hatte willkürlich Passanten gefragt, ob sie etwas verstehen konnten, doch alle hatten nur ratlos den Kopf geschüttelt. Jula hatte nach Hegels wissenschaftlichen Ausführungen keinen Zweifel daran, dass man die Worte der Frau mit der entsprechenden Software von dem Hintergrundlärm würde isolieren und so weit filtern können, dass sich der Straßenname entschlüsseln ließe. Doch sie verfügte nicht über derlei technische Möglichkeiten, und Hadrian hatte noch nicht auf ihre Nachrichten reagiert.

Sie schloss die Augen, schaltete das Handy aus und atmete tief durch. *Dann muss es wohl sein. Das hier kannst du nicht länger zurückhalten.* Jula hatte das Gefühl, als liege eine tonnenschwere Last auf ihren Schultern, während sie zum Haupteingang des LKA auf der anderen Straßenseite des Tempelhofer Damms hinübersah. Sollte sie Kommissar Holder wirklich die neuen Informationen aushändigen? Sie zögerte. Fest stand jedenfalls, dass sie nicht zu Hegel gehen konnte.

Das kannst du nicht bringen, wirklich nicht! Dieser Dreckskerl führt garantiert irgendwas im Schilde, wovon noch keiner was ahnt.

Während Jula mit sich haderte, ging ein junger, blonder Mann an ihr vorbei. Unweigerlich musste sie an Moritz denken. Wie eigentlich immer, wenn sie jemanden sah, der ihrem großen Bruder auch nur entfernt ähnelte. Jula sah dem Passanten hinterher. So, wie sie auch ihrem Bruder hinterhergesehen hatte, als er sich damals in Buenos Aires zum letzten Mal von ihr verabschiedet und sie allein zurückgelassen hatte. Auf diesem Friedhof, der eine Touristenattraktion war – und für Jula zur Hölle werden sollte.

Ich muss wissen, was passiert ist, nachdem du gegangen bist. Ich muss die Wahrheit kennen, koste es, was es wolle! Jetzt habe ich etwas in der Hand. Eine Information, die offenbar noch nicht mal Hegel hat. Aber wird das reichen, um ihn endlich zum Reden zu bringen? Will er mir überhaupt sagen, was er über Moritz weiß? Oder ist das nur der Köder, mit dem er mich auf ewig in der Hand haben will?

Jula sah noch einmal zum LKA hinüber. In diesem Kasten aus Beton und Glas saßen die deutschen Kollegen der Männer, die sie damals in Argentinien wie eine Verbrecherin behandelt hatten. Die ihr kein Wort glauben und ihr erst recht nicht helfen wollten. Alles war in diesem Augenblick wieder da, so, als sei es erst gestern geschehen. Die kalten Verhörräume, die drückende Hitze, die Insekten und der Zigarettengestank.

Rrrrrr! Rrrrrr!

Ein monotones Surren riss Jula aus ihren Gedanken. Ihr Handy vibrierte auf dem Stehtisch des Imbisses, der gegenüber dem LKA auf der anderen Straßenseite stand. Ein Anruf.

Das muss man dir lassen, Paul. Du hast ein Gespür für den richtigen Zeitpunkt. Auch wenn du mir wahrscheinlich nur endlich erzählen wirst, dass du eine Neue hast. Vielleicht hilft es mir ja bei der Entscheidung, wenn ich mich für ein paar Minuten ablenken lasse.

»Hallo, Paul! Jaaa, sorry, ich hab mich nach meinem

Abgang nicht mehr gemeldet. Ich hoffe, du bist nicht sauer, dass ich dich beim Franzosen hab sitzen lassen.« Jula sprach laut, der Straßenlärm am Platz der Luftbrücke war beträchtlich.

»Schon okay. Zusammen mit deinen Portionen bin ich tatsächlich satt geworden!« Paul schien guter Dinge. »Ich bin neugierig, was das für ein seltsamer Anruf gestern war. Du hast ziemlich beeindruckt gewirkt.«

»Darüber mag ich im Moment noch nicht reden. Aber du wolltest mir doch gestern was erzählen, *Mister Umstyling*. Ein bisschen Zerstreuung würde mir gerade guttun. Also los, sag schon. Warum der neue Look?«

»Das ist jetzt nicht wichtig. Ich mache mir Sorgen um dich. Deswegen wollte ich dich gestern unbedingt treffen. Diese Suche nach Moritz setzt dir immer mehr zu, ich kann da nicht mehr länger tatenlos zusehen.«

»Bitte nicht jetzt, Paul! Ich bin da an was dran. Es gibt konkrete Hinweise, dass mein Informant etwas über Moritz weiß! Obwohl ich kurz davor bin, diese Chance jetzt gerade in die Tonne zu werfen.«

Kurz blieb es still in der Leitung. Dann fragte Paul mit deutlich veränderter Tonlage: »Du weißt schon, was du da gerade gesagt hast, oder?«

Ich habe eine Chance auf konkrete Hinweise zu Moritz, werfe diese Chance aber gerade in die Tonne. Jula sah noch mal zum LKA hinüber. *Okay, das klingt nicht besonders schlau.*

»Paul, ich habe im Moment zwei Optionen, aber ich bin nicht sicher, welche ich wählen soll.«

»Wo bist du denn gerade?« Paul sprach jetzt so zu ihr, wie er es getan hatte, wenn sie sich nachts mit Tränen in den Augen an ihn gekuschelt hatte.

»Frag nicht! Ich stehe hier an einer Imbissbude. *Bärbel's Gourmet-Tempel.* Mitten im Berufsverkehr.«

»Ist das nicht dieser Imbiss gegenüber vom LKA? Mit der lustigen, dicken Wirtin mit der Berliner Schnauze?«

Ein Schmunzeln huschte über Julas Gesicht. Die Wirtin Bärbel hatte tatsächlich einen albernen Spruch abgelassen, als sie den Kaffee bestellt hatte.

»Mir ist aber so gar nicht lustig zumute, Paul. Ganz im Gegenteil.«

»Ist das LKA die eine der beiden Optionen?«

Es war seltsam, wie die Stimme ihres Ex-Freunds Jula half, sich nicht mehr ganz so allein und verlassen zu fühlen. Sicher, Paul hatte sie kurz vor der Trennung vor einigen Monaten ausspioniert und heimlich ihre Handynachrichten gelesen. Doch der Klang seiner tiefen Stimme, die verbindliche Art und das wohlige Gefühl von Zugehörigkeit gaben Jula in diesem Moment ein bisschen von dem Halt und dem Selbstvertrauen, das sie gerade so dringend benötigte.

»Ich muss einer Frau und ihrem Baby helfen. Beide kenne ich nicht, aber anscheinend bin ich im Augenblick die einzige Chance für die beiden. Ich habe etwas Wichtiges herausgefunden, doch wenn ich damit jetzt zur Polizei gehe, verbaue ich mir meine beste Chance, herauszufinden, was mit Moritz ist.«

»Muss ich das verstehen?«

»Nein, sorry. Es ist nur so, dass ich mir nicht sicher bin, ob ich der Polizei sagen soll, was ich weiß. Über diese Frau und das Baby, denen ich helfen könnte.«

»Das führt dann wohl zu deiner zweiten Option.« Paul klang ruhig und sachlich. »Wie sieht die aus?«

»Die sieht wie Matthias Hegel aus! Er will, dass ich diesen Fall mit ihm löse. Ohne Polizei. Er hat Informationen darüber, was in Argentinien passiert ist. Aber er gibt sie mir nur, wenn ich mich wieder für seine Spielchen von ihm benutzen lasse.« Noch einmal sah Jula zum LKA hinüber.

»Das ist jetzt nicht dein Ernst? Du willst dich wirklich wieder mit diesem Kerl einlassen?«

»Von Wollen kann keine Rede sein!«

Paul räusperte sich demonstrativ. »Du bist ja alt genug … Aber jetzt mal abgesehen davon, dass es auch noch Gesetze und Pflichten gibt: Was würdest du dieser Frau und ihrem Baby sagen, wenn du jetzt zu ihnen sprechen könntest?«

»Hm.« Jula schloss die Augen.

»Welche deiner beiden Optionen wird diesen Menschen, die anscheinend gerade deine Hilfe brauchen, mehr nützen? Und was würde Moritz dir raten, wenn er jetzt mit dir reden könnte? Vertraue deinem Gefühl, Jula. Dann wirst du das Richtige tun.«

Das Rauschen des Straßenverkehrs war das einzige Geräusch, das an *Bärbel's Gourmet-Tempel* noch zu hören war. Eine Träne rann über Julas Wange, als sie plötzlich an ihre Mutter denken musste. Sie hatte sich mit ihr über die Sache mit Moritz zerstritten und erst viel zu spät von ihr erfahren, dass sie an Demenz erkrankt war. *Hätte sie mir denselben Ratschlag gegeben?*

»Weißt du was, Paul? Manchmal ist es gar nicht so schlecht, dich zu haben.«

»Es geht jetzt nicht um mich, Julchen.«

»Wir holen unser Essen bald nach. Aber jetzt muss ich los!«

KAPITEL 25

JONATHAN

Darüber darf ich nicht mit Ihnen reden, das ist Ihnen doch wohl klar?« Astrid Blume sah sich um, als habe Jonathan ihr soeben einen Auftragsmord angedient.

»Natürlich weiß ich das. Aber Sie würden mir einen sehr großen Gefallen tun. Sie würden Cecile einen großen Gefallen tun! Sie hat immer nur gut über Sie gesprochen.«

Jonathan hatte die Kollegin seiner Frau wie erhofft in dem kleinen Lokal gegenüber dem Jugendamt angetroffen. Cecile hatte ihm einmal erzählt, dass Astrid jeden Tag pünktlich um zwölf in dem kleinen griechischen Lokal einkehrte. Der Mittagstisch war dort günstig und die Qualität weit besser als in der Kantine des Amtes.

»Wie geht es ihr denn? Hat sie sich ein bisschen erholt?« Astrid Blume schob den Rest ihres Gemüsereises mit der Gabel von einer Seite des Tellers auf die andere.

»Es war alles sehr anstrengend für Cecile, aber es geht ihr viel besser! Sie will demnächst mal wieder bei Ihnen vorbeikommen.« Er unterdrückte den Drang, zum hundertsten Mal auf die Uhr zu sehen, um sich seine Anspannung nicht anmerken zu lassen.

»Wird sie denn ins Amt zurückkommen?«

»Eine Weile wird sie noch zu Hause bleiben, doch sie vermisst die Arbeit sehr. Aber noch mal zu meinem Anliegen …«

»Stopp!« Astrid Blume streckte Jonathan die rechte Hand entgegen, als sei sie ein Schülerlotse, der einem Autofahrer das Anhalten gebieten wollte. »Die Familien, die wir betreuen, verlassen sich zu Recht darauf, dass wir sehr sorgsam mit ihren Daten umgehen. Ich kann Ihnen keine Informationen dazu geben. Sie sind doch Psychotherapeut, die Schweigepflicht sollte Ihnen eigentlich vertraut sein.«

Was würdest du davon halten, wenn ich deine Schweigepflicht aus dir herausprügeln würde, du dämliche Behördenziege? Wie würdest du es finden, wenn ich dir die Aufnahme von Friedmanns Überwachungskamera in den fetten Hintern schiebe? Du wirst mir erzählen, wer diese Person ist, die da aus meinem Haus kommt. Aber die Zeit läuft ab! Ich kann hier nicht ewig auf Empathie setzen. Rede, verdammt!

Jonathan lächelte milde. Unter den sanften, griechisch anmutenden Klängen folkloristischer Musik lehnte er sich in das Polster zurück und ließ den Blick über den Holztisch mit den fettigen Salz- und Pfefferstreuern darauf gleiten.

»Wie würden Sie sich denn fühlen, wenn Ihnen das passiert wäre? Wenn einer Ihrer Schützlinge bei Ihnen eingebrochen wäre und Sie Hilfe bräuchten?« Er griff scheinbar lässig nach seiner Espressotasse.

»Das ist natürlich schlimm, das kann ich schon nachvollziehen.« Blume nahm eine Gabel Reis, wenn auch offenbar eher aus Verlegenheit. Sie sah sich noch einmal verstohlen um und flüsterte dann: »Aber warum fragen Sie nicht einfach Cecile? Sie kennt doch ihre Pappenheimer viel besser als ich.«

Jonathan lächelte. »Ich kann ihr in ihrer jetzigen Situation unmöglich erzählen, dass es jemand aus einer ihrer betreuten Familien war. Zumal ich mir nicht einmal sicher bin, es ist ja nur mein Verdacht. Cecile denkt, es wäre ein ganz gewöhnlicher Einbrecher gewesen. Diese Aufnahme kennt sie gar nicht, und ich will sie ihr auch nicht zeigen. Wenn sich meine Vermutung bestätigt, würde ich Cecile mit dieser Information verängstigen. Und das kann ich ihr in ihrem jetzigen Zustand nicht antun.«

Blume nickte. »Ich verstehe, Aufregung ist nicht gut für sie. Wir auf dem Amt achten sehr genau darauf, dass man unsere Privatadressen nirgendwo recherchieren kann. Einige ganz harte Fälle sehen nicht ein, dass wir ihnen nur Gutes wollen. Manche betrachten ihre Kinder als ihren Besitz, als Eigentum, das man ihnen nicht wegnehmen darf. Und nicht wenige haben bei Inobhutnahmen auch einfach Angst, dass ihnen das Kindergeld als Einnahmequelle wegbricht. Da wird die Wut schon mal auf den Mitarbeiter projiziert, der den Vorgang betreut. Persönliche Drohungen sind an der Tagesordnung, und das kann einem an die Nieren gehen.«

»Und genau das ist mein Problem!« Jonathan beugte sich zu Ceciles Kollegin vor. »Ich fürchte, jemand hat seine Drohung wahr gemacht. Und das würde ich gern so regeln, dass es Cecile nicht noch weiter beunruhigt.«

»Mit anderen Worten: ohne Polizei?«

Jonathan sah sich um, als müsse er befürchten, jemand könne ihn belauschen. »Ich wollte Ihnen das eigentlich nicht zeigen, aber der Einbrecher hat etwas hinterlassen.«

Er griff in die Innentasche seines Mantels und zog einen Zettel hervor, den er extra für das Gespräch mit Astrid Blume angefertigt hatte. Auf dem zerknitterten Abriss stand in kritzeliger Schrift etwas geschrieben.

Schön hast du es hier, du Fotze! Lass uns in Ruhe, wenn du nicht willst, dass ich wiederkomme. Keine Bullen, sonst bereust du es! Ich weiß jetzt, wo du wohnst.

Astrid Blume schluckte.

Jonathan sah sie eindringlich an. »Ich würde diese Sache einfach gern privat regeln. Klarstellen, dass wir wissen, wer bei uns eingebrochen ist. Und dem Täter eine Chance geben, sich zu entschuldigen. Ohne Strafverfahren und so. Mir geht es um Deeskalation.«

»Das ist ein sehr sozialer Ansatz von Ihnen, Polizei und Strafanzeigen haben erfahrungsgemäß kaum Einfluss auf diese Menschen. Das führt zu nichts. Aber wie gesagt, ich darf Ihnen leider nicht helfen.«

Das solltest du aber lieber! Ich bin schon mit Friedmann fertiggeworden, und wegen dir sesselfurzender Jugendamtstante werde ich Cecile ganz bestimmt nicht vor die Bahn werfen lassen!

»Sie wissen doch, dass die Schweigepflicht nicht mehr gilt, wenn es darum geht, Menschen zu schützen. Ich habe so was auch schon gemacht. Ein Patient hat mir erzählt, dass er plant, seiner Ex-Frau aufzulauern, um sie zu verprügeln. Da musste ich die Frau warnen, das wog mehr als die Schweigepflicht. Bitte, Frau Blume, sehen Sie sich das Foto wenigstens einmal an. Und wenn Sie wissen, wer das ist, können Sie auch etwas andeuten. Sie müssen es mir nicht direkt sagen, vielleicht vergessen Sie beim Gehen ja auch einfach einen Zettel mit einem Namen darauf?«

Jonathan griff erneut in seine Innentasche und zog ein sorgfältig gefaltetes Blatt hervor. Er hatte noch bei Friedmann einen Screenshot des Überwachungsvideos angefertigt und danach die Aufnahmen gelöscht und vollständig von Friedmanns Festplatte entfernt. Das Bild war so beschnitten, dass nur das Gesicht der Person zu sehen war.

»Nein, wirklich. Das geht nicht.« Blume sah sich erneut um, obwohl sie nach wie vor die einzigen Gäste waren.

Okay, Empathie für das Opfer funktioniert nicht. Emotionen gegen den Täter auch nicht. Dann eben Stufe drei: Ich ziehe jetzt eine Schlinge um deinen Hals, du dämliche Kuh!

»Stellen Sie sich doch mal vor, was es für Sie bedeuten würde, wenn Cecile oder mir etwas zustößt, weil Sie uns nicht helfen wollten.«

Er entfaltete den Ausdruck und streckte ihn Astrid Blume entgegen. Nach kurzem Zögern betrachtete sie das Foto schließlich einige Sekunden lang ohne eine sichtbare Regung.

»Es tut mir leid.« Sie zog hastig ihr Portemonnaie aus der Tasche und legte einen Zehneuroschein auf den Tisch. »Ich muss jetzt los, ein Hausbesuch.«

»Es wäre doch wirklich schlimm, wenn Sie sich vor Gericht verantworten müssten, weil Sie sich hinter einer Schweigepflicht versteckt haben, die in diesem Fall gar nicht gegolten hat. Das könnte Sie Ihren Hals kosten, abgesehen davon, dass Sie dann damit leben müssten, dass uns etwas zugestoßen ist.« Jedes seiner Worte stand wie eine Säule im Raum.

»Ich … ich muss darüber nachdenken.« Blume erhob sich hastig.

Jonathan sah dieser dämlichen, fetten Kuh regungslos dabei zu, wie sie nach ihrer spießigen Winterjacke griff, dem Wirt so etwas wie eine Verabschiedung zurief und sich erhob, um ihn wie einen Idioten vor seinem Espresso sitzen zu lassen. *Ich habe es in deinen Augen gesehen. Du weißt, wer das auf dem Bild ist!* Die Psychopharmaka, die Jonathan seit Tagen in sich hineinwarf, als wären sie Halsbonbons, betäubten zwar seine Ängste ein wenig, doch sie beeinträchtigen auch die Höhe seiner Hemmschwelle. Und das Maß seiner Geduld.

»Moment noch! Die Angst vor Ihrem Chef kann doch wohl nicht wichtiger sein als das Leben von Cecile! Also, bitte: Wer ist das auf diesem Foto? Wer bedroht meine Frau?«

»Gehen Sie zur Polizei! Mehr kann ich nicht sagen.«

Dorm sah Astrid Blume eindringlich an, atmete tief durch, löste seine Körperspannung und verdrückte eine Träne.

»Das interessiert Sie jetzt wahrscheinlich nicht, aber Cecile hat mir an meinem ersten Geburtstag, den wir zusammen gefeiert haben, etwas geschenkt. Einen Super-8-Projektor. Voll funktionsfähig.«

»Ich verstehe nicht …« Blume wandte sich Jonathan wieder zu.

»Ich hatte ihr mal erzählt, dass in meinem Keller noch viele alte Filme aus meiner Kindheit liegen. Alle noch auf Super-8. Aber dass ich die nicht sehen kann, weil der Projektor kaputt ist. Das war damals nicht mehr als eine kleine Bemerkung. Und dann kam sie Monate später mit diesem Projektor an und bat mich, ihr die Filme von damals zu zeigen. Wir haben die halbe Nacht damit zugebracht, meine Kindheit zurückzuholen. Cecile wollte das alles sehen, mich, meine Eltern, meine Großeltern. Sie hat die ganze Zeit meine Hand gehalten und gelächelt. Ich habe sie gefragt, wie sie auf diese wunderbare Idee gekommen ist, mir den Projektor zu schenken. Sie hat geantwortet: *Außer dir hat mir niemals jemand gezeigt, dass ich lie-*

benswert bin. Und vermutlich bin ich das auch nur, weil du mich dazu machst. Weil ich in deiner Nähe sein kann, wie ich immer sein wollte. Weil du mich zu einem liebenswerten Menschen machst. Mit meinem Geschenk wollte ich dir etwas zurückgeben, das du niemals verlieren darfst. Die Erinnerung an das, was du warst, und an die, von denen du stammst.« Jonathan machte eine kurze Pause, bevor er Blume in die Augen sah und hinzufügte: »Ich werde Cecile nicht damit verstören, dass einer ihrer Schützlinge sie bedroht. Ich werde nicht zur Polizei gehen und damit die Rache dieser Menschen auf uns ziehen. Ich werde meine Frau nicht diesen Ängsten aussetzen, nur weil Sie ein bisschen Angst vor ein bisschen Ärger haben. Also bitte, wer ist die Frau auf diesem Foto? Und wo kann ich sie finden?«

KAPITEL 26

PEGGY

Vom *Qualitätseck* an der Markthalle Moabit waren es nur wenige Hundert Meter bis zur Wilhelmshavener Straße. Peggy benötigte trotzdem fast eine Viertelstunde für den Fußmarsch. Nicht nur, dass die vier Biere und zwei Schnäpse ihren Gang nicht eben beschleunigten. Zudem schleppte sie mühsam eine schwere Sporttasche mit sich herum und traf an fast jeder Ecke auf Menschen, die sie entweder kannte, zu kennen glaubte oder die sie aus welchen Gründen auch immer zu maßregeln oder zu beschimpfen für angebracht hielt: Radfahrer, die den Bürgersteig nutzten, Hundehalter, die ihre Tiere nicht an der Leine führten, oder Kinder, die zu laut waren.

Nachdem sie die Kreuzung zur Birkenstraße erreicht hatte, blieb Peggy stehen und sah sich um. Als sie sicher war, dass niemand ihr Aufmerksamkeit schenkte, stellte sie die Sporttasche auf dem kalten Bordstein ab, zog den Reißverschluss auf und sah hinein. *Wenigstens pennt die Kleine noch. Verdammt, ich brauche neuen Stoff. Alter, ich bin komplett pleite, so eine bekackte Scheiße! Schon wieder die ganze Kohle weg, und die Kleine flennt den ganzen Tag.*

Peggy trat an einen Münzfernsprecher heran. Der blau lackierte Apparat war verkratzt und mit Graffiti beschmiert. Sie nahm den Hörer ab und hielt ihn sich ans Ohr. Gerade als ein Freizeichen erklang, gab das Baby leise Laute von sich. Peggy trat gegen die Tasche, wenn auch nur leicht.

»Du musst jetzt ruhig sein! Ich muss Geschäfte machen!«

Peggy sah sich noch einmal um, zog eine kleine Kapsel mit weißem Pulver darin hervor, öffnete sie, schüttete sich eine gute Prise auf den Rücken ihrer bandagierten Hand und saugte das Pulver durch die Nase ein. Sie schüttelte heftig den Kopf, atmete dreimal stoßartig durch und griff schließlich energisch nach dem Hörer. Sie warf Geld ein und wählte eine Nummer, doch es dauerte eine Weile, bis sich jemand meldete.

»Ja, hallo?« Der Teilnehmer klang freundlich und hatte einen südländischen Akzent.

»Ja, Peggy hier, ich brauche was.«

»Ich hab nichts für dich, weißt du doch.« Er klang genervt.

»Komm schon, ich hab bald nichts mehr! Du bekommst dein Geld garantiert!«

Peggy drehte sich um und lehnte sich mit dem Rücken gegen den Telefonautomaten. Das Kokain legte sich mit seiner Wirkung über die des Alkohols und ließ in ihrem Körper allmählich ein Gefühl von Wärme und Glück aufsteigen.

»Hä? Ich kriege noch vierhundert, willst du mich verarschen, oder was?«

Peggy zog noch einmal die Kapsel hervor. Sie war fast leer, es würde höchstens noch bis zum Abend reichen. In ihrem Versteck hatte sie noch eine halb volle und ein paar andere Drogen, aber auch diese würden höchstens noch für zwei oder drei Tage ausreichen.

»Ich mach heute wieder was, dann kriegst du Kohle.«

Der Mann lachte auf. »Was machst du denn? Klonutte? Alter, guck dich mal an, damit verdienst du nichts, Mann. Schieb Kohle rüber oder verpiss dich!«

Wieder fiel Peggys Blick auf das Baby. *Es geht nicht anders. Also gut, dann mache ich es halt. Warum auch nicht? Mir hat auch keiner was geschenkt.*

»Okay, pass auf. Ich habe zehntausend. Heute Abend.«

Peggy konnte hören, wie sich der Teilnehmer am anderen Ende der Leitung ein Lachen verkniff.

»Ja, Mann, auf jeden! Peggy Sobotta treibt mit ihrem schlaffen Arsch zehntausend auf. Soll das witzig sein?«

»Im Ernst, ich hab da was laufen. Ich muss nur noch eine Sache klarmachen, dann melde ich mich wieder!«

»Safe, Alter! Ja, mach mal was klar, und wenn du die Kohle hast, kannst du dich melden!«

Peggy hörte noch ein Lachen, dann endete das Telefonat. Sie hängte den Hörer ein, trat einen Schritt vom Telefon weg und sah noch einmal in die Weite der Birkenstraße. Die Drogen und die Vorstellung, dass ihr Plan ihr eine Menge Geld bescheren würde, ließen sie ihre Umgebung ganz anders wahrnehmen. Sie fühlte sich mit einem Mal geradezu mächtig. Wie jemand, der sich um Gesetze nicht zu scheren brauchte, der Macht und Geld hatte und der jeden, dem er begegnete, allein durch seine Erscheinung in Ehrfurcht versetzte. Noch einmal bediente sie sich am Kokain, bevor sie zu dem Kind sah, das sich in der engen Tragetasche zu winden versuchte.

»Pass auf, Kleine. Du wirst mich heute sehr glücklich machen, und das willst du doch, oder? Niemand braucht Kinder, die nichts zum Lebensunterhalt beitragen, das kannst du gleich mal lernen. Deswegen finde ich jetzt ein paar Sachen raus – und dann mache ich dich zu Geld!«

KAPITEL 27

JULA

Operation Notruf, 10-9-47: Was für eine Ironie! Ich mache genau dasselbe wie dieser Kommissar Holder. Weil ich spüre, dass ich in dieser Sache niemandem trauen kann, bin ich allen Ernstes wieder zu Matthias Hegel gefahren. Und warum? Weil ich bei ihm wenigstens weiß, woran ich bin. Wenn man nur zwischen zwei Übeln wählen kann, sollte man sich für das Übel entscheiden, das man am besten kennt. Na ja, und dann ist da natürlich noch eine andere Sache, die mich zu Hegel zurückführt: Moritz … Leute, diese Straße mit ihren Megavillen ist so was von einschüchternd, ich habe echt das Gefühl, dass mich gleich jemand anhält und mich zurück in den Wedding schickt, weil ich für die Winkler Straße falsch angezogen bin. Hegels Pinguin-Butler Marian hat mich reingebeten, als wäre ich ein Staatsgast, aber der Herr hat offenbar noch Besuch. Ich warte gerade in seinem Kaminzimmer und fühle mich wie in einem alten Gruselschinken mit Vincent Price.«

Jula steckte das Handy zurück in die Tasche und sah an den Wänden hoch. *Wie muss man drauf sein, um in so einem Schuppen freiwillig zu leben? Und wie hat er das überhaupt unbemerkt hinbekommen?* Allein der Innenausbau der Villa Noelle musste doch von den Anwohnern bemerkt worden sein. *Andererseits reden wir hier von ei-*

ner Stadt, die nicht mal in der Lage ist, mit Milliardenbudget einen Flughafen rechtzeitig fertigzustellen. Da sind Bauarbeiten, die Geld verbrennen und außer Lärm keine Ergebnisse hervorbringen, nichts Ungewöhnliches. Vermutlich hatte Hegel zunächst unter den Anwohnern verbreiten lassen, die Villa Noelle solle saniert werden, und später dann in Umlauf gebracht, dem ominösen Bauherrn sei das Geld ausgegangen und er lasse die Ruine nun doch weiter verfallen. *So hätte ich das jedenfalls gemacht. Glaubt in Berlin jeder.*

»Darf ich Ihnen noch etwas bringen?«

Jula schrak aus ihren Gedanken auf. Marian war praktisch geräuschlos in den Raum getreten.

»Ich habe ehrlich gesagt nicht viel Zeit. Wie lange dauert denn Herrn Hegels Besprechung noch?«

Der Butler setzte einen distinguierten Blick auf. »Ich werde mich erkundigen.« Er verließ den Raum so leise, wie er ihn betreten hatte.

Jula wartete einen Augenblick ab, bevor sie wieder ihr Handy hervorzog und eine weitere Notiz aufsprach:

»Nachtrag: Ich spüre, dass Hegel mir nicht alle Informationen gibt, die er hat. In der Notrufleitstelle der Feuerwehr konnte ich sehen, dass die Telefonnummer angezeigt wird, von der ein Notruf kommt. Und bei Notrufen kann man seine Rufnummer nicht unterdrücken. Wenn das LKA also die Handynummer hat, dann brauchen sie doch Hegel nicht. Ich weiß noch nicht genau, was das zu bedeuten hat, aber ich sage euch so viel: Ich finde es raus! Dieses Mal laufe ich dem Dreckskerl nicht in die Falle …«

KAPITEL 28

HEGEL

Wir sind dabei, den gesamten infrage kommenden Umkreis danach zu filtern, welche Bewohnerinnen in den letzten zwölf Monaten Mutter geworden sind. Das hat aber bisher leider noch nichts gebracht.«

Oswald Holder stand mit hinter dem Rücken verschränkten Armen an einem der Turmfenster und sah auf die Dächer der gegenüberliegenden Villen. Hegel erinnerte er an einen Feldherrn, der hoch auf einem Hügel stehend auf das Schlachtfeld hinausblickte – in dem Wissen, dass er diesen Kampf bereits vor Jahren verloren hatte, doch noch immer in der verzweifelten Hoffnung, dass er endlich Gelegenheit zur lang ersehnten Revanche bekommen würde.

»Also, wie sieht es aus, Hegel? Haben Sie den Anruf analysiert? Können Sie mir sagen, aus welchem Haus dieser Notruf kam?« Holder verschränkte die Arme vor der Brust.

Hegel legte den Kopf leicht schräg. »Ob ich auf der Grundlage dieses lausigen Mitschnitts das Haus finden konnte? Nun ja, sagen wir mal so: Ich kann zumindest schon mal etwas ausschließen!«

»Und das wäre?«

Hegel ging mit bedächtigen Schritten auf den Kommissar zu und blieb kurz vor ihm stehen. Er sah seinem Gast in die Augen und rief: »Haaallllooo!«

Das Echo des Rufes breitete sich im Turm aus, um bald darauf wieder zu verstummen. Holder sah Hegel an wie ein Schüler, dem man eine unerwartete Frage gestellt hatte. »Was soll das?«

Hegel streckte die Arme aus und drehte sich einmal in dem Aussichtsturm im Kreis. Die kalten Steine waren gereinigt und die Risse im Mauerwerk fachmännisch verputzt worden. Doch anders als in den unteren Räumen der Villa gab es hier weder Bilder an den Wänden noch irgendwelche Einrichtungsgegenstände.

»Die Schallwellen meines Rufes können sich in diesem großen, leeren Turm zunächst ungehindert ausbreiten, bevor sie schließlich als Reflexionen von den Wänden zurückgeworfen werden. Man kann anhand der Ausbreitung eines Echos berechnen, wie groß der Raum sein muss. Das Echo in einem unmöblierten Turm mit nackten Wänden dehnt sich ungehindert aus, weil der Schall nicht von vielen unterschiedlichen Oberflächen in Frequenz und Zeitpunkt uneinheitlich reflektiert wird, wie das in einem Lagerhaus oder in einer verwinkelten Kirche der Fall wäre.«

»Was wollen Sie mir damit sagen?«

»Dass ich anhand der mir vorliegenden Tonaufzeichnung verbindlich aussagen kann, dass sich die Frau nicht in einem unmöblierten Turm befunden hat! Eher in einem Reihenhaus mit Möbeln.«

Hegel genoss es, die Fragezeichen im Gesicht seines Besuchers zu sehen.

»Soll das jetzt irgendein bescheuerter Witz sein?«, fragte Holder. »Ich habe mir vor dem Richter und dem Staatsanwalt den Mund fusselig geredet, um Sie in diesen Hausarrest zu bekommen. Wir hatten eine klare Absprache, und ich habe meinen Teil erfüllt! Aber wenn Sie mir so kommen, dann kann ich Sie auch ganz schnell wieder nach Moabit bringen! Also los jetzt, was hören Sie aus diesem verdammten Notruf heraus?«

Hegel blieb ganz ruhig: »Ich habe das Gefühl, dass Sie mich für eine Art Zauberkünstler halten. Für jemanden, der *Hokuspokus Fidibus* sagt, dreimal auf seinen Zylinder tippt und Ihnen dann ein Kaninchen aus dem Hut zieht. Aber die Phonetik ist eine ernsthafte Wissenschaft. Man muss sich nicht nur mit Sprache auskennen, sondern auch mit Physiologie, Physik, Elektronik und Statistik. Und vor allem befasst sich die Phonetik in der Kriminalistik vorrangig mit dem Vergleichen – um beispielsweise zu beweisen, dass ein Tatverdächtiger mit Sicherheit derjenige ist, der einen Erpresseranruf getätigt hat. Wir forensischen Phonetiker analysieren mit hohem technischem Aufwand und großer Erfahrung vorliegende Vergleichsproben. Das Kaffeesatzlesen gehört nicht zu unseren Aufgaben.«

Holder wirkte auf Hegel, als habe der Türsteher vor seinem Lieblingsklub ihm mitgeteilt, dass sein Outfit für die angesagte Party nicht passe und er wieder nach Hause gehen solle. Holders Atmung beschleunigte sich, und seine Muskeln spannten sich an. »Wollen Sie etwa sagen, dass Sie nichts Brauchbares für mich haben?«

»Was haben Sie denn erwartet, was ich mit den paar Tonschnipseln anstellen würde? Ich habe die letzten Tage damit zugebracht, diesen Anruf durch alle Filter zu ziehen, die es gibt. Diese Aufnahme ist total übersteuert, die Frau schreit viel zu laut, und der Abstand von Mund zu Mikro ist gering. Das erschwert die Analyse der Hintergrundgeräusche. Abgesehen davon, dass die aktive Rauschunterdrückung dieses Handys sowieso nur wenig von den Geräuschen aus der Umgebung durchlässt. Und wer um alles in der Welt hat diese Audiodatei bitte im Format *WAF* gespeichert? Das nimmt dem Signal viele seiner Frequenzen, und das, was wir haben, wird auf der Zeitachse von MP3 verschmiert.«

Holder sah Hegel einige Sekunden lang reglos an, bevor er sagte: »Jetzt mal Klartext: Werden Sie mir noch irgendwas Brauchbares liefern können oder nicht?«

»Ich kann Ihnen sagen, dass diese Frau in einem Haus mit großem Garten wohnt. Sie läuft kurz vor dem Ende des Mitschnitts aus dem Haus, aber unter den Füßen sind keine Pflastersteine zu hören, sondern das Rascheln von Gras. Außerdem verlässt sie das Gebäude nicht durch eine Haustür, sondern durch eine Schiebetür, und die führt in der Regel nach hinten aus einem Haus hinaus. Bei der Schiebetür handelt es sich um ein Doppeltürelement, das spricht für ein hochwertiges Haus. Ich erkenne das aus der Frequenz des Rauschens der Türrollen und derer ungefähren Beschleunigung. Außerdem, so laut, wie die Frau dann im Garten noch ins Telefon ruft, hätten etwaige Nachbarn es hören müssen. Auch den Kampf mit dem Verfolger hätten sie bemerken müssen. Dieses Haus muss also in einer abgeschiedenen Gegend stehen. Und das führt zu meiner nächsten schlechten Nachricht: Es tut mir leid, Oswald, aber Sie werden sich wohl mit den Kollegen aus Brandenburg zusammentun müssen!«

Holders Gesichtszüge entglitten ihm endgültig. Sicher, der mögliche Radius des Anrufs erstreckte sich bis ins benachbarte Bundesland hinein, und es wäre auch nicht ungewöhnlich, wenn ein Notruf aus Brandenburg bei den Kollegen in Berlin eingegangen wäre. Trotzdem hätte Hegel seinem Gast keine schlechtere Nachricht überbringen können. Dem Mann, der seit über einem Jahrzehnt mit der Schmach zu leben hatte, einen seiner wichtigsten Fälle in den Sand gesetzt zu haben. Und der jetzt, nachdem das Schicksal ihm eine Chance auf Wiedergutmachung zugespielt hatte, die Leitung der Ermittlungen möglicherweise an einen Kollegen aus Brandenburg abzugeben hatte. *Oh, das würde dir gefallen, wenn jetzt irgendein anderer diesen Fall abstauben würde. Nicht wahr, Oswald?*

»Sind Sie da wirklich sicher?« Holders Gesicht war blass geworden.

»Natürlich nicht. Wie gesagt, ich lese nicht im Kaffeesatz, sondern erstelle faktische Analysen aufgrund empirischer Erkenntnisse. In Fällen mit so geringer Informationslage gehe ich bei meinen Einschätzungen nach Wahrscheinlichkeiten vor, und demnach wohnt diese Frau vermutlich irgendwo in der Nähe von Dallgow-Döberitz.«

Ohne etwas darauf zu erwidern, zog Holder sein Handy aus der Tasche, wählte eine Nummer und wies einen Mitarbeiter in knappen Worten an, die brandenburgischen Kollegen dazu aufzufordern, in der entsprechenden Region die jüngsten Geburten zu recherchieren.

Er wandte sich wieder seinem Gastgeber zu. »War das alles, was Sie mir zu sagen haben?« Der Kommissar sprach fahrig, so, als seien seine Gedanken mit etwas anderem beschäftigt.

»Ich werde sehen, was ich noch herausfinden kann. Einige Filter und Analyseprogramme werde ich noch anwenden, aber das dauert seine Zeit.«

Holder nickte und schloss seine Jacke. »Melden Sie sich. Und lassen Sie mich nicht zu lange warten. Wenn Sie mich hier veralbern, sitzen Sie schneller wieder in Moabit, als Sie denken!«

Und noch ehe Hegel etwas darauf erwidern konnte, war der Kommissar auch schon die Treppe nach unten gegangen, um die Villa zu verlassen.

KAPITEL 29

JULA

AUDIOPROTOKOLL DER KRIMINALPOLIZEILICHEN VERNEHMUNG VON MORITZ ANSORGE. HERR ANSORGE, SIE SIND ZU UNS GEKOMMEN, WEIL SIE EINE AUSSAGE MACHEN MÖCHTEN.

JA. ABER WENN ICH DAS TUE, WERDE ICH HILFE BRAUCHEN. DENN DIEJENIGEN, GEGEN DIE ICH AUSSAGE, WERDEN MICH DANACH JAGEN. UND SIE WERDEN MICH FINDEN, ÜBERALL AUF DER WELT. KÖNNEN SIE MIR EINE NEUE IDENTITÄT VERSCHAFFEN UND MEINER FAMILIE SCHUTZ ZUSICHERN?

Genau hier neben diesem wuchtigen Kolonialherrensessel in Hegels Bibliothek hatte Jula gestanden, als die Worte ihres Bruders aus den Boxen erklungen waren. Eine ganze Welt voller Fragen hatten sie aufgeworfen, hatten Jula das Beste hoffen und das Schlimmste befürchten lassen. *Gegen wen um alles in der Welt wollte Moritz aussagen?*

»Herr Hegel wird in wenigen Minuten für Sie da sein.« Marian war schon wieder so leise in den Raum getreten, dass Jula ihn nicht bemerkt hatte.

»Was?« Sie drehte sich ruckartig in seine Richtung um. »Ach so, ja, danke.«

»Bitte, setzen Sie sich doch, Frau Ansorge.« Er deutete auf den Sessel.

»Ich stehe lieber!«

Der Butler verneigte sich und verließ das Kaminzimmer wieder. Julas Blick glitt über die pompöse Architektur aus einer Zeit, in der sich niemand Gedanken über Wirtschaftlichkeit, Nutzen oder gar Nachhaltigkeit gemacht hatte. Schon gar nicht der Stahlmilliardär, der die Villa zu Beginn des zwanzigsten Jahrhunderts hatte erbauen lassen. *In der Zeit, als Unternehmer die neuen Könige geworden sind.* Es gab eine Aufhängung für einen Kronleuchter, die aber ungenutzt war. Stattdessen war der Raum durch indirektes Licht aus verschiedenen Stehlampen beleuchtet. Diese spendeten einen sanften Schein, der sich seinen Weg nicht durch die Fensterabdeckungen nach draußen bahnen würde.

Jula betrachtete das Bücherregal, das eine Erinnerung in ihr wachrief. Vor vielen Jahren war sie mit Moritz im Disneyland Paris gewesen. Dort hatte es ein *Horrorhotel* gegeben, das Hegels Villa nicht ganz unähnlich gewesen war. Nur dass es nicht die Behausung eines echten Menschen, sondern eine von professionellen Bühnenbildnern liebevoll ausgestattete Freizeitparkattraktion gewesen war. *Das Bücherregal in Disneyland sah fast so aus wie das hier.* Jula musste schmunzeln bei der Erinnerung, wie Moritz geschrien hatte, als sich der Fahrstuhl des Disney-Hotels als Freefalltower entpuppt und sie in rasender Geschwindigkeit hoch und runter hatte sausen lassen. Jula trat näher zum Regal. Im Gegensatz zu der Kulisse in Paris war es sauber und staubfrei. Auf einem Buchrücken war *»Professor Udolphs Buch der Namen«* zu lesen. *Das ist doch nie im Leben ein echtes Buch, wer würde sich so was ins Regal stellen?* Sie vergewisserte sich, dass sie allein im Raum war, und griff vorsichtig nach dem Buch. Es ließ sich problemlos hervorziehen und stellte sich als echt heraus. Jula lächelte, wenn auch nur für einen Augenblick. *Dachtest du echt, der hat hier ein Fake-Buchregal aufgebaut?* Gerade als Jula sich abwandte, um sich den antiken Globus näher anzusehen, riss das ferne Hallen eines Rufes sie aus ihren Überlegungen.

»Haaallooo!«

Jula wandte sich in die Richtung um, aus welcher der Ruf gekommen war. *Das war Hegel! Er scheint im Turm zu sein.* Wer war wohl gerade bei ihm? Seine Tochter Mathilda? Die Gegenwart der Zehnjährigen war vermutlich das Einzige, was diesen Mann glücklich machen konnte. Dieses Genie, das niemals in der Lage war, seinen Verstand abzuschalten. Und dessen Alltag genau aus diesem Grund aus nichts anderem als Verbrechen, Leid und Tod bestand. Jula ging zur Tür und spähte in die Eingangshalle. Marian war nicht in Sichtweite. Sie trat über den rissigen Marmorboden und versuchte auszumachen, von wo der Ruf gekommen war. Als sie für einen Moment stehen blieb, meinte sie, eine Männerstimme zu hören.

»Soll das jetzt irgendein bescheuerter Witz sein, oder was? Verarschen kann ich mich auch allein!«

Das kommt aus dem Turm! Jula schlich die Treppe zur Galerie hinauf und fand dort eine Tür, die ihrer Einschätzung nach zum Turm führte. Sie legte das Ohr an das kalte Holz.

»In Fällen mit so geringer Informationslage gehe ich bei meinen Einschätzungen nach Wahrscheinlichkeiten vor, und demnach wohnt diese Frau vermutlich irgendwo in der Nähe von Dallgow-Döberitz«, verstand Jula.

Er spricht mit der Polizei! Und vermutlich führt er sie gerade in die Irre. Jetzt vernahm Jula wieder die Stimme eines ihr unbekannten Mannes, der offenbar telefonisch

Anweisungen erteilte. *Das muss dieser Holder sein!* Jula drehte sich um. Jeden Augenblick konnten Hegel und Holder ihre Unterredung beenden und zu ihr auf den Flur hinaustreten. *Besser, wenn Holder mich nicht hier sieht.* Als Jula die Treppe wieder nach unten schleichen wollte, sah sie, dass sie von unten in der Eingangshalle beobachtet wurde.

»Suchen Sie den Waschraum, Frau Ansorge?«

Dieser verdammte Marian! Ein Pinguin, der offenbar Spezialsohlen trägt, die Schrittgeräusche schlucken können. Kein Wunder, bei dem Arbeitgeber …

»Ich habe da oben einen Ruf gehört und wollte nachsehen, ob alles in Ordnung ist.«

Marian verneigte sich dezent. Doch bevor er noch etwas entgegnen konnte, vernahm Jula auch schon das Geräusch einer Tür, die ruckartig geöffnet wurde. Aus einem Reflex heraus drehte sie sich um, und schon traf sich ihr Blick mit dem des Mannes, der soeben festen Schrittes in den Flur hinausgetreten war. Verdammt!

»Sie kommen mir bekannt vor.« Die Stimme war tief und klang ebenso verwundert wie selbstsicher. »Sind Sie nicht Jula Ansorge? Ihr Bild ging ja durch die Medien.«

»Und wer sind Sie, wenn ich fragen darf?«

Der Mann trat auf die Treppe, griff in seine Tasche und zog einen Polizeiausweis hervor. »Ich bin Oswald Holder, LKA Berlin. Wie schön, Sie persönlich kennenzulernen. Die Frau, die Matthias Hegel rehabilitiert hat. Was führt Sie denn hierher?«

»Oh, Frau Ansorge. Was verschafft mir denn die Ehre Ihres Besuches?« Die andere Stimme war Jula vertraut, und schon eine Sekunde später erschien auch Matthias Hegel oben auf der Galerie.

Jula atmete durch.

»Ich würde gern ein Interview mit Ihnen führen. Jetzt, wo die Neuaufnahme Ihres Mordprozesses bevorsteht.«

Holder drehte sich kurz zu Hegel um, bevor er wieder Jula ansah. »Aber Sie sind doch Zeugin in dem Verfahren, Frau Ansorge. Ich rate Ihnen, solche Besprechungen lieber nach dem Prozess abzuhalten.«

Jula sah zwischen den Männern hin und her. Sollte sie ihre Informationen vielleicht doch dem LKA übergeben? Holder, der augenscheinlich nicht viel weniger von der Selbstsicherheit und Arroganz Hegels an sich hatte, ließ ihre Gedanken jedoch wieder zu den Bullen in Buenos Aires abdriften. *Sind Sie sicher, dass Sie sich diese Vergewaltigung nicht nur ausgedacht haben?* Jula streckte das Kreuz durch, holte noch einmal tief Luft und erwiderte schließlich: »Ja, da haben Sie vermutlich recht.«

Bevor Holder nachsetzen konnte, ergriff Hegel das Wort: »Wollten Sie nicht gehen, Oswald?«

Holder trat an Jula heran, griff in seine Innentasche und reichte ihr eine Visitenkarte. »Warum auch immer Sie wirklich hier sind, Frau Ansorge, ich rate Ihnen, die richtigen Entscheidungen zu treffen. Ich behalte Sie im Auge!«

KAPITEL 30

Eine gerichtsverwertbare audioforensische Sprachanalyse nimmt sehr viel mehr Zeit in Anspruch, als wir hier zur Verfügung haben, das ist Ihnen doch hoffentlich bewusst?«

Jula verzog keine Miene. »Sparen Sie sich die Vorträge für Ihre Studenten! Obwohl, Sie haben ja gar keine mehr, seit Sie Mathildas Mutter ermordet haben.«

Der modrige Keller erschien Jula sehr viel weniger unheimlich als noch am Tag zuvor.

»Diese Aufnahme ist Gold wert, das war ganz hervorragende Arbeit von Ihnen! Das ist ein Trumpf, den wir unter keinen Umständen aus der Hand geben dürfen. Wenn Sie ihn Holder gegeben hätten, wäre das Baby vielleicht nicht mehr zu retten gewesen. Sie haben die richtige Entscheidung getroffen!«

»Welche Entscheidung die richtige ist, bestimmen nicht Sie!« Jula spürte einen stechenden Schmerz im Rücken, den die Enge und Stille dieser Hightech-Kammer noch zu verstärken schienen. »Ich habe mir nur etwas Zeit verschafft. Mir ist vor dem LKA bewusst geworden, dass irgendjemand diese Aufnahme verkürzt haben muss, bevor er sie Holder gegeben hat. Es schien mir klüger, denjenigen, der das getan hat, in dem Glauben zu lassen, dass er damit durchkommt. Also bilden Sie sich nichts ein, Sie sind einfach nur das kleinere Übel!«

»Bitte denken Sie bei künftigen Aktionen daran, dass

dieser Maulwurf im LKA Sie möglicherweise loswerden muss, wenn Sie ihm und seinen Zielen gefährlich werden.«

»Holder ist ja auch kein Idiot! Er zieht Sie unter vier Augen in diesen Fall, kurz darauf tauche ich bei Ihnen in der Villa auf und stottere blöd rum, was ich hier will. Er wird sich seinen Teil denken und weiß nun, dass wir irgendetwas hinter seinem Rücken machen!«

»Dann sollten wir keine Zeit mehr verlieren!« Hegel wandte sich dem Monitor zu, auf dem der Notruf als Spektrogramm dargestellt war. »Diese letzte Passage der Aufnahme ist ein Paradebeispiel dafür, was einem Phonetiker bei der Analyse so alles das Leben schwer machen kann. Das Handy, von dem der Notruf kommt, scheint etwas älter zu sein. Es verursacht Frequenzverzerrungen und hat eine starke Automatikkomprimierung. Durch den Kampf kommt es immer wieder zu Mikrofonüberdeckungen, die Sprachverständlichkeit geht am Ende gegen null, und dazu kommen die zahlreichen Hintergrundgeräusche, vor allem das Hupen. Als der Frau dann das Handy weggerissen wird, entsteht zudem eine große Entfernung zwischen Mikrofon und Sprachquelle. Das alles macht es schwer, sie zu verstehen.«

Jula beugte sich vor. »Ich vermute, da kommt jetzt ein *Aber?*«

Hegel lächelte. »Man nennt mich nicht ohne Grund *Auris!* Hier, sehen Sie mal.« Er deutete auf seinen Monitor, auf dem der tonale Verlauf des Notrufs grafisch angezeigt wurde. »Ich habe alles an Audiotechnik angewandt, was möglich ist: adaptive Filter, Analyzer, Debuzzer, Noise Reduction und so weiter. Mit mehr Zeit könnte ich den letzten Satz der Frau bis hin zu einzelnen Buchstaben von den Umgebungsgeräuschen isolieren und analysieren, aber das ist sehr aufwendig.«

Jula begann mit den Füßen zu wippen. »Sparen Sie sich den dramaturgischen Aufbau! Wissen Sie jetzt, was die Frau am Ende sagen will, oder nicht?«

»Ich habe den letzten Satz, so gut es in der Kürze der Zeit möglich war, von den Hintergrundgeräuschen isoliert, hören Sie mal.«

Hegel betätigte eine Taste an seinem Rechner, woraufhin die fragliche Tonspur über die High-End-Anlage abgespielt wurde, deren Lautsprecher so aufgestellt waren, dass der Ton nun in Dolby-Surround wiedergegeben wurde. Die Hintergrundgeräusche waren nicht vollkommen ausgeblendet, doch dank Hegels Analysesoftware deutlich verringert.

»Shhhhhh wuhhhe imp a tamba.......halle«, klang es durch den Raum.

Hegel spielte die Tonspur noch weitere drei Male ab, doch wie sehr Jula sich auch fokussierte, wie fantasievoll sie die Laute interpretierte, es war schlicht nicht zu verstehen, was die Frau zu sagen versuchte. Sie sah Hegel an, als sei er eine Zirkusattraktion.

»Können Sie das etwa verstehen?«

Er schüttelte den Kopf. »Nicht nach dieser oberflächlichen Bearbeitung. Das tosende Autogehupe im Hintergrund stört die Sprachverständlichkeit sehr.«

»Na, super! Heißt das, wir sind jetzt so schlau wie vorher?«

Hegel zwinkerte Jula zu. »Ganz und gar nicht! Zumindest, wenn man das Hupen der Autos im Hintergrund nicht als störend ansieht.«

»Wie sollte man den Scheißlärm denn sonst sehen?«

Hegel rief eine zweite isolierte Audiospur auf. Die Autohupen klangen plötzlich so laut durch den Raum, dass Jula zusammenfuhr und sich die Ohren zuhielt. Hegel schaltete die Aufnahme wieder ab und sagte mit einem Leuchten in den Augen: »Das Hupen schafft keine Fragen – es gibt Antworten!«

Jula sah auf das Spektrogramm der Hupen, als könne ihr dies irgendeinen Informationswert verschaffen. »Jetzt sagen Sie nicht, dass Sie da ein bestimmtes Auto erkennen können.«

»Und ob ich das kann! Bei einem der hupenden Wagen handelt es sich um den Opel Senator eines gewissen Sigismund von Premnitz. An der Kraft und Länge, mit der die Hupe gedrückt wird, kann ich hören, dass nicht er, sondern seine Tochter Walburga am Steuer sitzt. Und sie hat das verschwundene Baby auf der Rückbank!«

Julas Gesichtszüge verfinsterten sich. »Verarschen kann ich mich auch allein!«

Hegel lachte auf. »Entschuldigen Sie bitte, das konnte ich mir nicht verkneifen. Natürlich kann ich *nicht* hören, wessen Auto da hupt! Es geht aber auch gar nicht um die Hupen selbst, sondern um den Lärm in Verbindung mit der Gegend und der Uhrzeit.« Er aktivierte den Bildschirm eines anderen Rechners und rief eine Kartenansicht von Berlin auf. »Kommen Sie mal her!«

Jula beugte sich über Hegels Schulter. »Das ist der Radius von Berlin, in dem wir suchen, oder?«

»Ganz genau! Der Notruf ging am frühen Samstagabend ein, kurz vor achtzehn Uhr. Warum sollte da mitten im ruhigen Westend so ein Gehupe auf den Straßen zu hören sein?«

Jula dachte nach. »Ein Hochzeitskorso?«

»Keine schlechte Idee, aber man merkt, dass Sie kein großer Fußballfan sind. Am Samstag hat Hertha gegen die Bayern gespielt und sie 4:0 abgeschossen. Da war nach dem Spiel im Olympiastadion die Hölle los!«

Jula zog sich einen Stuhl heran und setzte sich zu Hegel. Sie betrachtete eine Zeit lang nachdenklich den Plan. »Das Olympiastadion liegt in der Zone, aus der der Notruf kam.«

Hegel nickte und vergrößerte die Darstellung einiger Straßenzüge. »Dieser spezielle Bereich ist regelmäßig von Verkehrsstaus betroffen, wenn Hertha ein Heimspiel hat. Da fahren alle Fans gleichzeitig zum Stadion hin und nach dem Spiel auch alle wieder zurück. Nach einem Sieg wie am Samstag hupen die Fans dabei gern. Die Frequenz des Hupens verändert sich aber auf unserer Aufnahme nicht. Es gibt keinen Dopplereffekt.«

»Können Sie bitte Deutsch mit mir reden?« Julas Pulsfrequenz erhöhte sich.

»Wenn ein Krankenwagen mit eingeschalteter Sirene auf Sie zukommt, klingt der Ton hoch. Sobald er an Ihnen vorbeigefahren ist, klingt die Sirene plötzlich tiefer. Diesen Effekt hat Christian Doppler zuerst beschrieben, daher der Name. Wenn der Krankenwagen auf Sie zukommt, drückt er die Schallwellen in der Luft vor sich her, während er den Schallwellen hinter sich davonfährt. Durch das Zusammendrücken der Schallwellen vor sich klingen die Töne vor dem Krankenwagen höher, während sie durch die viel längeren Schallwellen hinter dem Wagen tiefer klingen.«

Jula nickte. »Ja, okay, das kenne ich. Was hat das mit uns zu tun?«

»Die Hupen im Hintergrund verändern die Frequenz

ihrer Schallwellen nicht. Die Fahrzeuge bewegen sich nicht. Sie stehen also vermutlich im Stau.«

Jula kniff leicht die Augen zusammen, während sie sich die Gegend rund um das Olympiastadion vorstellte.

»Auf der Heerstraße staut es sich doch nicht?«

»Aber hier! Sehen Sie sich das mal an.« Hegel deutete auf zwei Fahrwege, die südlich von der mehrspurigen Hauptverkehrsstraße lagen. »In diesen beiden Straßen ist immer viel los, wenn die Hertha spielt, da viele Fans dahin ausweichen. Das Problem ist, dass die zwar von beiden Seiten befahrbar, aber ziemlich schmal sind. Deswegen können die Fans da schon mal länger stehen und die Anwohner mit ihrem Gehupe nerven.«

Jula kam es vor, als ströme mit einem Mal pure Energie durch ihre Adern. Dieser Hegel hatte es tatsächlich geschafft, sie zu beeindrucken. Was zuvor noch ein Heuhaufen mit einer kaum zu findenden Stecknadel darin gewesen war, schien sich allmählich in ein konkretes Ziel zu verwandeln.

»Die Hupen verraten uns also, auf welche zwei Straßen wir unsere Suche fokussieren können?«

Hegel lächelte wohlwollend. »Nein, liebe Jula! Sie verraten uns *exakt,* welche der beiden Straßen es ist.« Er deutete auf die grafische Darstellung des Hupkonzerts. »Wenn auf einer Aufzeichnung ein stationäres Geräusch zu hören ist, dessen Frequenzspektrum bekannt ist, kann man aus der Veränderung dieses Spektrums die ungefähre Distanz zum Telefon bestimmen.«

Jula dachte nach. »Sie meinen, wenn jemand aus London anruft, und man hört im Hintergrund die Glocke *Big Ben* schlagen, kann man sagen, wie weit der Anrufer von *Big Ben* entfernt ist?«

»Genau. Weil wir wissen, mit welcher Frequenz *Big Ben* schlägt. Und weil wir ermitteln können, mit welcher Frequenz wir ihn auf unserer Aufnahme schlagen hören. Wenn wir jetzt noch wissen, dass der Anruf von einem Handy kam, das eine andere Schallübertragung als ein Festnetztelefon hat, sind wir dem Ziel schon ganz nah. Entfernung hat einen charakteristischen Effekt auf das Frequenzspektrum. Zum einen sinkt die Lautstärke um gute sechs Dezibel pro Meter, zum anderen nehmen in der Luft höhere Frequenzen schneller ab als tiefe.«

»Klänge werden also dumpfer, je weiter sie weg sind?«

»Exakt so ist es! Jetzt müssen wir nur noch wissen, wie dumpf *Big Ben* im Vergleich zum Original auf unserer Aufnahme schlägt. Das lässt sich mit der richtigen Signalverarbeitungssoftware innerhalb von zwei Minuten errechnen.«

»Aber wir hören nicht *Big Ben*, sondern Autohupen von Fahrzeugen, die wir nicht kennen.«

Hegel verzog keine Miene. »Das stimmt, doch wir müssen es ja auch nicht auf den Meter genau errechnen. Ich gehe von einem durchschnittlichen Hupsignal aus, dessen Frequenzspektrum ich als Grundlage unterstelle. Angesichts der Veränderung dieser Grundlage zu dem Hupen auf unserem Anruf stelle ich fest, dass unser Notruf nur aus einer der beiden Straßen gekommen sein kann. Und jetzt hören Sie noch mal genau hin!« Hegel lächelte und startete erneut die isolierte Audiospur der Frau.

»Shhhhhh wuhhhe imp a tamba.......halle.«

Jetzt lächelte auch Jula. »Sie sagt: *Ich wohne in der Tannenbergallee!*«

Hegel klatschte in die Hände. »Ohne Kontext ist das

nicht zu verstehen, aber dank der Hupen im Hintergrund können wir es uns denken.«

Jula erhob sich von ihrem Sitz, ohne es selbst zu bemerken.

»Okay, die Straße kennen wir. Ich werde Hilfe brauchen, das richtige Haus zu finden.«

Hegel verneigte sich mit einer Note von Bedauern in seinem Blick. »Ich fürchte, da werde ich Ihnen nicht helfen können …«

Jula dachte kurz nach. »Aber jemand anderer!«

Sie zog ihr Handy hervor und wählte eine Nummer.

»Julchen, was gibt es denn?« Paul klang freudig überrascht.

»Ich brauche deine Hilfe. Hast du Zeit? Jetzt?«

Paul zögerte nicht lange: »Ich habe heute die Spätmoderation, um sieben müsste ich zum Sender aufbrechen. Davor geht's.«

Jula atmete auf. *Komisch. Vor ein paar Wochen hast du ihn noch zum Teufel gewünscht, und jetzt bist du froh, ihn zu haben.*

»Dann tu mir bitte den Gefallen und komm so schnell es geht nach Westend. In die Nähe des Teufelsbergs, ich schicke dir gleich die genaue Adresse. Wie lange brauchst du?«

»Etwa zwanzig Minuten. Und was soll ich da?«

»Wir müssen eine ziemlich lange Straße absuchen. Es geht um etwas sehr Wichtiges, also beeil dich! Kann ich mich auf dich verlassen?«

»Natürlich kannst du das, Julchen. Ich fahre los, schick die Adresse rüber.«

Nachdem Jula das Telefonat beendet hatte, trat Hegel an sie heran und flüsterte, obwohl niemand die beiden dort unten in der schallisolierten Kammer belauschen konnte. »Also gut, wir sind der Lösung unseres Rätsels jetzt ganz nah. Aber was werden Sie tun, wenn Sie das Haus gefunden haben?«

Jula sah Hegel fest in die Augen. »Haben Sie Angst, dass ich vielleicht doch noch ins LKA gehen könnte?«

Hegel schüttelte den Kopf. »Ich habe Angst um Sie! Sie sind eine fantastische Frau, aber Sie neigen dazu, aus Trotz übereilte Entscheidungen zu treffen. Bitte unternehmen Sie nichts, ohne es mit mir abzusprechen.«

»Und wie sollte ich das machen?« Sie deutete auf Hegels Fußfessel.

Er nickte mit einem anerkennenden Lächeln auf den Lippen. Dann öffnete er eine Schublade und zog ein Smartphone heraus. »Das Handy gehört offiziell meinem Butler Marian. Ich selbst darf keines benutzen, das wäre ein Verstoß gegen meine Bewährungsauflagen. Aber kein Richter würde in meinem Fall so weit gehen, sogar das private Handy meines Butlers abhören zu lassen. Hier ist die Nummer.« Er reichte Jula einen offenbar vorbereiteten Zettel. »Halten Sie mich auf dem Laufenden!«

Jula griff nicht sofort nach dem Blatt mit der Nummer darauf. »Und was, wenn ich das nicht mache?«

Hegel trat einen Schritt näher. Jula konnte den Reflex unterdrücken, zurückzuweichen.

»In Holders Team gibt es einen Maulwurf, der den Notruf gekürzt hat und offenbar mit allen Mitteln verhindern will, dass jemand diese Frau und das Baby findet. Wenn Ihnen genau das also gelingt und Sie mit diesem Wissen zu Holder gehen, haben Sie vermutlich noch maximal einen Tag zu leben. Also überlegen Sie sich besser ganz genau, wie wichtig es Ihnen ist, mir zu zeigen, dass Sie sich nicht von mir manipulieren lassen.«

KAPITEL 31

JONATHAN

Peggy Sobotta ist ein Härtefall. Ihre Frau hatte große Schwierigkeiten mit ihr, sie war mehrfach im Drogenentzug und stand immer wieder vor Gericht. Nachdem Frau Sobotta schwanger geworden ist, wurde es etwas besser, aber der Vater hat sie sitzen lassen, und es stand zu befürchten, dass sie während der Schwangerschaft wieder mit den Drogen anfangen würde. Sie hatte aufgrund ihres Entzugs wohl auch Wahnvorstellungen. Damit schien praktisch unvermeidbar, dass Cecile ihr das Kind nach der Geburt würde wegnehmen müssen. Und es war zu erwarten, dass Frau Sobotta das nicht einfach so akzeptieren würde. Tatsächlich haben wir sie dann auch bei keinem unserer Besuche angetroffen. Menschen wie Frau Sobotta sind sehr kreativ, wenn sie nicht gefunden werden wollen. Ich kann mir vorstellen, dass diese Frau zu einigem imstande ist. Sie sollten doch zur Polizei gehen, in diesem Fall helfen Sie allen Beteiligten. Auch der Täterin. Im Gefängnis hätte sie die Chance auf Entzug.

Jonathan hatte Astrid Blume überzeugend versichert, dass er niemals irgendjemandem sagen würde, dass sie ihm mit diesen Informationen geholfen hatte, und er hatte dabei wahrlich nicht gelogen.

Der Hauseingang lag im Hinterhof. Jonathan hatte einen Durchgang passieren müssen, der nach Urin und

Hundekot stank. Die zwielichtigen Typen, die ihn kritisch beäugt hatten, waren alles andere als vertrauenerweckend gewesen. Jonathan hatte schon überlegt, ob er sie nach Drogen fragen solle, um damit seine Anwesenheit in dieser Gegend zu erklären. Irgendwo in dem Haus, das brüchig und verfallen wirkte, bellte ein Hund, und eine alte Frau sah aus einem offenen Fenster im ersten Stock auf Jonathan hinunter. Der Hof war ungepflegt. Wo vermutlich einmal Pflanzen gewesen waren, lagen jetzt Müllsäcke und ausgediente Elektrogeräte herum, die offensichtlich niemand zu entsorgen gedachte. Jonathan sah auf die Klingelschilder. *Sobotta, dritter Stock*. Jonathan sah sich um. Keiner der bulligen Kerle vor dem Haus war ihm gefolgt. Er sah zu der alten Frau hinter dem Fenster und winkte ihr mit einem freundlichen Lächeln zu, woraufhin sie sich rasch in ihre Wohnung zurückzog. Er sah auf die Uhr, die Frist von Frau Sommer würde in wenigen Stunden ablaufen. *Also dann!* Jonathan betätigte die Türklingel, doch auch nach mehr als einer Minute und mehreren weiteren Versuchen regte sich nichts. *Funktioniert die überhaupt?* Jonathan klingelte ein weiteres Mal, dieses Mal noch länger. *Vielleicht ist sie ja auch auf Drogen oder besoffen.*

»Kann ich dir irgendwie helfen?« Die Stimme war rauchig und klang von etwas weiter her zu Jonathan hinüber.

Er drehte sich um. Aus dem gegenüberliegenden Haus war offenbar jemand herausgekommen und hatte den Mann in dem Mantel bemerkt, der so viel gekostet hatte, wie alle Bewohner dieses Hauses vermutlich im Monat für Lebensmittel zur Verfügung hatten. Jonathan sah einen kleinen, gedrungenen Mann von etwa Mitte fünfzig, der eine zerschlissene Daunenjacke trug und dessen fleischige Nase mit den roten Knötchen darauf Zeugnis regen Alkoholkonsums zu sein schien. Weder seine Körperhaltung noch sein Gesichtsausdruck ließen Jonathan vermuten, dass dieser Kerl ihm wohlgesinnt war. *Niedriges Bildungsniveau, Manipulation mit simplen Mitteln und verführerischer Märchengeschichte.*

»Ich suche Frau Sobotta. Können Sie mir da vielleicht helfen?« Jonathan lächelte, als sei er der Gastgeber einer Unterhaltungssendung für Kinder.

»Frau Sobotta?« Der Kerl lachte heiser auf. »Das ist Peggy! Und die hat schon genug Ärger gehabt. Die braucht Fatzkes wie dich nicht! Oder bist du Bulle?«

Jonathan drehte sich von der Tür weg und ging einige Schritte auf den Nachbarn zu. »Ganz und gar nicht! Ich komme vom Amtsgericht.«

Der Mann griff in seine Tasche und zog eine selbst gesteckte Zigarette hervor. Er zündete sie an, inhalierte, blies den Rauch in Jonathans Richtung und antwortete schließlich: »Was du nicht sagst! Ihr habt der doch das Kind weggenommen, oder? Fand sie nicht witzig, überhaupt nicht. Würdest du es witzig finden, wenn dir jemand das Kind wegnehmen würde?«

Dachte ich es mir doch!

Jonathan legte einen Ausdruck von Ratlosigkeit in seinen Blick. »Oh, das tut mir leid, deswegen bin ich nicht hier. Es geht um etwas sehr Positives, eine Menge Geld! Wissen Sie, wo ich sie finden kann?«

Der Kerl nickte, und ein Lächeln trat auf sein verlebtes Gesicht. Wäre sein Mantel rot gewesen und hätte er nicht gestunken wie ein in Alkohol getränkter Aschenbecher, hätte er fast ein bisschen wie der Weihnachtsmann ausgesehen.

»Willst du mich verarschen?«

»Ganz und gar nicht! Frau Sobotta hat Geld geerbt! Aber sie hat auf unsere Briefe nicht reagiert. Vermutlich hat sie die weggeworfen, weil sie vom Gericht waren. Jetzt droht das Erbe zu verfallen, deswegen komme ich persönlich vorbei.«

Der Mann sah skeptisch zu Jonathan hinüber. »Echt jetzt?«

»Ja, aber es ist halt eilig. Können Sie mir helfen? Stellen Sie sich doch mal vor, wie dankbar Frau Sobotta Ihnen sein wird, wenn Sie ihr das Erbe retten. Sie werden als Held gefeiert, vielleicht gibt sie Ihnen ja sogar was von dem Geld ab.«

»Meinst du?« Der Mann schien mit sich zu ringen.

Dranbleiben, du hast ihn gleich so weit.

»Vielleicht bekommen Sie sogar vom Gericht eine Belohnung, wenn wir Frau Sobotta noch rechtzeitig ausfindig machen können. Sie muss unterschreiben, dass sie das Erbe annimmt, wir können es nicht einfach überweisen. Und morgen verfällt es zugunsten der Staatskasse. Wenn Frau Sobotta vermögend ist, bekommt sie bestimmt auch ihr Kind zurück. Was denken Sie, wollen wir beide ihr das gemeinsam ermöglichen?«

Der Mann nickte zustimmend und lächelte, so gut es ihm seine verhärmten Gesichtszüge ermöglichten. Doch plötzlich erstarb das Lächeln. Er nahm seine Zigarette aus dem Mund, warf sie mit verächtlicher Geste vor Jonathans Füße und spuckte auf den Boden.

»Was denkst du Penner eigentlich, wer du bist? Kommst hier an in deinem geschniegelten Mantel, stellst dich auf unseren Hof, erzählst irgendeinen Bullshit und fragst die Leute, ob sie dir was über ihre Nachbarn erzählen? Du

Scheißbulle! Glaubst du, wir sind hier alle dämlich? Weil wir keine Kohle haben?« Er trat näher, und sein Gesicht lief rot an. »Dauernd kommen hier irgendwelche Typen von den Bullen oder von irgendwelchen Ämtern an und suchen irgendeinen von uns. Aber wir verraten unsere Freunde nicht! Und wenn du nicht in zehn Sekunden weg bist, dann pfeife ich einmal laut. Und danach sieht man dich niemals mehr irgendwo aufkreuzen und Scheiße labern!«

Nichts Fröhliches war mehr an dem kleinen, gedrungenen Mann. Den bedingungslosen Hass, der jetzt in seinem Blick und seiner Körperhaltung zum Ausdruck kam, kannte Jonathan gut. *Du wirst mir niemals sagen, wo ich diese Frau finde. Zumindest nicht freiwillig*. Jonathan spürte, wie sein Körper damit begann, sich auf Kampf oder Flucht vorzubereiten. Nur dass Flucht in seiner Lage keine Option war. Seine Herzfrequenz steigerte sich rasant, und seine Aufmerksamkeit lag allein auf diesem Mann, der ihm helfen konnte, es aber ganz offensichtlich nicht zu tun plante. Der im Begriff war, ihn von diesen bulligen Schlägern von der Straße auseinandernehmen zu lassen, von denen er vielleicht einen oder zwei schaffen würde – aber nicht alle gleichzeitig. Er glaubte kurz, Ceciles Stimme zu hören. *Außer dir hat mir niemals jemand gezeigt, dass ich liebenswert bin. Und vermutlich bin ich das auch nur, weil du mich dazu machst.*

»Drohen Sie mir nicht!« Jonathan bemerkte, wie sich sein Körper verspannte. Er ballte die Fäuste so fest, dass die Haut über den Knöcheln weiß wurde.

»Ach ja? Was passiert mir denn sonst?«

Der Mann trat ganz nah an Jonathan heran. Er hob die rechte Hand, grinste siegessicher und schnipste Dorm mit dem Finger gegen die Nasenspitze. Und da geschah es. Jonathans Körper wechselte in den Kampfmodus. Das logische Denken stellte sich ab, die Argumente wurden bedeutungslos, und sein innerer Schalter kippte. Ab jetzt würde es nicht mehr darum gehen, gut auszusehen. Jetzt gab es keine psychologische Strategie mehr, nur noch Kampf. So, als wäre ein Säbelzahntiger aus dem Gebüsch gestürzt und wollte Jonathan angreifen.

»Sag mir, wo Sobotta ist!«

Damit hatte Jonathan den Mann ansatzlos am Kragen gegriffen und ihn dann so weit von sich weggestoßen, dass er genug Abstand hatte, um auszuholen und ihm so heftig ins Gesicht zu schlagen, dass sein Gegner zusammensackte. Der Mann lag nun am Boden, hatte die Augen weit aufgerissen und wagte es nicht, sich zu regen.

»Alter, bist du bescheuert?« Er fasste sich an die Nase.

Dorm warf sich auf ihn und packte ihn wiederum so fest am Kragen, dass der Mann kaum noch Luft bekam.

»Wo ist Peggy Sobotta?« Er schlug den Hinterkopf seines Opfers zwei Mal auf den Boden.

»Hör auf!« Der Kerl wirkte hilflos und verzweifelt.

Noch immer war niemand außer den beiden im Hof, doch darauf achtete Jonathan in diesem Augenblick des Kontrollverlusts ohnehin nicht. Er sprang auf und trat dem Kerl gegen die Rippen. Der Typ hatte sich offenbar in die Hose gepinkelt, Flüssigkeit lief aus seinem linken Hosenbein und ergoss sich auf dem kalten Steinboden unter ihm. Mit angsterfülltem Blick sah er Jonathan in die Augen, bevor er beinahe flehend antwortete: »Bitte, hör auf! Peggy ist abgehauen nach der Sache mit ihrem Kind. Wohin, hat sie nicht gesagt. Sie ist weg! Tut mir leid, ich lüge dich nicht an, ich schwöre!«

Nein, dieser Kerl log nicht. Jonathan hatte keine Zweifel. Und ganz gleich, wie schnell sein Herz jetzt auch schlug, ganz egal, wozu er in diesem Augenblick der Verzweiflung noch in der Lage sein würde, er war trotz allem Profi darin, in den Gesichtern von Menschen zu lesen. Er kannte sie, er wusste, wie sie tickten. Alle. *So, wie ich im Gesicht von Frau Sommer lesen konnte, dass sie Cecile und mich töten wird, wenn ich ihr nicht in zwei Stunden Selma aushändige!*

»Du weißt wirklich nichts darüber, wo sie sein könnte?« Er holte mit der Faust zu einem Schlag direkt ins Gesicht des Mannes aus, den dieser möglicherweise nicht überleben würde.

Der bullige kleine Mann hielt sich schützend die Hände vors blutende Gesicht und schluckte, als sei es sein letztes Mal, bevor er mit Tränen in den Augen antwortete: »Peggy ist ein Straßenköter! Sie will nicht gefunden werden! Ich kann nichts dafür, aber ich schätze, du findest sie nie!«

KAPITEL 32

CECILE

Cecile starrte auf das Blinken des Brandmelders an der Zimmerdecke. Ihre Hände waren aufgerieben von den Stunden, die sie damit zugebracht hatte, ohne jegliches Werkzeug den Handtuchhalter aus seiner Verankerung zu brechen, um ihn so zurechtzubiegen, dass seine Form der eines Brecheisens nahegekommen war. Gemeinsam mit ihrer Mutter, die nun in der Ecke des stickigen Raumes in ihrem Sessel saß und sich wiegte, als könne es ihr ein Gefühl von Geborgenheit bereiten, hatte sie versucht, endlich eines der mit Stahlplatten verschraubten Fenster freizulegen. Da es den Frauen nicht gelungen war, die Schrauben herauszudrehen, hatte Cecile beschlossen, anstelle der Platten die Holzlatten herauszubrechen, in die das Metall hineingeschraubt war. Dazu presste sie den verbogenen Handtuchhalter zwischen zwei der Leisten, um einen Teil davon herauszuhebeln. Doch nach mehr als einer Stunde hatte sie noch immer nicht mehr erreicht, als dem stabilen Holz Kratzer beizubringen. Es half nichts, Jonathan hatte die Fenster einfach zu gut verbarrikadiert.

»Wie vielen Eltern habe ich wohl in meinem Beruf schon die Kinder weggenommen? Wie vielen Müttern habe ich das angetan, was jetzt mir passiert?« Ceciles Blick war noch immer nach oben zum Brandmelder gerichtet.

»Diese Eltern waren Drogensüchtige und Kriminelle. Sie haben ihre Kinder vernachlässigt oder sogar geschlagen. Es war richtig von dir, die Kleinen da rauszuholen. Nicht alle Mütter sind so für ihre Kinder da, wie ich es für dich war.« Ceciles Mutter sprach sehr leise, ihre Kraft schwand zusehends.

»Aber das sehen diese Eltern ja nicht ein!« Cecile stockte der Atem, als ihr etwas in den Sinn kam. »Was, wenn der Entführer mir Selma gar nicht wiedergeben will? Was, wenn er ihr etwas antut, um sich an mir zu rächen?«

Du frigide Fotze! Das machst du doch nur, weil du selbst keine Kinder hast!

Immer wieder hallten diese Worte in Ceciles Erinnerung nach. Ein Ruf aus den Tiefen ihres Unterbewusstseins. Ohne genauen Ort oder konkrete Herkunft. Eine wütende, hilflose Beleidung, wie Cecile sie in ihrem Beruf wieder und wieder zu hören bekommen hatte. Immer dieselben Beschimpfungen, gegen die sie sich einen Panzer zugelegt hatte. Nur dass sich mittlerweile etwas verändert hatte.

»Niemand wird Selma etwas antun!« Petra Kramer klang zuversichtlich, wenn auch nicht mehr ganz so überzeugend wie am Tag zuvor.

»Ich bin mir da nicht so sicher! Jahrelang konnten diese furchtbaren Menschen mir nichts anhaben, weil ich keine eigenen Kinder hatte. Aber jetzt habe ich Selma. Jetzt bin ich angreifbar. Für alle, die schon lange darauf gewartet haben, mir etwas heimzuzahlen. Für alle Kriminellen und Psychopathen. Wie oft war ich denn bitte diejenige, die mit einem Gerichtsbeschluss und der Polizei vor der Tür einer Mutter aufgetaucht ist, um ihr Kind in ein Heim bringen zu lassen? Ich verstehe nur einfach nicht, was Jonathan damit zu tun haben sollte. Verdammt, das ergibt alles keinen Sinn.«

»Ruh dich ein bisschen aus, mein Schatz. Die letzten Tage haben uns viel Kraft gekostet, wir benötigen neue Energie, wenn wir hier rauskommen wollen.«

Cecile schloss die Augen. *Wir brauchen keine Energie, wir brauchen eine neue Idee. Es muss doch einen Weg geben, aus Jonathans Gefängnis rauszukommen.* Als sie die Augen öffnete, fiel ihr wieder das Blinken des Brandmelders ins Auge. *Das ist es!* Sie sprang vom Fußboden auf und stürmte auf ihre Mutter zu, die sich erschreckt in ihrem Sessel aufrichtete.

»Ich hab's!« Cecile war wie ausgewechselt, ihre Augen glänzten. »Ich lege Feuer! Dann schlägt der Brandmelder Alarm, und Jonathan muss uns hier rausholen …«

Ceciles Mutter riss die Augen auf. »Und wenn er nicht zu Hause ist?«

»Er ist da, das weiß ich! Ich habe die Tür gehört, vorhin, als er nach Hause gekommen ist.«

»Vielleicht ist er ja auch gegangen? Außerdem könnten wir am Rauch ersticken, bevor er hier wäre. Und warum glaubst du überhaupt, dass er uns retten kommt? Vielleicht lösen wir mit einem selbst gelegten Feuer ja auch nur sein Problem, uns loszuwerden?«

Cecile schüttelte den Kopf. »Er wird nicht zulassen, dass sein Haus abbrennt. Und selbst wenn, ich zünde ja nicht den ganzen Raum an. Nur ein Kissen oder eine Decke. Und die halte ich direkt unter den Brandmelder. Das könnte funktionieren!«

»Aber wie willst du Feuer machen? Jonathan wird uns kaum Streichhölzer hiergelassen haben.«

»Das nicht. Aber dafür etwas anderes!« Cecile deutete auf den Lampenschirm, der von der Decke baumelte. »Das ganze Haus ist auf Energiesparlampen umgestellt. Bis auf diese eine Lampe! Jonathan hat sie trotz seines Umbaus hängen lassen, das war vielleicht sein einziger Fehler. Die Lampe leuchtet nämlich noch mit einer alten Sechzig-Watt-Glühbirne, und diese Dinger werden wahnsinnig heiß!«

Cecile ging zu dem Kleiderständer, den Jonathan mit ihren Sachen bestückt hatte, und griff nach einem Shirt aus leichtem Stoff.

»Was soll das jetzt werden?« Petra hatte sich von ihrem Sessel erhoben und war an ihre Tochter herangetreten.

»Das zeige ich dir.«

Cecile zog einen kleinen Tisch zu sich heran. Sie nahm die dekorative Holzschale, die Jonathan darauf drapiert hatte, und stellte sich auf das Tischchen. So konnte sie die Glühlampe erreichen. Sie legte das leichte Shirt in die Holzschale und hob diese so an, dass die heiße Birne den brennbaren Stoff berührte.

»Denkst du wirklich, das funktioniert?« Petra blickte sorgenvoll auf das Schauspiel, das sich ihr bot.

»Die Hitze müsste das Polyester zumindest ankokeln. Dann werde ich versuchen, die Glut durch vorsichtiges Hauchen weiter anzufachen, bis es eine Flamme gibt.«

Gebannt starrten Cecile und ihre Mutter auf das Shirt, das tatsächlich nach einiger Zeit zu qualmen begann. Ein immer stärker werdender Gestank breitete sich rasch in der ohnehin stickigen Kammer aus. Petra wandte sich ab, und auch Cecile vermochte es kaum, in ihrer Position auszuharren.

»Wir ersticken! Hör auf damit, Schatz, das wird nichts!«

Ceciles Mutter hustete und schien kaum noch Luft zu bekommen.

»Nur einen Moment noch!«

Der beißende Qualm brannte in Ceciles Augen, und ihr wurde schwindelig. Unter normalen Umständen hätte sie jetzt aufgegeben, doch es waren keine normalen Umstände.

»Für Selma!« Cecile schrie die in ihr aufsteigende Panik aus dem Körper, und im nächsten Augenblick wurde ihr Durchhalten belohnt.

Eine kleine Flamme schlug auf, der Stoff war tatsächlich in Brand geraten.

»Schnell, zum Brandmelder!« Cecile fasste mit der freien Hand den Holzstuhl, der neben dem kleinen Sekretär in der hinteren Ecke der Kammer stand, und schob ihn dahin, wo das rote Lämpchen an der Decke blinkte.

Sie stieg auf den Stuhl.

»Dann hoffen wir mal, dass der Alarm funktioniert!«

Cecile hob die Schale mit dem größer werdenden Feuer darin in die Höhe. Als sie zu dem blinkenden Kasten hinaufsah, schrak sie zusammen.

»Verdammt!«

Unter den ungläubigen Blicken ihrer Mutter senkte Cecile die Schale, stieg vom Stuhl hinunter und rannte in das kleine Badezimmer. Dort warf sie den brennenden Inhalt der Holzschale ins Waschbecken und drehte den Wasserhahn voll auf. So lange, bis die Flamme erloschen und der Rauch erstickt war.

»Was sollte denn das jetzt bitte?« Petra sah ihre Tochter entgeistert an.

Cecile schüttelte langsam den Kopf. Und während der Qualm und der Gestank mit jeder Sekunde schwächer wurden, deutete sie auf die Stelle, an der die rote Lampe von der Decke blinkte.

»Das ist überhaupt kein Brandmelder!«

»Aber … was ist es dann?«

Cecile kniff die Augen zusammen, während sie antwortete: »Das ist eine Kamera! Jonathan sieht uns zu, die ganze Zeit über.«

»Was soll das heißen? Meinst du, das ist hier alles vielleicht nur …?«

»Ein Psychoexperiment? Allerdings ist es das! Aber anders, als du denkst.«

»Was meinst du damit?«

Cecile streckte den Körper durch, hob den Blick, fuhr sich durch die Haare und sagte dann so klar, wie sie nur konnte: »Jetzt weiß ich, wie wir hier rauskommen. Aber mach dich auf Blut gefasst. Viel Blut!«

KAPITEL 33

HEGEL

»Wann kommst du denn endlich wieder richtig nach Hause?«

Hegel musste sich beherrschen, damit ihm keine Tränen aus den Augen liefen. Die unbefangene Aufrichtigkeit im Klang der Stimme seiner Tochter Mathilda vermittelte ihm ihre ehrliche Liebe.

»Es ist doch schon mal ein guter erster Schritt, dass ich jetzt im Geisterschloss wohnen kann, mein Engel.« Hegel strich der Zehnjährigen durch das lange, glänzende Haar. Es duftete nach dem Shampoo, das Mathildas Mutter früher verwendet hatte. »Warte noch ein paar Wochen, dann bin ich wieder ganz bei dir.«

Mathilda hatte das geheime Haus ihres Vaters *das Geisterschloss* getauft. Schreckhaft war die Kleine nie gewesen, im Gegenteil. Mathilda war eines dieser Kinder, die forsch auf einen Baum kletterten und sich erst in der Krone Gedanken darüber machten, wie sie wohl wieder hinunterkommen sollten. Die vom Steg ins Wasser sprangen, ohne vorher zu prüfen, wie tief oder kalt das Wasser war. So hatte Hegel seiner Tochter vor ihrem ersten Besuch in dem unheimlichen Haus erzählt, dass es von guten Geistern bewohnt werde, die sich nach der Anwesenheit von Kindern sehnten, die sie beschützen konnten. Die Geschichte hatte Mathilda gefallen. Außerdem hatte Hegel seiner Tochter in der Villa ein Zimmer eingerichtet. Mit pinkfarbener Tapete, lila Teppichboden und Postern einer K-Pop-Gruppe an den Wänden. Eine dieser koreanischen Boybands, die in Deutschland niemand im Radio spielte und die bei den Kindern dennoch populärer waren als so mancher amerikanische Star. Die Bilder der aufgehübschten Jungs mit den verträumt dreinblickenden Mandelaugen und den abenteuerlichen Frisuren verliehen dem Raum eine so wundervoll normale, kindliche Atmosphäre, dass sich Hegel sogar dann gern in Mathildas Zimmer aufhielt, wenn seine Tochter nicht anwesend war. *Aber heute ist mein kleiner Engel da! Wie lange ich darauf warten musste …* Es war das erste Mal seit Wochen, dass Hegel sein Kind sah. Er genoss es, die Kleine in die Arme zu nehmen, den Duft ihrer Haare zu riechen und ihr helles Lachen zu hören, wenn er sie zu kitzeln begann.

»Oma tut es immer noch leid, dass sie dich verletzt hat. Sie weint oft, aber immer nur, wenn sie denkt, dass ich es nicht sehe.«

Mathilda war längst zu groß, um ihr die Tatsache zu verheimlichen, dass ihre Großmutter versucht hatte, ihren Vater zu erschießen. Allerdings wusste sie natürlich nicht, dass diese Hegel nach wie vor verdächtigte, ihre Mutter getötet zu haben.

»Was sagt denn Omas Anwalt zu dieser Sache? Muss sie ins Gefängnis?« Hegel saß im Schneidersitz auf dem Boden neben seiner Tochter.

»Nein, muss sie nicht. Er sagt, das war ein Unfall. Und Oma ist alt und hat vorher nie was Schlimmes gemacht, die Gefängnisse sind außerdem viel zu voll. Da muss sie nicht hin. Außer, wenn sie noch mal was macht. Aber das macht sie nicht.«

Hegel lächelte. Tatsächlich hatte es sich Margrit Konradi im letzten Moment anders überlegt, und der Schuss, der Hegel verletzt hatte, war nur infolge eines Missgeschicks gefallen. *Wie gut, dass meine kleine Prinzessin nicht auch noch ihre Oma verliert.*

»Weißt du, ich arbeite gerade an einem Fall, der mir dabei helfen wird, dich bald wieder ganz bei mir zu haben.«

Mathilda riss sorgenvoll die Augen auf. »Hier? Oder in dem schönen Haus?«

»Du erinnerst dich doch an Jula, oder?«

Mathilda lächelte. »Klar, die Julia ohne i. Was ist mit ihr?«

»Sie wird mir dabei helfen, dich bald wieder ganz zu mir zu holen. Und natürlich nicht nur ins Geisterschloss, sondern in das schöne Haus! Und keine Angst, bei Oma und Opa kannst du natürlich trotzdem sein, sooft du willst!«

Mathilda machte einen Luftsprung und riss die Arme hoch. »Super! Wollen wir jetzt singen?« Mathilda ging zu der Karaokeanlage hinüber, die unter dem mit Mangabildern abgedeckten Fenster stand.

»Singen?« Hegel lächelte. »Meinst du, ich kann das?«

Der Klang der Anlage war in Hegels Ohren das pure Grauen. Unter normalen Umständen hätte er das blecherne Tosen dieser schlecht verarbeiteten Kiste keine Sekunde lang über sich ergehen lassen. Doch Mathilda liebte es, zu singen. Sie hatte diese Maschine bei einer Freundin gesehen, wo die Kinder auf einer Geburtstagsfeier stundenlang ihre Lieblingslieder zum Besten gegeben hatten. *Bitte, bitte, Papa, ich will auch so eine!*, hatte sie gerufen, als sie am nächsten Tag mit leuchtenden Augen davon berichtet hatte. Und obwohl Hegel selbst eine der besten

Soundanlagen besaß, die es für Geld zu kaufen gab, und darauf ausschließlich die Platten seiner Vinylsammlung hörte, hatte er Mathilda den Wunsch erfüllt und später sogar noch eine zweite Anlage für ihr Zimmer in der geheimen Villa besorgt.

»Okay, es geht los!« Sie drückte auf einen Knopf, und der erste Song startete.

Ein Lied, das Hegel nicht kannte. Vermutlich von einem Jungen, der in etwa so aussah wie die Mitglieder der K-Pop-Gruppe auf den Postern.

»Also gut, dann fang du mal an!«, sagte er.

Und während sein kleiner Engel ebenso schief wie bezaubernd den Popsong zum Besten gab, ging Hegel wieder dieser Gedanke durch den Kopf. Dieser eine Gedanke, der ihn seit dem Moment nicht ruhen ließ, in dem Holder ihn in seiner Zelle aufgesucht hatte. *Was, wenn Jula versagt? Was, wenn alles auffliegt, was damals geschehen ist? Nein, das darf nicht passieren – und wenn ich dafür töten muss!* Erst dann griff auch er nach einem Mikrofon und stimmte mehr schlecht als recht in das fröhliche Lied seiner Tochter mit ein.

KAPITEL 34

JONATHAN

Jonathan sah auf die Uhr, bestimmt schon zum fünften Mal innerhalb von zwei Minuten. Doch obwohl es sich so anfühlte, als wären ihm die vergangenen vierundzwanzig Stunden wie Sand zwischen den Fingern verronnen, schien die Zeit jetzt, da Frau Sommers Ultimatum nahezu abgelaufen war, nicht mehr vergehen zu wollen. So, als wollte sie sich schützend vor Cecile und ihn stellen.

Mit erloschenem Blick, seelisch leer und ausgelaugt von den Ereignissen der letzten Stunden, von den Dingen, die er getan hatte, saß er jetzt mit einem Bademantel über seinen Freizeitklamotten auf dem Fußboden im Flur, ziemlich genau an der Stelle, an der Cecile diesen unsäglichen Notruf abgesetzt und ihn mit der hässlichen Vase aus dem Baumarkt niedergeschlagen hatte. Er tastete noch einmal an die Wunde, doch das helle Beißen des Schmerzes ließ ihn nicht einmal zucken. Was war schon ein kleiner Schnitt gegen das Desaster, das ihn gleich erwartete? Jetzt, da er so kurz vor seinem Ziel daran gescheitert war, Selma zu finden.

Wem soll ich was vorwerfen? Wie viel besser bin ich denn? In wessen Hände wäre die Kleine gekommen? Ja klar, es hieß, es würden gute Menschen sein. Aber kann es überhaupt Gutes im Falschen geben? Und was würde Ce-

cile mir raten, wenn sie sehen könnte, was ich sehe? Würde sie meine Hand nehmen und sie streicheln, wie sie es immer gemacht hat, wenn sie spüren konnte, dass ich traurig war? Sogar dann, wenn ich dachte, ich hätte es mir nicht anmerken lassen? Kann überhaupt alles wieder so werden, wie es war? Wenn ich es ihr sage? Wenn ich meiner geliebten Cecile zeigen muss, was sie nicht sehen kann? Wenn ich das einzige Herz breche, in das ich jemals geschlossen worden bin?

Dorm sah das Handy an, mit dem Cecile den Notruf abgesetzt hatte. Ein altes iPhone, das viel kleiner, dicker und schwerer als sein eigenes war. *Das erste Modell. Was für eine technische Sensation das Ding damals war. Und was für ein Witz es heute ist.* Dorm steckte das Handy in seine Hosentasche. Bei Gelegenheit würde er es in einen See werfen. Oder auf eine Bahnschiene legen, was auch immer. So oder so hätte er das wohl am besten schon damals getan, doch diese Überlegung war jetzt nicht hilfreich. Wie lange konnte es noch dauern, bis Frau Sommer mit diesem Miquel an ihrer Seite auftauchen würde, um Selma abzuholen? Eine Stunde, vielleicht zwei? *Hätte ich diese Frau Sommer doch nur nie ins Spiel gebracht! Aber wem hilft das jetzt schon noch?*

Jonathan nahm einen Schluck von seinem Whisky. Dem guten, den er sich für einen besonderen Anlass aufgehoben hatte. *Vielleicht der letzte Whisky meines Lebens – wenn das kein besonderer Anlass ist …* Wie weit sich das große Glück so plötzlich von ihm entfernt hatte. *Genauso schnell, wie es gekommen ist.* Die Hochzeit, die Geborgenheit und Wärme, ihr Duft, der Genuss, sie zu streicheln und ihren Atem auf der Haut zu spüren. Wo war sie nur geblieben, die gemeinsame Zukunft mit seiner

Cecile? Mit der Frau, die nicht nur seine Stärken liebte, sondern auch seine Unsicherheiten, Ängste und Marotten. Die ihn anlächelte, wenn sie spürte, dass er unsicher war, und ihm allein damit die Kraft zu geben imstande war, die er brauchte. Die auch dann an seiner Seite stand, wenn er im Unrecht war, und die es allein mit einem Zwinkern vermochte, ihm das Gefühl zu geben, dass alles wieder gut werden konnte.

Alles wieder gut … Jonathan lachte bitter auf, als er seinen Blick nach oben richtete. Dahin, wo seine Cecile seit Tagen in ihrem Gefängnis kauerte. *Verängstigt, verzweifelt und ohne die geringste Ahnung davon, was hier eigentlich gespielt wird. In der festen Überzeugung, dass der Mann, der ihr die ewige Liebe geschworen hat, sie wie ein gemeiner Hund verrät. Und gleich läuft das Ultimatum von Frau Sommer ab. Also, dann muss ich es jetzt wohl angehen! Das war so ein wunderschönes Haus für Cecile und mich. Mit all seinen Makeln. Diese wunderbare Symbolik. Wen stören schon Makel, wenn er liebt?* Wieder musste Jonathan an das Gespräch denken, das er erst wenige Tage zuvor mit Justin Hollstein geführt hatte. *Als ein großes Schachbrett, auf dem jeder Mensch erfolgreich sein kann, wenn er nur mit Klugheit und Bedacht die richtigen Züge macht, habe ich die Welt bisher noch gar nicht gesehen.* Jetzt war Justin tot. Aber nicht, weil er selbst die falschen Züge gemacht hatte. Jonathan war es gewesen, und ihm war klar, dass das Blut des jungen Polizisten an seinen Händen klebte. *Ein Bauernopfer. Das war er für Frau Sommer und diesen Miquel. Eine bloße Demonstration ihrer überlegenen Figurenpositionen. Während sie, die Dame, mich in die Enge drängt, bringt ihr Turm sich in Position, um mich in Schach zu halten. Und dann zieht sie alle ihre Figuren immer weiter vor, schlägt eine nach der anderen und genießt es, dass ich wie ein in die Enge getriebenes Tier vor ihrer strategischen Übermacht zittere und ihr keinen Zug entgegensetzen kann, der sie unter Druck setzen würde.*

Jonathan stellte das Whiskyglas mit Entschlossenheit neben sich auf den Boden, erhob sich und ging mit starrem Blick in den ersten Stock. Er hatte alle Vorkehrungen für den Ernstfall getroffen, der nun eingetreten war. *Bevor mein König fällt, und mit ihm seine Dame, verlasse ich das Spielbrett.* Den einen Koffer hatte er für Cecile gepackt, den anderen für sich. Ein paar unauffällige Kleidungsstücke, bequeme Schuhe, Bargeld und Ceciles Medikamente. Nur das Nötigste, nichts, was sie auf ihrer Flucht aufhalten würde. Auf einer Flucht vor einer skrupellosen Organisation, die von sich behauptete, überall zu sein. Auf einer Flucht mit einer Frau an seiner Seite, die alles würde tun wollen – nur nicht ohne Selma und mit dem Mann, der sie eingesperrt hatte, die Stadt verlassen. Auf einer Flucht ins Ungewisse, mit einem Ziel, das Jonathan selbst noch nicht kannte. *Aber sich vor eine S-Bahn stoßen lassen?* Jonathan schloss die Koffer und trug sie nach unten in den Flur. Er würde sie unauffällig in sein Auto bringen, irgendwie würde ihm das schon gelingen. Wie er es hingegen schaffen sollte, Cecile ins Auto zu befördern, wusste er noch nicht. Vermutlich blieb ihm keine andere Wahl, als ihr ein Beruhigungsmittel zu spritzen. Wie auch immer er die Vene einer Frau treffen sollte, die sich mit aller Kraft dagegen wehren würde …

Jonathan lugte durch den Türspion nach draußen auf die Straße. *Niemand zu sehen.* Er öffnete die Tür und trat zunächst ohne Koffer nach draußen. Seinen Wagen hatte er direkt vor dem Haus auf der Straße geparkt. So, dass er schnell und ohne Wendemanöver losfahren konnte, sobald Cecile auf dem Beifahrersitz saß.

»Da sind Sie ja wieder, Herr Dorm!«

Verdammt!

»Herr Friedmann, ich hoffe doch, Sie haben sich von unserer kleinen Unterredung erholt.«

»Dazu ist das letzte Wort noch nicht gesprochen!« Friedmann drohte mit dem Finger. »Mein Anwalt wird Sie wegen Rufmords verklagen, bis Ihnen Hören und Sehen vergeht!«

»Ich wüsste nicht, warum. Sie waren doch sehr hilfsbereit. Ich sehe keinen Grund mehr, irgendetwas über Sie in die Welt zu setzen. Also, wie wäre es, wenn wir diese dumme Sache einfach vergessen? Im Sinne einer guten Nachbarschaft.«

Friedmann sah nach oben, dahin, wo Cecile unter dem Dach eingesperrt war. Jonathan versuchte, sich nichts anmerken zu lassen. Schließlich wirkten die verbarrikadierten Fenster von der Straße her so, als habe man sie nur mit Vorhängen abgedeckt.

»Was haben Sie da eigentlich am Kopf? Sind Sie hingefallen?«

Natürlich. Wie hätte einem Spion und chronischem Einmischer wie Friedmann Jonathans Wunde am Hinterkopf entgehen können?

»Da habe ich mich beim Aufräumen gestoßen.« Jonathan lächelte gequält. »Ich wünsche Ihnen noch einen schönen Tag, Herr Friedmann!«

»Wir beide sind noch nicht fertig, das sage ich Ihnen!«

»Ich …«

Weiter kam Jonathan nicht, denn in diesem Moment

vernahm er durch die offene Haustür ein Geräusch. Ihm wurde schlagartig heiß und kalt, und seine komplette Aufmerksamkeit war jetzt nur noch auf das Signal gerichtet. Es ließ ihn frösteln, konnte es doch gleichermaßen Vorbote der Hoffnung und des Unheils sein. Ohne seinen Nachbarn auch nur noch eines weiteren Blickes zu würdigen, stürzte Jonathan ins Haus zurück. Denn wenn es etwas gab, das er jetzt nicht mehr zu verlieren hatte, dann war es Zeit.

KAPITEL 35

PEGGY

Jetzt sei doch mal bitte eine Minute lang ruhig!« Peggy umklammerte das Baby noch etwas fester, das in eine schmutzige Decke eingewickelt war. »Ich besorge uns Kohle, das ist wichtig. Da musst du leise sein.«

Peggy hielt das Baby nur noch im rechten Arm, während sie mit der linken Hand nach einer der Zigaretten tastete, die sie am Morgen gerollt hatte. Sie hielt noch einmal inne und sah zu dem Kind. »Ich hoffe, der Qualm stört dich nicht.«

Sie zündete sich die Zigarette an, inhalierte einen tiefen Zug und blies den Rauch genussvoll in den Raum. Erst dann legte sie das Baby auf der schmutzigen Matratze in ihrer vorübergehenden Unterkunft ab und griff nach dem Handy. Eigentlich benutzte Peggy ihr Mobiltelefon nie, wenn sie Telefonate führte, die nicht eben dazu gedacht waren, eine Rückverfolgung zu ihr zu ermöglichen. Doch in diesem Fall hatte sie diesbezüglich keine Sorge. Auf der Serviette eines Döner-Imbisses hatte sie sich eine Telefonnummer notiert. Sie wählte und sah aus dem zerbrochenen Fenster auf die Sozialbauten der Siedlung hinaus. *Was für ein beschissener Ort zum Leben das doch ist. Aber nicht mehr lange …*

Mehrere Male erklang das Freizeichen aus dem Hörer, bis der Anruf schließlich entgegengenommen wurde.

»Ja, hallo?« Der Teilnehmer klang, als wäre er zum Telefon gerannt.

»Ist da Doktor Jonathan Dorm?« Peggy sprach geradezu provokativ langsam. »Der große, reiche Superpsychiater aus dem schicken Westend? Ein tolles Haus hast du, leider habe ich mich am Samstag an einer Scheibe geschnitten. Ich hoffe, ich habe nicht zu viel Sauerei gemacht deswegen.«

Es klang durch den Hörer, als habe sich Dorm auf den Boden sinken lassen und dabei erleichtert ausgeatmet.

Fast schon euphorisch antwortete er: »Gott sei Dank, Sie melden sich! Das war wirklich in letzter Minute, ich dachte schon ...«

»Denken ist offenbar nicht dein Ding, Arschloch!« Peggy sah zu dem Baby. Es hatte sich beruhigt, nachdem sie es auf die Matratze gelegt hatte. »Dir ist ja wohl klar, dass ich das Kind habe, oder?«

»Geht es ihr gut?« Dorm schien zu weinen, ob es nun aus Glück, Angst oder Verzweiflung war.

»Das geht dich einen Dreck an, Pisser!« Peggy lachte heiser auf. »Jetzt zum Geschäft: Du kannst dir sicher vorstellen, was ich will, oder?«

Dorm zögerte nicht mit seiner Antwort. »Natürlich! Sie wollen Geld.«

»Ist er also doch nicht so dämlich, der Psychoheini!« Peggy drehte sich um und lehnte sich mit dem Rücken gegen die kalte, schimmelige Wand. »Zehntausend, in einer Stunde. Sonst werden deine Alte und du nie wieder was zu lachen haben. Verstehen wir uns?«

Peggy konnte hören, wie Dorm am anderen Ende der Leitung durchatmete. »Ja, gut, kein Problem! Wo soll ich hinkommen?«

»Kennst du das Abrisshaus in der Stephanstraße?«

»Nein, aber ich notiere es mir. Das ist Moabit, oder?« Sie hörte ihn schwer atmen.

»Ja! Große Baustelle, kannst du nicht übersehen. Über den Winter wird da nichts gemacht, da kann man einfach in eine der Wohnungen rein. Merkt keine Sau, super Versteck. Bisschen kalt allerdings. In einer Stunde sehen wir uns da. Vierter Stock. Du kommst allein mit der Kohle und ohne Tricks.«

Kurz blieb es still in der Leitung. »Natürlich keine Tricks, das versteht sich unter diesen Umständen ja wohl von selbst.«

»Okay. Dann bis später, schlauer Psychoheini!«

Peggy blieb noch einige Sekunden lang reglos im Raum stehen, bevor sie ihr Handy wieder einsteckte und zu dem kleinen Mädchen sah. »Du hast gar keine Ahnung, wie gut es dir geht! Weißt du, was ich gemacht habe, als ich in deinem Alter war?« Peggy trat näher und zog die Decke von dem Baby weg. »Ich hatte einen Entzug. Weil sich meine Mutter während der Schwangerschaft so viel Dreck gespritzt hat, dass ich in ihrem Bauch davon abhängig geworden bin. Als ich schwanger war, habe ich das nicht gemacht. Welche Mutter geht denn schon so mit ihrem Kind um? Du wirst es mal besser haben, ganz bestimmt. Du hast sicher schon wieder Hunger, oder?« Damit öffnete Peggy ihre Bluse und holte ihre Brust hervor. »Hier, versuch es mal. Was meinst du, wer schon alles an diesen Nippeln dran war? Und falls was rauskommt, ist es garantiert besser als die Milch von der Tankstelle.«

Sie hob Selma auf und setzte sie an ihre Brustwarze. Sofort begann das Baby daran zu saugen. Ohne eine Rührung zu zeigen, sah Peggy der Kleinen dabei zu, wie sie versuchte, ihren Hunger zu stillen.

»Bleib ganz ruhig, Kleine. In einer Stunde ist diese ganze Nummer mit dir endlich erledigt! Und dann brechen für uns beide bessere Zeiten an. Dieser Dorm wird spuren, das verspreche ich dir. Und wenn nicht, dann wird er schon sehen, was er davon hat.«

KAPITEL 36

JULA

»Was suchst du denn in Westend? Ausgestorbene Arten?« Paul sah seine Ex-Freundin an und grinste.

»Mir ist wirklich nicht nach Scherzen zumute!« Jula spürte wieder dieses verdammte Stechen im Rücken. So wie fast immer, wenn ihr schlechtes Gewissen sie übermannte. Ihr kam es so vor, als habe ihr Körper ein Moralempfinden, das die Folgen ihrer Verletzung aus Buenos Aires dazu benutzte, sie zu strafen, wann immer es mit ihren Entscheidungen nicht einverstanden war. *Kann ich Paul wirklich in diese Sache mit reinziehen? Okay, es geht nur darum, an ein paar Türen zu klingeln und harmlosen Eigenheimbesitzern belanglose Fragen zu stellen. Aber trotzdem …*

»Paul, vielleicht war das eine blöde Idee, dich herzubitten. Du musst das nicht machen, du schuldest mir absolut nichts!«

Paul lachte auf. »Und das hätte dir nicht einfallen können, bevor du mich hast herkommen lassen, um den Vögeln am Ende der Welt beim Brüten zuzugucken?«

Paul griff nach seinem Autoschlüssel und entriegelte seinen Wagen. Doch anstatt sich hineinzusetzen, wandte er sich wieder Jula zu. »Ich kenne doch diesen Blick.« Paul trat näher an Jula heran und sah ihr in die Augen. »Du steckst in der Scheiße, oder?«

»Na ja, es ist schon was Ernstes. Es geht um den neuen Fall für meinen Podcast. Ich suche nach einem entführten Baby und dessen Mutter.«

»Was ist das denn bitte für eine Story? Eine Kindesentführung? Im Ernst?«

Jula fragte sich, wie das wohl auf Paul wirken musste. Hier draußen am Stadtrand, direkt am Wald gelegen. In einer fast dörflichen Siedlung, in der die Bewohner noch nicht mitbekommen zu haben schienen, dass Berlin seit dem Fall der Mauer vor über dreißig Jahren zu einer Metropole aufgestiegen war. Eine Kolonie, die im Dornröschenschlaf zu liegen schien und die man vielleicht mit Töpferkursen, Nachbarschaftsflohmärkten oder Igelaufzucht in Verbindung bringen würde. Ganz sicher aber nicht mit einem Verbrechen.

»Ich kann dir das jetzt nicht im Detail erklären, aber du kannst mir vertrauen.«

Paul sah Jula mit dem gleichen Lächeln an, das er damals bei der Frage aufgesetzt hatte, ob sie das nebulöse Verhältnis zwischen ihnen beiden nicht endlich in eine feste Beziehung umwandeln wolle.

»Es ist alles in Ordnung, Julchen. Wenn du mich brauchst, bin ich da. Also, was steht an?«

»Ehrlich gesagt ziemlich viel Arbeit in ziemlich knapper Zeit. Wir müssen alle Häuser dieser Straße abklappern und überprüfen.«

Jula hatte erwartet, dass sich Pauls Miene verfinstern und er so etwas sagen würde wie: *Warum kann ich nicht einfach mal mein Handy ausschalten, wenn du anrufst?* Doch stattdessen breitete sich ein Lächeln auf seinem Gesicht aus, eine Mischung aus Stolz und Hintersinn. »Dann habe ich mich ja richtig entschieden.« Er zwinkerte Jula zu.

Und noch ehe sie fragen konnte, was Paul damit hatte andeuten wollen, erklang auch schon ein Geräusch, das Jula nur allzu gut kannte. Das wummernde, heulende Brausen eines viel zu starken Automotors, der den Fahrer mit seinem knarrenden Jaulen darum anzuflehen schien, bitte endlich das Gaspedal voll durchzutreten und auf Renngeschwindigkeit zu beschleunigen.

»Ist es das, was ich denke?«, fragte Jula.

»Ich dachte mir, ich bringe für alle Fälle ein bisschen Verstärkung mit.«

Schon kam der Porsche neben Jula am Fahrbahnrand zum Stehen. Die Scheibe wurde hinuntergefahren, und ein blonder, schmächtiger Junge von achtzehn Jahren lächelte sie vom Fahrersitz aus an.

»Friedrich? Was machst du denn hier?«

Der beste Freund ihres Halbbruders antwortete nicht, sondern wandte sich nach rechts. Daraufhin ging die Beifahrertür auf, und Elyas stieg aus dem Fahrzeug.

Er stützte sich auf das Dach des Sportwagens und legte los: »Paul hat mit mir geredet, von Mann zu Mann. Ganz ohne deine Erlaubnis. Und es war ziemlich gut, was er gesagt hat. Wir sind eine Familie, Sis, und wenn du Hilfe brauchst, dann helfe ich dir!«

Jula hatte Mühe, die Tränen zurückzuhalten. Elyas hatte ihretwegen in den vergangenen Wochen wahrlich mehr als genug durchgemacht. Von einigen unterkühlten Telefonaten abgesehen, hatten die beiden so gut wie keinen Kontakt gehabt, und Jula hatte Verständnis dafür. Er war entführt worden und wäre um ein Haar gestorben. Eine Frau, die ihm hatte helfen wollen, wurde vor seinen Augen getötet. Und die Tatsache, dass ihm diese Erlebnisse zu Glaubwürdigkeit in einer bestimmten Zielgruppe und somit zu einer veritablen Rapperkarriere in den sozialen Netzwerken verholfen hatten, vermochte diese traumatischen Erfahrungen nicht aufzufangen. *Im Gegenteil, der ganze Rummel im Internet lenkt ihn eher davon ab, das alles vernünftig zu verarbeiten.*

Jula konnte spüren, dass sich vieles an Elyas verändert hatte, seit er mit gerade einmal vierzehn Jahren dem Tod hatte ins Auge sehen müssen. Er hatte Dinge erlebt, die kein Mensch jemals erleben sollte, Ängste ausgestanden, mit denen niemand jemals konfrontiert werden sollte. Und das alles, weil Jula einfach nicht davon ablassen konnte, wieder und wieder nach Seelenheilung zu suchen, indem sie sich in Angelegenheiten einmischte, die sie nicht betrafen.

»Paul hat euch Bescheid gesagt?« Julas Stimme wurde brüchig.

»Allerdings!« Friedrich war mittlerweile auch ausgestiegen. Er betätigte einen Knopf auf dem Schlüssel seines Porsches, woraufhin sich unter dem Aufblinken der Scheinwerfer dessen Türen verschlossen. »Und das war kein guter Zeitpunkt! Wir waren gerade dabei, eine echt krasse Nummer für *BigEly* zu produzieren. Also, hau raus: Was soll der Scheiß hier?«

»Jungs, ich freue mich total über eure Hilfsbereitschaft, aber ich kann das nicht annehmen.« Sie sah Elyas an. »Ich bringe dich nicht noch mal in Gefahr!«

Elyas ging um den Porsche herum zu Jula und nahm sie kurz, aber mit festem Druck in die Arme. »Ich finde es nicht gerade geil, was ich erlebt habe. Und ich würde die Klicks bei YouTube sofort wieder hergeben, wenn das alles nicht passiert wäre. Aber das geht halt nicht. Du hast mich nicht absichtlich in die Scheiße geritten. Und wem soll man verzeihen, wenn nicht seiner großen Schwester? Also, heul nicht rum, sondern sag, was los ist.«

Jula strich ihrem Halbbruder über den Kopf und drückte ihn ebenfalls. Dann trat sie einen Schritt zurück, warf Paul einen Blick zu, in dem Dankbarkeit und Sorge zugleich lagen, und erklärte: »Es geht um Folgendes: Aus einem der Häuser in dieser Straße wurde vor einigen Tagen ein Baby entführt. Wir müssen herausfinden, welches Haus das war.« Jula sah zunächst Paul, dann Elyas und schließlich Friedrich in die Augen.

»Alles klar, ich bin dabei!«, sagte Paul.

Die Jungs nickten zustimmend. Jula lächelte verlegen und holte tief Luft. »Das Haus, das wir suchen, hat eine Schiebetür zum Garten, aber dringt bloß nicht auf irgendwelche Grundstücke ein, um das zu überprüfen! Wichtiger ist, erst einmal zu checken, in welchen Häusern überhaupt Babys leben. Achtet auf Klingelschilder, die vor Kurzem um einen Vornamen erweitert worden sind. Auf Kinderwagen, neu gekaufte Spielgeräte im Garten oder Vorgarten, so was halt. Oder sprecht Nachbarn an. In dieser Gegend kennt sicher jeder jeden. Wir müssen uns aufteilen, die Straße ist ziemlich lang, und wir haben nicht viel Zeit. Unser Ziel ist es, den nervösen Vater eines Babys zu finden, das nicht da ist. Der Mann ist am Kopf verletzt!«

Friedrich winkte ab. »Also, wenn bei mir in der Straße ein paar Typen Türschilder checken oder Leute anquatschen würden, wären nach zehn Minuten die Bullen da!«

Jula nickte nachdenklich. Tatsächlich war die Tannenbergallee von Villen gesäumt, und schon aufgrund ihrer Lage am Waldrand würden die Anwohner sicher mit erhöhter Alarmbereitschaft auf verdächtige junge Männer reagieren, die aufmerksam spähend an den Häusern vorbeizogen.

»Okay, dann machen wir es so: Ihr klingelt ganz offensiv an jeder Tür.«

Elyas kratzte sich am Kopf. »Und was erzähle ich denen, wenn einer aufmacht?«

Jula dachte nach. Ihr kleiner Bruder trug eine viel zu weite Kunstfelljacke und darunter einen Trainingsanzug mit blauen und orangefarbenen Streifen, dessen Oberteil er trotz der kühlen Temperaturen so weit geöffnet hatte, dass man die wuchtige Goldkette auf der schmalen, unbehaarten Brust sehen konnte. Dazu hatte er weiß-goldene Turnschuhe kombiniert.

»Pass auf, du sagst einfach, dass deine große Schwester hier in der Straße bei einer Familie putzt. Und dass du sie dringend sprechen musst, weil jemand aus eurer Familie in Not ist. Aber sie hat ihr Handy zu Hause liegen lassen. Du weißt nicht, wo sie genau putzt. Nur dass die Familie seit Kurzem ein Baby hat.«

»Dein Ernst?« Elyas sah Jula missmutig an. »*Das* ist meine Story? Weil Kanackenfrauen nichts anderes können, als den Kartoffeln die fetten Villen putzen, oder was?«

Jula strich ihrem Bruder über die Wange. Viel sanfter als zuvor sagte sie: »Wir haben nicht viel Zeit. Diese Geschichte wird man dir glauben, und wenn solche Klischees uns dabei helfen, das Baby zu finden, dann sind sie wenigstens mal für was gut.« Jula drückte ihn an sich. Elyas erwiderte den Druck, bevor er sich aus der Umarmung löste.

»Von mir aus, drauf geschissen. Und was erzählt Friedrich? Dass er ein Date mit 'ner geilen Alten hat, die Babys süß findet, und er deshalb für 'ne Stunde eins mieten will?«

»Jo, lass mal hören. Was ist meine Story?« Friedrich verschränkte die Arme vor der Brust.

»Du fährst laut brummend mit deinem Porsche vor und sagst, dass du hier in der Gegend eine Immobilie suchst, weil du bald Vater wirst. Und fragst höflich, ob jemand zufällig verkaufen will. Dann erkundigst du dich nebenbei, ob es hier in der Straße noch mehr Familien mit Babys gibt.«

Friedrich lachte. »Wenn's weiter nichts ist!«

Paul trat näher an Jula heran. »Was machen wir denn, wenn wir jemanden finden, auf den das Profil passt?«

Jula richtete ihren Blick in den blauen Himmel und nahm einen tiefen Zug der klaren Winterluft, als sie erneut das Stechen im Rücken spürte. »Geht unter keinen Umständen irgendwelche Risiken ein! Wenn ihr was Verdächtiges bemerkt, lasst ihr euch nichts anmerken. Erst wenn ihr ein paar Häuser weiter seid, ruft ihr mich an. Keine Alleingänge!«

»Sag mal, was genau wird hier eigentlich gespielt?« Elyas sah seine Schwester an, als habe er sie beim Klauen erwischt.

Jula richtete ihre Blicke noch einmal auf ihre drei Helfer, bevor sie mit den Schultern zuckte und sagte: »Ganz ehrlich: Ich habe keine Ahnung! Aber es ist nichts Gutes, also passt auf euch auf!«

KAPITEL 37

JONATHAN

Jonathan griff noch einmal nach dem Umschlag und sah hinein. So, als könne sich dessen Inhalt auf dem Weg von der nahe gelegenen Bankfiliale bis zu seinem Haus in Luft aufgelöst haben. Zehntausend Euro, gerade einmal halb so viel, wie Frau Sommer ihm für Selma geben würde. *Aber ist es auch genug, um sie dazu zu bringen, etwas zu tun, das nur ein Wahnsinniger tun würde?* Jonathan steckte das Geld ein und sah in den Garderobenspiegel. *Ist dir bewusst, was du da gerade vorhast? Erkennst du dich eigentlich selbst noch wieder?*

Diese Frau hatte nicht gerade zimperlich geklungen, eher wie eine dieser Drogensüchtigen, von denen Jonathan während seiner Ausbildung zum Psychotherapeuten einige erlebt hatte. *Unberechenbar und zu allem imstande. Aber genau darin liegt meine Chance …*

Er sah noch einmal auf die Uhr und ging in den kleinen Raum hinten im Gang, der ursprünglich ein Gästezimmer hatte werden sollen und mittlerweile zum Büro für seine Buchhaltung geworden war. Darin standen nichts weiter als ein harter Bürostuhl, ein paar Aktenschränke und ein billiger Glastisch mit einem alten Rechner darauf. Jonathan aktivierte den Monitor. Bestimmt zum tausendsten Mal, seit er Cecile in den Raum dort oben gebracht hatte, sah er auf den Bildschirm. *Bald ist es über-*

standen, meine kleine Prinzessin, dachte er. Immerhin, ein bisschen was schien sie gegessen zu haben, die Folie einer aufgerissenen Packung Minisalami lag deutlich erkennbar neben Cecile auf dem Fußboden. Sie sah entkräftet und müde aus, doch er hoffte inständig, dass der Kämpfergeist, den Jonathan so sehr an ihr bewunderte, auch nach Tagen der unvermeidlichen Ungewissheit nicht von ihr gewichen war.

Ich fahre jetzt los, um die kleine Selma zu holen, mein Schatz. Ich verspreche dir, dass es ihr gut gehen wird. Sie kann ja überhaupt nichts dafür, das arme kleine Ding. Egal, was ich tun muss, sie wird es gut haben. Und dann, wenn das Notwendige erledigt ist, kann endlich für uns beide alles wieder gut werden. Auch wenn es eine Weile dauern wird. Aber wir haben ja Zeit, mein Schatz. Alle Zeit der Welt. Gleich, wenn Frau Sommer hat, was sie will. Jonathan spürte, wie eine Träne an seiner Wange hinunterlief, und er staunte, dass er überhaupt noch Tränen hatte. *Glaubst du wirklich, dass es jemals wieder werden kann, wie es war?*

Er musste an den Abend in dem kleinen Bistro in Paris denken, als er Cecile zu ihrem Geburtstag mit einer Wochenendreise überrascht hatte. Als er ihr diese Kette überreichte, die sie am Tag zuvor mit leuchtenden Augen im Schaufenster eines Juweliers bewundert hatte. *Aber die ist doch viel zu teuer,* sagte sie. Doch in ihren Augen lag keine Sorge um das Geld, sondern nur die ehrliche Begeisterung darüber, dass Jonathan es bemerkt hatte. Dass es für ihn keiner Worte bedurft hatte, um zu erkennen, wie sehr ihr diese Kette gefiel. Auch wenn er nicht hatte wissen können, aus welchem besonderen Grund.

Sie erinnert mich an die Kette, die ich von meiner Groß-

mutter geerbt habe. Das war eines der wenigen Erinnerungsstücke an meine Familie. Aber sie ist mir gestohlen worden, als ich neunzehn war. In meiner ersten eigenen Wohnung – wahrscheinlich auf einer Party. Die ganze Bude war voller Leute, ich kannte gar nicht alle. Ich war damals untröstlich, aber mit dieser neuen Kette beginnen wir beide jetzt eine eigene Familientradition. Und eines Tages wird unsere Tochter sie von mir bekommen, und unsere Enkelin bekommt sie dann von unserer Tochter.

Jonathan bekam Gänsehaut. Was, wenn Frau Sommer und Miquel auftauchen würden, während er gerade in Moabit bei der Übergabe war? Würden sie ins Haus einbrechen? Würden sie seine Cecile finden und sie mitnehmen? Oder gar Schlimmeres mit ihr anstellen? *Ich werde dieser bösen alten Frau einen Zettel an der Tür hinterlassen. Sie will das Baby, nichts weiter. Und ihre vierundzwanzig Stunden sind noch nicht um.*

Jonathan wollte den Monitor gerade ausschalten, als er glaubte, in seiner Nähe ein Scharren gehört zu haben. Ganz leise, schwer zu orten. So, als habe jemand an Holz gekratzt. Er wollte nachsehen, was es damit auf sich hatte, da klopfte es lautstark an der Haustür. Und das, obwohl die Klingel tadellos funktionierte. Es pochte drei Mal, ganz ruhig und ohne Hektik. So, als klopfe das Schicksal persönlich an die Pforte. *Ich muss zugeben, die Hexe hat Sinn für Dramatik! Aber verdammt, warum kommt sie jetzt schon?* Er ging ruhigen Schrittes zur Tür, fuhr sich mit der Hand durch die unfrisierten Haare, berührte versehentlich die Wunde am Kopf, zuckte, atmete tief durch und öffnete schließlich die Tür.

»Sie kommen zu früh!«

Die Frau mit dem viel zu freundlichen Lächeln und den

viel zu fröhlichen Farben im Gesicht hatte eine Babytragetasche bei sich.

»Aber Herr Dorm, Sie wollen damit doch wohl hoffentlich nicht andeuten, dass es immer noch Probleme gibt?« Sie sah sich zur Straße hin um. »Möchten Sie mich nicht hereinbitten?«

»Natürlich! Ich habe gerade mit der Frau telefoniert, die Selma …«

»Psssssst!« Frau Sommer stellte die Babytasche ab, führte den Zeigfinger vor die rot geschminkten Lippen und legte ihre andere Hand auf Jonathans Schulter. »Wissen Sie, wir haben mittlerweile eine veränderte Situation.«

Jonathan sah die gespielte Besorgnis in ihrem Blick. Warum auch immer, aber für einen Sekundenbruchteil musste er an seine Religionslehrerin aus der vierten Klasse denken. *Frau Feld*. Sie war meisterlich darin gewesen, den Kindern beim Vorlesen aus der Bibel mit Blicken und Gesten das Gefühl zu geben, dass es gerade um etwas wahrlich Großes, Bedeutsames ging. So wie Frau Sommer. Jetzt, in diesem unseligen Moment, in dem es, anders als bei Frau Feld, ganz gewiss nicht um christliche Nächstenliebe ging.

»Was soll das heißen? Was für eine veränderte Situation?«

Frau Sommer schob Jonathan rückwärts in den Flur und warf die Haustür hinter sich ins Schloss.

»Der Notruf Ihrer Frau, die zweifellos noch immer da oben unter dem Dach sitzt und gegen die Tür pocht, hat leider Reaktionen ausgelöst. Meine Kollegen vom LKA haben seitdem ihre Bemühungen verstärkt, Remus das Handwerk zu legen. Wir haben Maßnahmen ergriffen, um das Beweismaterial zu manipulieren, das Ihre Frau geschaffen hat. Aber dieser Notruf hat dennoch schlafende Hunde geweckt, und das verdanken wir Ihnen. Also überlegen Sie sich Ihre nächste Antwort jetzt bitte sehr genau: Wo ist das Baby?«

Dorm lief ein Schauer über den Rücken. Sein Herz klopfte wie verrückt, und sein Körper schüttete Unmengen an Adrenalin aus. Was sollte er antworten?

»Ich weiß, wer Selma hat, und ich bin mit dieser Person verabredet. Ich werde da jetzt hinfahren, und sie erwartet natürlich, dass ich allein komme.«

Jonathan versuchte, klar und ruhig zu sprechen. Zu deeskalieren, verbindlich zu klingen und Vertrauen zu schaffen. So, wie er es in der Ausbildung gelernt und seitdem Tausende Male bei seinen Patienten angewendet hatte.

»Es gibt also noch jemanden, um den wir uns kümmern müssen?«

Jonathan fröstelte es. Wieder sah er Justin Hollstein vor sich, wie er ahnungslos am Bahngleis gestanden hatte.

»Ich werde Ihnen Selma in einer Stunde übergeben, innerhalb Ihres Ultimatums. Aber bitte lassen Sie mich jetzt zu diesem Treffen fahren.«

Frau Sommer machte einen Schritt zurück und musterte Jonathan von oben bis unten. So lange, bis er sich wie Vieh auf einer Auktion vorkam.

»Ich habe ehrlich gesagt nicht viel Hoffnung, dass Sie hier noch irgendwas in den Griff bekommen werden. Sie sehen aus, als hätte Sie jemand aus einem Gully gefischt.« Jetzt klang Frau Sommer nicht mehr freundlich, und dieses widerliche Lächeln war von ihrem Gesicht verschwunden. »Ich denke, wir werden das besser auf meine Weise zu Ende bringen!«

Jonathan bemerkte, wie Frau Sommers Blick über seine Schulter hinweg auswich. Er spürte einen Luftzug von hinten, und noch ehe er sichs versah, wusste er auch schon, was es gerade eben noch mit diesem Scharren auf sich gehabt hatte. *Ein geschickter Schachzug, das muss ich ihr lassen. Sie hat mich so mit ihrer Dame abgelenkt, dass ich gar nicht mehr auf den Turm geachtet habe …* Mit einem Ruck wurde er von hinten gepackt, fühlte, wie sein entkräfteter Körper zurückgezogen wurde, und bevor er versuchen konnte, seine letzten Kräfte für einen Boxschlag zu bündeln, spürte er auch schon die Klinge an der Kehle. Den Tod vor Augen, sah er, wie Frau Sommer ihr abscheuliches, hexengleiches Grinsen aufsetzte und lieblich säuselte:

»Miquel, ich schätze, es ist jetzt an dir, diesem Drama hier ein Ende zu bereiten!«

KAPITEL 38

PEGGY

Selma schrie seit über einer Stunde, wenn ihr Weinen mittlerweile auch müder geworden war. Wie ein Tiger im Käfig lief Peggy in dem kleinen, nach Nikotin und Bier stinkenden Zimmer mit den schimmeligen Wänden auf und ab und versuchte mit einer solchen Anspannung, das Baby zu beruhigen, dass die Kleine dadurch nur immer noch unruhiger wurde.

»Mann, jetzt sei doch endlich ruhig! Gleich kommt der Typ mit der Kohle, dann ist das Ding hier erledigt! So lange wirst du doch wohl noch aushalten können.«

Peggy lief Schleim aus der Nase, und ihre Augen waren rot unterlaufen. Sie sah zu der Wodkaflasche vom Discounter und stellte erleichtert fest, dass diese noch halb voll war. Auch die Packung mit dem Zigarettentabak war noch gut gefüllt. *Wenigstens habe ich was zum Feiern da, wenn ich gleich reich bin. Und nicht nur das softe Zeug …* Peggy zog die Kapsel mit dem Kokain aus ihrer linken Hosentasche. Sie war noch etwa zur Hälfte gefüllt. Sie streute sich etwas von dem Pulver auf den Handrücken und inhalierte es. Die Kapsel schloss sie wieder und legte sie neben sich auf dem Esstisch ab. Gerade als sie spürte, wie sich das bittere Pulver in den Nasenschleimhäuten verteilte, schrie Selma wieder auf, dieses Mal noch lauter als zuvor.

»Ich habe keine Nerven mehr für dein Geschrei! Soll ich dir mal sagen, was meine Mutter mit mir gemacht hat, wenn ich geschrien habe? Sie hat gesagt: *Ich gebe dir jetzt mal einen Grund zu weinen!* Und dann hat sie mir eine geballert. Also bitte, sei ruhig!«

Peggy sah Selma an, und ein Schauer lief ihr den Rücken hinunter. Nur ganz kurz, für einen Augenblick, doch es reichte aus, um sie für zwei oder drei Sekunden zu lähmen. Waren es die Drogen, die ihre Wahrnehmung beeinträchtigten? Oder die bevorstehende Geldübergabe, die sie aus ihrer gewohnten Fassung brachte? *Oder ist es einfach nur dieser Blick?* Ein Blick, wie sie ihn noch nie bei irgendeinem Menschen gesehen hatte. Peggy, die Frau, die ihre Selbstachtung schon vor so langer Zeit verloren hatte, dass sie sich gar nicht mehr daran erinnern konnte, ob sie überhaupt jemals eine besessen hatte. Die in ihrem Leben mehr Alkohol und Drogen konsumiert hatte als irgendetwas anderes und die für einen schnellen Kick und eine Flasche Schnaps Dinge zu tun bereit war, von denen andere nicht einmal wussten, dass sie möglich waren. Und jetzt auf einmal stand sie da. Mit fahlem, eingefallenem Gesicht und traurigen, tief in den Höhlen liegenden Augen betrachtete Peggy das weinende Baby direkt vor sich auf einer stinkenden, versifften Matratze. Wie das Kind sie anzusehen schien, mit welcher Intensität und Tiefe. So, als sei ein Engel in sie gefahren, der aus den Augen des hilflosen Babys heraus um Zuneigung flehte. *Was passiert hier gerade? Kannst du mich etwa verstehen?* Peggy zuckte zusammen, so, als wolle sich etwas in ihr wie durch einen Stromschlag von der Magie des Blickes in den tränengefüllten Augen des Kindes befreien.

»Ich lasse mir nicht mein Geschäft mit diesem reichen

Typen versauen! Da kannst du mich angucken, wie du willst! Ich zeige dir jetzt mal, wie meine Mutter mich immer ruhiggestellt hat!« Peggy griff die Kapsel mit dem Kokain vom Tisch und streckte sie Selma entgegen. »Davon gebe ich dir jetzt was. Dann geht's dir erst mal besser!«

Und während sich die kleine Selma hilflos und weinend in ihrer Decke wand, öffnete Peggy die Kapsel mit dem feinen weißen Pulver darin.

KAPITEL 39

ELYAS

»Alter, das ist der volle Abfuck hier! Scheiß Reichengetto!«

Elyas hatte sich für eine kurze, telefonische Rücksprache mit Jula gegen einen Verteilerkasten gelehnt und sah zu dem Straßenschild mit der Aufschrift »*Gas weg: Kinder!*« hinauf. Er schüttelte den Kopf. Wie spießig hier draußen alles war, wie in einem Werbespot für Frühstücksflocken. Sämtliche Anwohner der Tannenbergallee, mit denen Elyas bisher gesprochen hatte, waren bestenfalls mäßig freundlich zu ihm gewesen, alle hatten sie kritische Distanz zu dem Jungen mit dem südländischen Aussehen gehalten. Außerdem hatte Elyas feststellen müssen, dass offenbar kaum irgendjemand in dieser muffigen Straße andere Menschen kannte als die, die direkt nebenan wohnten.

»So schlimm?« Jula klang besorgt.

»Alter, auf jeden! Die einen reden mit mir, als ob ich kein Deutsch könnte, die anderen knallen gleich die Tür zu. Und ein Typ wollte die Bullen rufen, wenn ich nicht *sofort wieder nach Kreuzberg zurückgehe*. Sein Ernst?«

Jula atmete schwer aus. »Und die Häuser, bei denen keiner aufmacht? Gibt es da irgendwelche Hinweise auf Babys?«

»Einer hat gesagt, dass es hier viel zu viele Kinder gibt.

Und dass die alle voll nerven. Der sah aber eher so aus, als ob er Kinder ganz gern hat. Aber nur im Internet, ha, ha!«

»Na super! Mit Friedrich und Paul habe ich auch gerade gesprochen. Friedrich hatte nur einen Typen, der sich mit ihm über sein Auto unterhalten wollte, und Paul wurde für einen Zeugen Jehovas gehalten. Okay, welche Gebäude können wir streichen?«

Elyas gab durch, welche von ihm überprüften Häuser von mehreren Familien, Rentnern oder Alleinstehenden bewohnt waren. Zudem, welche der Anwesen erkennbar keine Schiebetüren zum Garten hinaus hatten oder deren männliche Bewohner er gesehen und keine Verletzungen an den Köpfen festgestellt hatte.

»Okay, also zusammen mit meinen, Pauls und Friedrichs Ausschlüssen ist die mögliche Auswahl der Häuser bisher etwa um ein Drittel geschrumpft«, sagte Jula.

Elyas sah auf die Uhr. »Lass mal fertig werden hier, ich hab gleich echt keinen Bock mehr auf die Kacke. Ich melde mich, wenn was ist!« Er beendete das Telefonat.

Er wollte sich schon widerwillig auf den Weg zum nächsten Haus machen, als er von der anderen Straßenseite her die Stimme eines älteren Herrn vernahm.

»Suchst du irgendwas, junger Mann?«

Der nächste blöde Penner, der Angst hat, dass ich ihm seinen Volvo klaue. Elyas drehte sich um. Ein Mann Ende sechzig stand in eine Daunenjacke gehüllt und mit einem Border Collie an der Leine auf dem gegenüberliegenden Bordstein.

Der Typ sieht aus wie Herr Böhm, mein Mathelehrer. Und anscheinend ist er genauso ein Vollspaten. Aber okay, alles für die Mission!

»Wohnen Sie hier?« Elyas lächelte dem Mann so charmant zu, wie es ihm möglich war.

Dieser sah noch immer mit der Ausstrahlung eines Fußballschiedsrichters zu ihm herüber.

»Ja, und das schon 'ne ganze Weile! Meine Frau und ich sind hier im Juni achtundsiebzig hergezogen, da gab es dich noch gar nicht.«

»Darf ich Sie mal was fragen?« Er trat auf die Fahrbahn und ging auf den Mann zu.

»Willst du hier was verkaufen?« Der Mann griff die Leine seines Hundes etwas höher, obwohl das Tier keinerlei Reaktion auf den herannahenden Jungen zeigte. »Dann hau lieber gleich wieder ab, wir brauchen hier nichts.«

Abgesehen von einer Gartenzwerg-Vernichtungsmaschine und einem Häcksler für vergilbte Vorhänge, du Vogel!

»Nein, keine Sorge.« Elyas wusste, wie man Typen wie diesen Kerl da einwickeln konnte, er war oft genug mit dem Jugendamt in Kontakt gekommen, um sich so verstellen zu können, wie es gerade gebraucht wurde. *Wenn der Typ immer so drauf ist wie jetzt, kennt der hier jeden in der Straße! Aber wenn ich dem mit der Story von der putzenden Schwester komme, dreht er sich sofort um. Ich schätze, der interessiert sich eher für Kohle. Also los, improvisieren!*

»Ich suche jemanden. Meine Schwester hat neulich in ihrer Babygruppe eine Frau kennengelernt, hier aus der Straße.«

Der Mann trat einen halben Schritt zurück und musterte Elyas mit Skepsis. »Was denn für eine Babygruppe?«

»Die von der Gemeinde. Da drüben, hinter dem Olympiastadion.« Elyas deutete mit einer vagen Geste willkürlich in die Ferne. »Diese Frau, ich weiß leider nicht, wie sie heißt, hat wohl gesagt, dass sie hier in der Straße wohnt. Ich heiße übrigens Toni Hammadi.«

Elyas streckte dem Mann die Hand entgegen. Dieser betrachtete sie zunächst mit Vorbehalt und erwiderte den Handschlag dann mit sichtlich gebremstem Eifer.

»Friedmann. Und was willst du nun hier, junger Mann?«

»Diese Frau hat meiner Schwester Geld geliehen, zweiundachtzig Euro. Und weil ich heute hier in der Gegend bin, hat meine Schwester mich gebeten, ihr die Kohle zurückzugeben. Ist ja 'ne Menge Geld. Aber die Straße ist viel länger, als ich dachte. Kennen Sie zufällig eine Frau mit Baby hier in der Tannenbergallee?«

»Na, du machst mir Spaß! Hast du keine genauere Beschreibung?«

Elyas tat, als denke er nach. »Also, sie hat wohl noch gesagt, dass ihr Mann sich am Kopf verletzt hat.«

Elyas bemerkte, wie sich etwas an der Mimik dieses Herrn Friedmann veränderte. Seine misstrauische Haltung schien Angst zu weichen, sein Blick driftete kurz ins Leere, und sein Gesicht rötete sich leicht.

»Also, eine Verletzung am Kopf habe ich nur bei einem hier in der Straße gesehen. Aber diesen Herrn solltest du meiden. Der tickt nicht richtig! Der ist eine Gefahr für die ganze Siedlung!«

Elyas bemühte sich, weiterhin ruhig zu wirken. Auch wenn sich sein Herzschlag beschleunigte.

»Wie heißt der denn? Dann kann ich meine Schwester anrufen und sie fragen, ob bei dem Namen was bei ihr klingelt. Oh, Mann, das ist mir alles so peinlich, ich sollte eigentlich wissen, wen ich suche. Was für eine bekofferte

Aktion, hier anzukommen und keine Ahnung zu haben, wie die Frau heißt.«

»Dieser Kerl hat mich heute bedroht, du willst gar nicht wissen, womit! Das ist ein Irrer, kein Wunder. Der ist ja auch Psychiater, die sind ja selbst alle irre! Die Wunde am Kopf scheint Herrn Dorm offenbar auch geistig getroffen zu haben!«

Elyas horchte auf. »*Dorm* sagten Sie?«

Friedmann nickte und deutete auf eines der Häuser auf der gegenüberliegenden Straßenseite.

»Der wohnt da schräg gegenüber. Der Irrenarzt.«

Elyas kratzte sich am Kopf. »Wie heißt seine Frau denn mit Vornamen? Meine Schwester meinte, es war irgendwas mit … äh …«

»Die heißt Cecile.«

»Mit *C*, genau, das war's!« Elyas klatschte in die Hände.

»Das ist eine Tante vom Jugendamt. Sie ist umgänglicher als er, aber ein bisschen versponnen ist die auch. Muss man ja wohl sein mit so einem Mann.«

»Cecile Dorm also. Na, die wird sich freuen, wenn sie gleich das Geld zurückbekommt.«

Elyas streckte dem Kerl erneut die Hand entgegen, doch dieser ergriff sie nicht.

»Die kann es aber eigentlich gar nicht sein!«

»Nicht?«

Friedmann zuckte mit den Achseln. »Nein, das würde mich wundern.« Er sah sich um und sprach viel leiser weiter: »Ich erzähle dir jetzt mal ein bisschen was über dieses Paar. Danach glaubst du nicht mehr, dass das die Frau aus der Gruppe deiner Schwester ist.«

KAPITEL 40

CECILE

Cecile nahm noch einen weiteren Schluck von dem Roiboostee, den Jonathan neben den Wasserkocher gestellt hatte. Es war ihre Lieblingssorte, natürlich, was auch sonst? Jonathan hatte immer gewusst, was sie mochte, ablehnte oder sich wünschte. *Bis er plötzlich sein wahres Gesicht gezeigt hat.* Er schien wirklich an alles gedacht zu haben, als er das hier oben vorbereitet hatte. Während der Stunden, in denen Cecile mit Selma auf der Couch gelegen hatte, sorglos und voller Zuversicht in ihre gemeinsame Zukunft als glückliche kleine Familie. In Handwerkerkleidung war Jonathan nach oben gegangen, immer wieder, oft mehrmals am Tag. *Ich baue die Mansarde zu einem Kinderzimmer aus,* hatte er gesagt. *Für später, wenn Selma größer geworden ist. Und vielleicht bekommt sie ja auch noch ein paar kleine Geschwisterchen, wer weiß?* Wie herzlich er dabei geklungen hatte und wie sehr sie die Geräusche gemocht hatte, die aus der Mansarde gedrungen waren. Hämmern, Schrauben, Bohren. Das Entstehen von etwas Neuem hatten sie angekündigt, von etwas Gutem, das ihnen allen Glück bescheren sollte. Was für ein wunderschönes kleines Reich Jonathan dort wohl für Selma baute, hatte sie sich gefragt.

Wann dürfen wir es denn endlich sehen? Immer dieses Lächeln in seinem Gesicht, wenn sie ihn damit gelöchert hatte. Schelmisch wie ein Schuljunge. *Erst wenn es fertig ist!*, hatte er geantwortet und den Schlüssel für das Dachgeschoss niemals aus der Hand gegeben. Und dann war er wieder nach oben gegangen, um weiterzubauen. Doch nicht an einem paradiesischen Kinderzimmer, wie Cecile nun mit aller Härte erfahren hatte. Sondern an dieser anscheinend ausweglosen Gefängniszelle, in der er schon lange, lange geplant hatte, sie und ihre Mutter einzusperren. *Sobald er mir Selma genommen hat.*

»Keine Angst, Mama, ich trinke den Tee nicht, weil ich es mir gemütlich machen will!« Cecile sah zu dem Sessel, auf dem ihre Mutter mit steinernem Gesicht saß.

»Du machst mir Angst! *Es wird Blut geben!* Schatz, was immer du vorhast, bitte, denk noch mal darüber nach. Ich bin sicher, Jonathan wird uns bald hier rauslassen. Bitte, mach jetzt nichts Dummes.«

»Das tue ich nicht, Mama. Ganz im Gegenteil. Ich werde seine eigenen Waffen gegen ihn einsetzen. Das wird hart werden, aber es geht hier um Selma.« Cecile trank noch einen Schluck Tee. »Ich werde dafür sorgen, dass wir hier rauskommen, und dann wird dieser ganze Albtraum beendet sein.«

Cecile stellte die Tasse ab und wandte sich um. Sie ging bedächtigen Schrittes in das kleine Badezimmer und blieb vor dem Spiegel stehen. Sie hob den Blick. *So weit hat sie mich also gebracht, meine Sehnsucht nach einer glücklichen Ehe und einem wundervollen Kind. Wie sehr ich das immer wollte! So sehr, dass es mich letztlich zu der gemacht hat, die da jetzt im Spiegel vor mir steht.* Cecile griff mit beiden Händen an das durchgeschwitzte Shirt, das sie seit Tagen am Leibe trug, und zog es aus. Sie betrachtete ihren ausgemergelten Körper.

Ihre Rippen schienen sich von innen durch die blasse Haut drücken zu wollen, und ihre rot unterlaufenen Augen wirkten so müde und trüb, dass Cecile vor sich selbst erschrak.

Sie schloss die Augen und rief sich noch einmal das Bild von Selma in Erinnerung. Wie sie mit ihr in diesem kleinen Café gesessen hatte, kurz nach ihrer Geburt. *Sie haben aber ein süßes Kind! Oh, eine stolze Mutter, wie schön. Wie sie lächelt, dieser Mund, ganz die Frau Mama.* Allein der Anblick des Babys in ihrem Arm hatte diese fremden Menschen zu verzücken vermocht. Welche Wärme Cecile dabei empfunden hatte, wie viel Liebe und Geborgenheit!

Sie verweilte noch für einige Sekunden in der wohligen Wärme ihrer Erinnerungen und öffnete dann die Augen. Langsam lockerte sie das Band, mit dem sie die graue Trainingshose mit den Teeflecken darauf um ihre schmale Hüfte gezurrt hatte. Die Hose sank zu Boden, sodass Cecile jetzt nackt vor dem Spiegel stand. *Nackt und hilflos wie ein Baby. So hilflos, wie es Selma war, als er sie mir genommen hat.* Cecile blickte auf den Waschtisch, auf dem Jonathan die Zahnbürste mit weichen Borsten und die Zahncreme für empfindliche Zähne deponiert hatte, die Cecile immer verwendete. Daneben einen Tiegel der Hautcreme, mit der sie sich vor dem Schlafengehen einrieb. Zum Leidwesen von Jonathan, der den Geruch nicht mochte. Aber dennoch hatte er ihr die Creme jedes Mal wieder gekauft. *Er hat mir den perfekten Mann vorgespielt, und er war so verdammt gut darin. Aber jetzt ist es vorbei mit dem Theater, die Maske ist gefallen. Ich! Muss! Hier! Raus!*

»Also dann.« Sie sah ihrem Spiegelbild tief in die Augen. »Es gibt wohl wirklich nur diesen einen Weg. Bringen wir es zu Ende!«

Ohne weiteres Zögern griff sie den aus Holz gefertigten Zahnputzbecher, nahm Bürsten und Zahncreme heraus und schlug ihn so fest gegen den Spiegel, dass dieser brach. Cecile griff nach einer Scherbe. *Warum ist mir diese Idee nicht schon am ersten Tag gekommen? Wir haben so viel Zeit verloren. Hoffentlich nicht zu viel Zeit …*

»Nein, Mama, ich habe den Tee wirklich nicht getrunken, um es mir gemütlich zu machen.« Cecile flüsterte so leise, dass nur sie selbst es hören konnte.

Dann führte sie die Scherbe an ihren linken Oberarm, setzte sie an und zog sie routiniert mit leichtem Druck über ihre Haut, bis Blut aus der kleinen Wunde lief. Sie fuhr sich mit dem rechten Zeigefinger über die Verletzung und sah zu, wie der tiefrote Blutstropfen über ihre Fingerkuppe lief. *Du frigide Fotze! Das machst du doch nur, weil du selbst keine Kinder hast!*, schoss es ihr noch einmal durch den Kopf. Doch die Stimme aus den Tiefen ihrer Erinnerung würde sie nicht aufhalten. Nichts würde sie jetzt noch davon abhalten, dem unseligen Warten ein Ende zu setzen und ihrer scheinbar ausweglosen Situation zu entfliehen. Sie schloss die Augen und sah Selmas Wiege vor sich. Nur dass diese jetzt, in Ceciles Vorstellung, nicht leer war. *Ich komme dich retten, meine kleine Maus!* Cecile öffnete mit einem leisen Knarren die Badezimmertür und sah zu ihrer Mutter, die noch immer auf dem Sessel kauerte und angsterfüllt zu ihrer Tochter hinübersah.

»Aber … was hast du denn bloß … getan?« Die Augen von Petra Kramer weiteten sich, als sie das Blut am Arm ihrer Tochter hinunterlaufen sah.

»Das ist nicht wichtig. Das, worum es hier geht, kommt

erst jetzt. Ich habe den Tee getrunken, damit sich meine Stimme vom tagelangen Schreien erholt. Mama, versteck dich im Badezimmer! Und was auch immer hier gleich geschieht, du wirst dich nicht regen. So lange, bis alle aus dem Haus sind und du ohne Gefahr abhauen kannst.«

»Wie meinst du das?« Petras Stimme bebte.

»Glaub mir, gleich wird sich hier niemand mehr für dich interessieren. Also geh nach nebenan! Du solltest das hier lieber nicht mit ansehen. Wirklich nicht!«

KAPITEL 41

JONATHAN

Am liebsten hätte er der Hexe in die Fresse geschlagen. Mit einer kurzen Geraden direkt auf die Zwölf. Wie gern hätte er dieser Kuh eine Lektion erteilt, die sie nicht so schnell vergessen würde. Wie selbstgefällig sie dasaß, ihm direkt gegenüber, in seinem eigenen Sessel. Wie siegessicher sie ihn angrinste, während ihr Handlanger Miquel gerade auf dem Weg zu dieser Bude war, in der sich Peggy Sobotta versteckte.

»Sie haben es mit ziemlich vielen psychisch kranken Menschen zu tun. Nicht wahr, Herr Dorm?« Frau Sommer lächelte süßlich, während sie in aller Ruhe ihre Kaffeetasse ergriff und endlos lange darin herumzurühren begann. *Als wüsste sie, wie grauenvoll ich das Geräusch finde, wenn jemand in einer Tasse herumrührt!*

»Das dachte ich bislang auch.« Er blieb äußerlich ruhig. »Aber Sie und Ihresgleichen haben mich eines Besseren belehrt!«

Frau Sommer lachte auf, als habe eine Freundin ihr auf einer Teeparty einen schlüpfrigen Witz erzählt.

»Sie würden sich wundern! Die echten Irren sind nämlich gar nicht wir, die wir Kinderwünsche erfüllen, wo es auf bürokratischem Weg nicht möglich ist. Es sind noch nicht mal die Eltern, die ihre Kinder an uns abgeben. Die sind meist in Not, wissen sich nicht mehr zu helfen. Da gibt es viele Gründe, und nicht alle sind verabscheuungswürdig. Wirklich krank sind die neuen Eltern, die sich die Kinder kaufen! Sie können sich nicht vorstellen, was man da so erlebt.«

Jonathan schrak auf. »Moment mal, Sie haben doch gesagt, Selma kommt in gute Hände! Sonst hätte ich niemals im Leben …«

Frau Sommer winkte ab. »Das kommt sie ja auch, keine Sorge! Und sie wird mit einer Verzweiflung geliebt werden, die man fast schon rührend finden könnte – wenn es nicht so traurig wäre. Die Kinder müssen ihren neuen Eltern nämlich fast immer irgendetwas ersetzen, was ihnen fehlt. Nur dass sie das nicht können. Wie auch, es sind unschuldige kleine Babys. Also klammern sich die neuen Eltern noch viel mehr an ihre Liebe zu den Kleinen, in der Hoffnung, dass ihnen das Frieden gibt. Was es nicht tut. Schon deswegen nicht, weil sie trotz aller Verdrängung ja immer wissen, welches Geheimnis ihre neue Familie umgibt. Sicher, die Kinder sind gut versorgt, da müssen Sie keine Angst haben. Aber viele der Eltern entwickeln im Lauf der Jahre Psychosen.«

Wie Jonathan es hasste, wenn Laien mit Fachbegriffen aus der Psychologie um sich warfen. Doch etwas ganz anderes irritierte ihn an Frau Sommers Aussage weit mehr.

»Im Lauf der Jahre? Wie können Sie das wissen?« Er beugte sich leicht vor.

»Was denken Sie denn, wie wir arbeiten? Wir behalten jeden im Blick, mit dem wir Geschäfte machen. Auch nach der Abwicklung, jahrelang. Wie sollten wir denn sonst so lange erfolgreich im Business sein?«

»Und was genau beobachten Sie da?« Jonathan versuchte, nicht allzu besorgt zu klingen.

»Vor allem, ob die wahre Herkunft der Kinder unentdeckt bleibt. Wenn es darum geht, die zu verdecken, sind die neuen Eltern zu einigem imstande. Was ich da schon alles erlebt habe! Ein Kunde hat mal seine Frau ermordet, weil sie auffliegen lassen wollte, dass das Kind nicht von ihm ist. Das ist eine verrückte Welt, in der wir leben!«

Jonathan wollte etwas erwidern, als Frau Sommers Handy klingelte.

»Was ist los, Miquel? Bist du schon in dem Haus?« Sie klang jetzt nicht mehr unnatürlich freundlich, eher wirkte sie auf Jonathan wie eine Unternehmerin, deren Firma in einer Krise steckte, die sie schnell und effektiv zu lösen hatte. »Ja, der Stadtverkehr kann einen wahnsinnig machen. Gerade um diese Uhrzeit. Wie lange wird der Stau sich hinziehen?« Frau Sommers Augen wurden schmal, und ihr Blick fokussierte sich auf irgendeinen Punkt im Raum, während Miquel berichtete. »Gut, dann sieh zu, dass du durchkommst, und nimm das Haus erst gründlich in Augenschein. Wenn sich da noch mehr Assis verstecken, kannst du schnell Probleme bekommen. Diese Ratten sind unberechenbar. Sobald alles erledigt ist, gib Bescheid.« Sie beendete das Telefonat.

»Es gibt Probleme?« Jonathan konnte sich kaum noch auf seinem Sitz halten.

Frau Sommers abstoßende Freundlichkeit war komplett verschwunden, als sie zischend antwortete: »Mit Ihnen gibt es nur Probleme, von Anfang an! Wenn das Baby nicht in spätestens einer Stunde in Miquels Besitz ist, bleibt mir nichts anderes übrig, als unseren Vertrag zu wandeln. Falls Sie verstehen, was ich damit meine!«

Natürlich verstand Jonathan, was sie meinte. Es gab

nichts falsch zu verstehen. Fast hätte er gelacht. Darüber, wie weit es gekommen war, und darüber, wie das hier alles seinen Anfang genommen hatte. Das ganze Drama. Wie ekelhaft freundlich sie gewesen war, diese Hexe. Neulich, als Jonathan diese Nummer aus dem Speicher des alten iPhones gewählt hatte. Nach tagelangem Überlegen und Abwägen. Eine Nummer, die mehr als zehn Jahre alt war und die trotzdem noch immer funktionierte. Eine Nummer, die nur kannte, wer schon viel zu weit ins Dunkel hineingetreten war, um noch unbeschadet wieder hinausfinden zu können. Und die nur wählte, wer sich im Klaren darüber war, dass es danach kein Zurück mehr geben würde.

Dennoch hatte Jonathan sie angerufen. Diese nette Frau, die mit ihm verhandelt hatte, als gehe es um den Kauf eines Gebrauchtwagens. Fragen hatte sie viele gestellt, aber nicht nach Gründen. Nur über die Modalitäten und den Zustand des Kindes. Ja, das waren ihre Worte gewesen: *Wie ist der Zustand des Kindes?* So, als gehe es um eine Ware. *Diese widerliche, böse alte Hexe!*

»Sie können das Geld behalten. Wegen des vielen Ärgers, den ich verursacht habe. Darum geht es mir nicht.« Jonathan blieb professionell sachlich, so, als habe er eine Patientin vor sich. Schließlich war das, was sich hier abspielte, nichts weiter als ein Geschäftstermin. *Jedenfalls für diese Frau Sommer.*

»Uns geht es nicht in erster Linie um Geld. Noch wichtiger ist uns, dass unsere Kunden uns vertrauen können. Und wir unseren Kunden.« Sie deutete auf den Flur, in dem die Koffer für die geplante Flucht bereitstanden. »Sie wollten verreisen?«

Jonathan verkannte den Unterton in Frau Sommers

Stimme nicht. Doch er blieb ruhig. Schließlich war sie nicht der erste Psychopath, mit dem er zu tun hatte.

»Ja, das müssen wir wohl. Meine Frau wird diese Angelegenheit hier nicht auf die leichte Schulter nehmen. Wir werden erst einmal Abstand brauchen.«

»Sie sagten gestern, dass es etwas gibt, was Ihre Frau nicht über Selma weiß.«

Dorm nickte. »Und ich habe auch gesagt, dass es nichts mit der Gesundheit des Kindes oder unserem Geschäft zu tun hat. Der Rest geht Sie nichts an!«

Frau Sommer setzte wieder ihr Lächeln auf. Dieses zuckersüße Lächeln einer Großmutter, die sich darüber freute, dass ihren Enkeln der selbst gebackene Streuselkuchen mit den Äpfeln aus dem eigenen Garten schmeckte.

»Sie irren, mein lieber Jonathan. Es geht mich durchaus etwas an, wenn Ihre Cecile uns Schwierigkeiten bereitet. So wie mit diesem Notruf. Ich habe Sie nie gefragt, warum oder von wem Selma entführt wurde, hat Sie das nicht gewundert?«

Jonathan strich sich über das Gesicht. »Ich … ich hatte über andere Dinge nachzudenken.«

»Ich höre jeden Tag eine Menge abstruser Geschichten. Die einen stimmen, die anderen nicht. Es interessiert mich nicht mehr. Wer sich mit Menschen einlässt, die ihre Kinder verkaufen, gewöhnt es sich ab, Fragen zu stellen. Es sei denn, es geht um die Sicherheit von Remus. Und Ihre Frau scheint uns zu gefährden!«

Jonathan machte eine Abwehrbewegung. »Sie weiß nichts, was Sie gefährden könnte. Sie bekommt so lange nichts von der Außenwelt mit, bis alles geklärt ist. Deswegen werden wir auch für eine Weile verreisen, sobald Sie Selma haben.«

»*Wenn* wir Selma haben! Wo, sagten Sie noch, haben Sie unsere Nummer her?«

Jonathan spürte, wie sich seine Muskeln anspannten. Was war das genau für eine Geschichte gewesen, die er sich vor seinem Anruf zurechtgelegt hatte? Natürlich wusste er noch, dass er behauptet hatte, die Nummer von einem dubiosen Typen bekommen zu haben. Aber zweifellos hatte Frau Sommer jedes Detail seiner Geschichte in Erinnerung, und indem sie ihn jetzt prüfte, gab sie zu verstehen, dass sie noch lange nicht mit ihm fertig war. So oder so. *Wir behalten jeden im Blick, mit dem wir Geschäfte machen. Auch nach der Abwicklung, jahrelang.*

»Sie wissen doch ganz genau …«

»… dass Sie über Ihre Patienten nicht reden dürfen? Glauben Sie denn, wir wüssten nicht längst, wem das Handy gehört hat, von dem Ihre Frau den Notruf gewählt hat? Wenn Sie gleich von diesem Handy aus bei uns angerufen hätten, wären Sie längst tot!«

»Ich wollte wirklich nicht …«

Weiter kam er nicht, denn vom obersten Stockwerk her erklang ein Pochen und Brüllen, das zwar durch eine Schallisolierung gedämpft, aber dennoch verständlich war.

»Guck! Auf! Den! Monitor!«

»Wovon redet sie? Was für ein Monitor?« Frau Sommer öffnete ihre Handtasche, griff aber nicht hinein.

»Ich habe oben eine Kamera installiert. Damit ich immer nachsehen kann, ob alles in Ordnung ist. Anscheinend hat sie die entdeckt.«

Wieder hallte es vom Dachboden: »Guck! Auf! Den! Monitor!«

Jonathan hielt es nicht mehr auf seinem Sitz. Unter dem

missbilligenden Blick von Frau Sommer sprang er auf und lief zu dem kleinen Raum hinten im Flur, von dem aus er Ceciles Versteck im Blick behalten konnte. Als er mit schwerem Atem und pochendem Herzen den Monitor aus dem Ruhemodus hochgefahren hatte, sah er, dass Cecile sich nun direkt vor der Kamera postiert hatte. Sie war nur mit einem Bademantel bekleidet und starrte mit aufgerissenen Augen in das Objektiv. Ihr Blick wirkte trostlos und leer. So wie bei einem Menschen, der abgeschlossen hatte. Mit allem. Dann ließ Cecile ganz langsam den Bademantel von ihrem ausgemergelten Körper gleiten. Das Bild war schwarz-weiß, sodass Jonathan die Farbe der Buchstaben auf Ceciles nackter Haut nicht erkennen konnte. Doch er bemerkte die Wunde an ihrer linken Schulter. *Sie hat sich etwas mit Blut auf den Körper geschrieben?*

»Was soll das denn jetzt schon wieder?«

Jonathan hatte nicht bemerkt, dass Frau Sommer ihm gefolgt war. Er drehte sich zu ihr um, aber nur kurz. Nicht dass er noch etwas von dem verpasste, was Cecile da gerade vor der Kamera tat.

»Ich … ich weiß es nicht! Was hat sie sich denn da auf die Haut geschrieben?«

»Können Sie das nicht ranzoomen?« Frau Sommer sprach so sachlich, als führe sie Bildregie in einer TV-Show.

Jonathan wusste eigentlich, wie er den Bildausschnitt vergrößern konnte. Doch jetzt, in diesem Moment, als er die Liebe seines Lebens nackt und offenbar mit Blut beschmiert auf diesem Monitor sah, konnte er die entsprechende Taste nicht finden. Er starrte auf die Tastatur, doch die Zahlen und Buchstaben darauf verschwammen zu einem Brei, der ihm keinerlei Orientierung zu bieten vermochte.

»Lassen Sie mich mal ran!«

Frau Sommer schob Jonathan zur Seite, prüfte, mit welcher Software sie es zu tun hatte, und betätigte die Zoom-Taste. Jetzt war klar zu lesen, was sie sich auf die Haut geschrieben hatte.

»Ohne Selma gibt es kein Leben!«

Frau Sommer las mit so gleichgültigem Klang in der Stimme vor, als gehe es um eine Schulaufführung von Kindern, die sie nicht kannte.

»Was soll das heißen?« Jonathan berührte den Monitor, als könne Cecile ihn dadurch spüren.

»Ich sage Ihnen mal, was das für *uns* heißt.« Frau Sommer drehte sich zu Jonathan um und sah ihn an, als habe sie eine schlechte Nachricht zu überbringen. »Das sieht mir alles nicht gerade danach aus, als ob wir von Ihrer Frau keine Schwierigkeiten zu erwarten hätten!«

»Verdammt, Cecile!« Jonathan schrie den Monitor so laut an, dass seine Spucke darauf landete. »Was machst du denn da bloß?«

Und schon im nächsten Augenblick erhielt er eine Antwort auf seine Frage. Als er mit aufgerissenem Mund und unfähig dazu, sich zu bewegen, mitansehen musste, wie seine geliebte Cecile die Scherbe eines Spiegels direkt vor die Kamera hielt. Nur, um sich Sekunden später ohne erkennbare Emotion in ihrem Blick damit zunächst die rechte und dann die linke Pulsader aufzuschlitzen.

KAPITEL 42

»Zur Seite, verdammt!«

Noch ehe Frau Sommer etwas sagen konnte, hatte Jonathan sie auch schon mit voller Wucht aus dem Weg gestoßen, wodurch sie gegen die Wand geschleudert wurde und ihre Handtasche fallen ließ. Er stürzte aus dem Raum und rannte die Treppe zur Mansarde so schnell nach oben, dass er dabei ausrutschte und heftig auf die Stufen schlug. Doch was hätte ihn aufhalten sollen? Jetzt, da der schlimmste aller möglichen Fälle eingetreten war. Das, was Jonathan von Anfang an für möglich gehalten und doch verdrängt hatte, wann immer es ihm in den Sinn gekommen war. *Sie hat sich etwas angetan. Dieser dämliche Spiegel. Verdammt, du hättest besser aufpassen müssen!* Er hatte so genau darauf geachtet! Nirgendwo im Raum hatte sich etwas befunden, aus dem Cecile sich einen Strick hätte wickeln können. Auch die Medikamente waren nicht dazu geeignet, bei Überdosierung zu einer Vergiftung zu führen. Jedenfalls nicht zu einer, die tödlich geendet hätte, bevor Jonathan sie bemerkt und medizinische Hilfe geleistet hätte. Alle Trinkgefäße waren aus Plastik oder Holz, keine Nägel ragten aus der Wand, er hatte an alles gedacht. Bis auf diesen Spiegel! *Wie oft ich mich darin angesehen habe, während ich das alles vorbereitet habe. Und niemals ist mir die Idee gekommen, dass …* Jonathan rappelte sich auf, sah Blut auf der Stufe, da, wo er aufgeschlagen war, spürte aber keinen Schmerz. Nicht jetzt, da es galt, Ceciles Leben zu retten. Er setzte seinen Sprint fort, erreichte die Tür, griff in seine Tasche, in der er noch immer den einzigen Schlüssel zur Mansarde aufbewahrte, und führte ihn ins Schloss. Seine Hände zitterten so heftig, dass er drei Versuche benötigte, bis er endlich das erlösende Schließgeräusch vernahm und die Tür aufstoßen konnte.

»Ich bin da! Keine Angst, mein Schatz, ich bin da!«

Er fand Cecile blass und mit starrem Blick in einer Blutlache gegen die Wand gelehnt auf dem Boden sitzend vor. Die verletzten Arme von sich gestreckt und dabei zusehend, wie das dunkle Rot in breitem Schwall auf den kleinen Vorleger traf und immer tiefer darin versank.

»Wo ist Selma?« Cecile hauchte mehr, als dass sie sprach.

»Es geht ihr gut! Du musst jetzt die Arme hochstrecken, schaffst du das?«

Cecile reagierte nicht.

»Warte, ich brauche was zum Abdrücken der Wunde.«

Jonathan hob ihre Arme in die Höhe, in der Hoffnung, dass Cecile diese Position beibehalten würde. Dann griff er sich die leichte Decke, die Cecile auf einen Sessel gelegt hatte, und riss diese hastig in Streifen. Aus zwei der Streifen formte er so etwas wie kleine Stoffbündel und drückte Cecile eines davon auf die Schnittwunde der linken Hand. Er wickelte einen weiteren Stoffstreifen darum und wiederholte die Prozedur mit der rechten Hand.

»Ich will zu Selma. Du hast ihr etwas angetan, das weiß ich.«

Dieser Blick. Jonathan blieb für einen Moment der Atem stehen. Wie sie ihn ansah, aus kalten, fast toten Augen. So, als spreche jetzt nicht mehr Cecile zu ihm, sondern durch ihren sterbenden Körper hindurch eine Macht, die alles wusste. Die wusste, was Jonathan vorhatte, die sein Geheimnis kannte. Eine Macht, die ihm sagen wollte, dass alles, was er geplant hatte, zwar nur Ceciles Bestem hatte dienen sollen, aber doch von Anfang an zum Scheitern verurteilt gewesen war. Und dass er für die blinde Naivität eines Liebenden jetzt und hier mit dem Leben bezahlen würde. Doch nicht mit seinem eigenen. Nein, das wäre wahrlich zu gut für ihn gewesen.

»Ich rufe jetzt den Rettungswagen!« Er zog das alte iPhone aus seiner Hosentasche.

»Wenn Sie dieses Telefon einschalten, dann wird es das Letzte sein, was Sie tun!« Die Stimme durchschnitt den Raum wie ein Messer.

Jonathan hob den Blick und sah, dass Frau Sommer ebenfalls nach oben gekommen war und ihm offenbar schon eine Weile still bei seinen Rettungsmaßnahmen zugesehen hatte. Jetzt hielt sie jedoch nicht mehr ihre Tasche in der Hand. Stattdessen richtete sie einen Revolver auf Jonathan.

»Cecile muss sofort ins Krankenhaus! Das kann man hier nicht behandeln, dafür braucht man Operationsbesteck und Blutkonserven!« Dorm hielt noch immer den Finger auf der Notruftaste des Handys, während er in den Lauf der Waffe blickte.

»Was interessiert mich Ihre Frau? Sie hat uns schon mehr als genug Ärger bereitet.«

»Das war doch keine Absicht! Bitte, sie weiß von nichts! Lassen Sie mich ihr helfen!«

Frau Sommer blickte mit gleichgültiger Miene zu der blutenden Cecile auf dem Fußboden. Dann zuckte sie mit den Schultern. »Erst wenn Miquel das Kind hat. Wenn überhaupt!«

Sie zeigte keine Regung, die Jonathan an der Ernsthaftigkeit ihrer Worte zweifeln ließ. Nicht in ihrem Ton, nicht in ihrer Körperhaltung, nicht in ihrem Blick.

»Dann rufen Sie ihn an und fragen nach, wie weit er ist, verdammt!« Jonathan legte das Handy vorsichtig neben sich auf den Boden und presste wieder auf Ceciles Handgelenke. Der Druckverband war blutgetränkt.

»Von mir aus.«

Frau Sommer zog das Handy aus ihrer Tasche hervor, ohne Jonathan aus den Augen zu lassen. Als sie Miquels Nummer antippen wollte, musste sie einen Blick aufs Display werfen. *Jetzt!* Jonathan sprang vom Boden auf und stürzte so schnell auf Frau Sommer zu, dass diese für einen Sekundenbruchteil erstarrte. Und dann schlug er der Hexe in die Fresse. Mit einer kurzen Geraden direkt auf die Zwölf.

»Was glaubst du Miststück eigentlich, wer du bist? Niemand hält mich davon ab, meine Cecile zu retten!«, zischte er, während sie mit starrem Blick langsam an der Wand zu Boden glitt. »Schachmatt!«

Jonathan griff eilig sein Handy vom Boden und wählte den Notruf. Er gab der Feuerwehr schnell und konzentriert alle Informationen durch, die diese benötigte. Gerade wollte er sich wieder Cecile zuwenden, als ihn eine gewaltige Kraft auf den Rücken traf und ihn zu Boden zwang. Und während er noch zu verstehen versuchte, was geschehen war, sah er auch schon, wie Cecile aus dem Zimmer stürmte. In Richtung Treppe, blutend und mit Panik in der Stimme, während sie schrie: »Selma, ich komme! Mami kommt und rettet dich!«

KAPITEL 43

JULA

Operation Notruf, 14-6-52: Irgendwas stimmt hier nicht! Ein Anwohner hat meinem Bruder was über seinen Nachbarn Jonathan Dorm erzählt, der hier in der Tannenbergallee wohnt. Genauer gesagt über dessen Frau Cecile. Teilweise wirres, widersprüchliches Zeug. Es war ziemlich eindeutig, dass dieser Nachbar die Dorms nicht mag und sich gern reden hört. Aber trotzdem war interessant, was Elyas mir berichtet hat. Obwohl er den Angaben dieses Nachbarn nach wohl aus unserer Suche ausscheidet, habe ich mir das Haus von diesem Dorm trotzdem ein bisschen genauer angesehen. Es würde tatsächlich zu Hegels Analyse passen. Es steht allein, es gibt eine Schiebetür zum Garten raus, und bei einem Blick durch den Briefschlitz konnte ich sehen, dass Kuscheltiere im Flur liegen. Und noch was: Die Müllabfuhr kommt hier in der Straße immer montags. Das ist schon ein paar Tage her, und es liegt nicht eine einzige Windel in der Mülltonne vor dem Haus. Ich werde jetzt klingeln und den Bewohner in ein Gespräch verwickeln. Und was auch immer er mir erzählt – danach werde ich Gewissheit haben, ob er lügt oder die Wahrheit sagt. Schließlich bin ich nicht ganz allein bei dem Gespräch.«

Jula deaktivierte die Aufnahmefunktion ihres Handys, zog einen Zettel aus der Tasche und wählte die Nummer, die darauf notiert war. Es dauerte nur Sekunden, bis ihr Anruf entgegengenommen wurde.

»Jula, was gibt es denn? Haben Sie was herausgefunden?«

Hegel klang so souverän wie immer. Dennoch glaubte Jula, einen Hauch von Anspannung in der Stimme zu bemerken.

»Ich werde gleich mit einem Mann reden und ihm Fragen stellen. Er wird lügen, wenn er etwas zu verbergen hat. Ich werde mein Handy dabei unauffällig in der Hand halten. Sie müssen zuhören und mir nach dem Gespräch sagen, ob er die Wahrheit gesagt hat oder nicht. Können Sie das über das Handy hören?«

»Ja, das sollte kein Problem sein. Wie heißt der Mann, und wo wohnt er?«

Jula schüttelte den Kopf. »Netter Versuch, aber diesen Einsatz hier leite ich! Also, ab jetzt reden Sie nicht mehr. Nur noch zuhören.«

»Zu Befehl!«

Jula senkte ihr Smartphone und streckte das Kreuz durch. Wie immer, wenn Adrenalin in ihren Körper schoss, ließen ihre Rückenschmerzen nach. *Vielleicht bin ich ja deswegen so ein Stressjunkie …* Sie atmete dreimal tief ein und aus, schloss kurz die Augen und wollte bereits die Türklingel betätigen, als sie aus dem Haus Geräusche vernahm. Wenn auch keine, die sie konkret zuordnen konnte. Krachen, Rufen, Getöse.

Jula ließ von der Türklingel ab und führte ihr Telefon wieder ans Ohr. »Haben Sie das gehört?«

»Nur sehr leise. Es könnte etwas umgefallen sein, es könnte aber auch ein Konflikt zwischen zwei oder mehr Menschen sein.«

»Okay, da ist irgendwas los. Ich rufe jetzt lieber Hilfe, man weiß ja nie. Ich melde mich sofort wieder bei Ihnen, gehen Sie nicht vom Handy weg!«

»Habe ich nicht vor.«

Jula beendete das Telefonat und rief Paul an. Besetzt. *Verdammt, was machst du denn? Mit deiner Neuen telefonieren?* Jula drückte den Anruf weg und wählte Friedrichs Nummer.

»Yo, Jula, was geht ab?«

»Pass auf, Elyas hat mir einen Tipp gegeben. Und ich glaube, ich habe hier wirklich was gefunden.«

»Er meinte, du hast gesagt, dass er das Haus vergessen kann. Der sucht jetzt weiter blöd rum, genau wie ich. Alles Idioten hier, Alter, was für 'ne Hood!«

»Hier stimmt auf jeden Fall irgendwas nicht.« Jula sprach so leise, wie es ihr möglich war. »Sammle bitte Paul und Elyas ein, und dann kommt her. Nur zur Sicherheit, falls ich Hilfe brauche. Hausnummer 18c, bei Dorm!«

»Geht klar!«

Jula drehte sich noch einmal zur Straße um. Es war niemand auf dem Gehweg zu sehen, und auch hinter den Fenstern der Nachbarhäuser konnte Jula keine Bewegung ausmachen. Sie stellte die Verbindung zu Hegel wieder her und senkte die Hand mit dem eingeschalteten Handy darin.

»Okay, es geht los!«

Da vernahm sie wieder Laute aus dem Haus. Lärmender und bedrohlicher als zuvor. Sie hielt das Handy an den Briefschlitz und öffnete ihn mit der anderen Hand. Sie wartete einen Moment, dann führte sie das Telefon wieder ans Ohr.

»Da rennt jemand eine Treppe runter!«

Hegel klang hoch konzentriert. »Allerdings! Und zwar …«

Jula unterbrach. Diese Geräusche konnte sogar sie analysieren.

»… direkt auf mich zu!«

»Sie müssen von der Haustür weg, schnell!«

Kaum hatte Jula Hegels Warnung vernommen, erklang auch schon ein Ruf aus dem Haus. Durch die massive Holztür gedämpft, aber dennoch klar und deutlich zu vernehmen: »Selma, ich komme! Mami kommt und rettet dich!«

Die Stimme klang wirr und verzweifelt, heiser und angsterfüllt.

»Haben Sie das gehört?«

Hegel sprach jetzt schnell, klar und scharf: »Ja, eine Frau in Panik. Und nicht irgendeine beliebige Frau! Diese Stimme höre ich seit Tagen fast ununterbrochen, die würde ich inzwischen sogar an einem Husten erkennen!«

»Sie meinen …?«

»Ja, das ist die Frau von dem Notruf. Eindeutig! Weg von der Tür, Jula!«

Und dann ging alles ganz schnell. Den unsicheren Schritten der Frau folgten lautere, eiligere. Das Rufen einer Männerstimme mengte sich in den Chor des Tosens, die Laute kamen schnell näher, klangen drängender, überlagerten einander und bildeten einen einzigen Schwall aus Schreien, Stürzen, Wüten und Verzweiflung. Jula wandte sich zur Straße um und sah auch schon das Chrom des Porsches aufblitzen, als Friedrich mit Elyas auf dem Beifahrersitz vor dem Haus zum Stehen kam. Sie trat eiligst von der Haustür weg. Da sprang die Tür auch schon auf, und eine nackte Frau, hager und panisch, blutend und schreiend polterte auf den kleinen Kiesweg, der zur Straße hinführte.

»Selma!«, keuchte sie noch, bevor sie ins Wirbeln geriet, barfuß auf den kalten Steinen ausglitt und der Länge nach stürzte.

»Ich rufe Hilfe!« Jula brach ihre Flucht ab und lief zu der hilflosen Frau.

»Gehen Sie von ihr weg!« Die Männerstimme klang eher angsterfüllt als bedrohlich.

Noch während Jula den Blick von der wimmernden Frau wendete, sah sie, wie jemand auf sie zustürmte.

»Hilfe!« Jula schrie aus vollem Hals.

»Soll ich einen Krankenwagen rufen?«, erklang die Stimme von Elyas.

Er und Friedrich standen jetzt vor dem Haus und verfolgten mit aufgerissenen Augen das wirre Spektakel. Der Mann hatte mittlerweile die wimmernde Frau mit den blutversifften Stoffbändern um die Handgelenke erreicht und sich hingekniet. Für Jula und die Jungs schien er keine Augen zu haben, er packte nur die Handgelenke der hageren Gestalt mit dem trüben Blick und presste fest auf die Stellen, aus denen es immer weiter blutete. Jula bemerkte erst jetzt, dass der Frau offenbar etwas mit Blut auf den Körper geschrieben worden war. Es war teilweise verwischt oder abgebröckelt. Doch ein Wort war deutlich zu entziffern: Selma!

Selma, ich komme! Mami kommt und rettet dich!

Und noch bevor Jula auch nur im Ansatz verstehen konnte, was um alles in der Welt sich hier gerade abspielte, vernahm sie auch schon das Geräusch einer Sirene, die sich rasant auf sie zubewegte.

KAPITEL 44

Die Tür ist nicht ins Schloss gefallen. Immer wieder warf Jula verstohlene Blicke zum Eingang des Hauses, während die Rettungskräfte die nackte, blutende Frau noch auf dem Zuweg zum Haus so weit versorgten, dass sie mit ihr den Transport in die Klinik antreten konnten. Niemand schenkte Jula Aufmerksamkeit, und das, obwohl sie nur wenige Meter neben der verletzten Frau und dem aufgebrachten Mann mitten auf dem Grundstück stand. Die Sanitäter und der Rettungsarzt hatten ohnehin schon alle Mühe, die Verletzungen der Frau zu behandeln, während der panische Mann, der immer wieder betonte, Arzt zu sein, dabei wenig hilfreich war. Weinend, schreiend und flehend versuchte er nur immer wieder, den Rettungsmediziner zu unterstützen, was ihm aufgrund seiner Verfassung jedoch gar nicht möglich war. Schließlich gelang es einem der Sanitäter, den Mann in den Krankenwagen zu führen, in dem er mit in die Klinik fahren konnte. Als die Frau schließlich auf einer Trage zum Rettungswagen geschoben wurde, trat Jula an Elyas und Friedrich heran, die dem Spektakel vom Gehweg aus zusahen.

»Elyas, das hast du super gemacht! Durch deinen Tipp konnte ich rechtzeitig hier sein.«

»Kein Thema, *BigEly* ist zur Stelle, wenn er gebraucht wird!«

»Wo ist denn Paul?« Jula sah zu Friedrich.

Der schlaksige Junge zuckte mit den Schultern. »Ich habe ihn nicht gefunden.«

»Okay, dann fahrt ihr beide jetzt bitte dem Rettungswagen hinterher und gebt mir so schnell wie möglich durch, wohin sie gebracht wird. Und behaltet ihren Mann im Auge, der darf auf keinen Fall abtauchen!«

»Kein Thema, Sis.« Elyas versuchte, lässig zu wirken, doch Jula war sicher, dass ihn der Anblick der blutenden Frau beeindruckt hatte.

»Ist alles okay mit dir?« Es konnte ja kaum anders sein, als dass der Vorfall ihn an die Frau erinnert hatte, die nur wenige Wochen zuvor an seiner Seite gestorben war.

»Schon okay, mach dir keine Sorgen um mich! Wir lassen den Typen nicht aus den Augen. Warum bleibst du hier? Was hast du vor?«

Jula deutete auf das Haus. »Ich gehe da jetzt rein und suche nach Hinweisen darauf, was hier eigentlich los ist.«

»Dein Ernst?« Friedrich, dessen ohnehin schon helle Haut noch etwas blasser geworden war, sah Jula unverwandt an. »Da würden mich keine zehn Pferde reinbekommen. So, wie die geblutet hat, muss das da drinnen aussehen wie in einem Splattermovie!«

Unter normalen Umständen hätte Jula diese Gelegenheit genutzt, um den Berufssohn und Möchtegerngangster aus dem Villenviertel von Zehlendorf zu verspotten. Doch nicht an diesem Tag und nicht in dieser Situation.

»Keine Sorge, das halte ich schon aus. Achte du bitte einfach nur darauf, dass Elyas nichts passiert. Und dir selbst natürlich auch nicht.«

»Klar!« Friedrich zog sich die viel zu weite Hose hoch. »Aber lass dich da drinnen nicht erwischen, das ist Einbruch!«

In diesem Moment heulte die Sirene des Rettungswagens auf, und er setzte sich in Bewegung.

»Jetzt schnell!«

Die Jungs stürmten zu Friedrichs Porsche und folgten dem Rettungswagen in gebührendem Abstand. Jula sah den Fahrzeugen eine Weile hinterher und ließ den Blick danach noch einmal über die Tannenbergallee gleiten. *Seltsam. Bei mir in der Straße stünden hier mittlerweile tausend Gaffer, wenn so eine Aktion passiert wäre.* Doch hier draußen, direkt am Wald, hatte der Rettungseinsatz nur wenige Anwohner an ihre Gartenzäune oder Fenster gelockt. *Umso besser für mich!* Während Jula zur Eingangstür ging, führte sie wieder ihr Handy ans Ohr, das sie zu keinem Zeitpunkt aus der Hand gelegt hatte.

»Sind Sie noch dran?«

Hegel klang, als sei in den vergangenen Minuten rein gar nichts geschehen.

»Ja, natürlich. Sind Sie jetzt im Haus?«

»Gleich.«

Jula trat mit lässiger Selbstverständlichkeit und ohne sich verstohlen dabei umzublicken ins Haus ein. *Wenn man etwas Verbotenes mit großem Selbstbewusstsein tut, wird jeder denken, das habe schon alles seine Richtigkeit.*

»Okay, ich bin drinnen. Ich sehe mich jetzt mal ein bisschen um.« Jula flüsterte.

»Sie müssen nach dem Handy suchen!« Hegel klang eindringlich, ohne aber forsch zu wirken.

»Das Handy? Wozu brauchen wir das denn noch? Wir haben das Haus gefunden. Ich will jetzt wissen, was hier abgelaufen ist!«

»Jula, Sie müssen die Prioritäten im Blick behalten! Heute sucht man nicht mehr nach Fußabdrücken und

Scherben unter dem Teppich. Menschen dokumentieren alles, was sie tun, mit ihren Handys. Durch Nachrichten, Rufnummern, Bewegungsprofile. Auf dem Handy, von dem der Notruf dieser Frau kam, befindet sich vermutlich alles, was wir wissen müssen, um das Kind zu finden. Es darf unter keinen Umständen in Holders Hände fallen, denn dann hat es auch der Maulwurf. Sie müssen das Handy zu mir bringen, ich werte es dann aus.«

Jula betrachtete den Flur. Was für ein wunderbar normales Haus das doch war. Fast so wie das, in dem sie als Kind mit Moritz und ihren Eltern gelebt hatte. Nahe dem Wald, wo es ruhig und idyllisch war. Wie schön es für ein Kind sein musste, so aufzuwachsen. Mitten in der Großstadt, mit allen Möglichkeiten und Privilegien, aber doch fernab von dem Trubel und dem Elend, die eben auch zum Leben in einer Metropole gehörten. *Was ist hier nur passiert?* Sie sah sich um. Nirgendwo auf einer der Ablagen im Hausflur war ein Handy zu sehen, das Haus war groß, es herrschte Unordnung, und es gab zahlreiche Schränke und Schubladen.

»Ich habe nicht die Zeit, hier alles nach einem Handy zu durchsuchen. Rufen Sie es doch einfach an. Dann höre ich, wo es liegt. Haben Sie die Nummer?«

»Ja, die steht in den Unterlagen. Bis gleich!«

Hegel beendete das Telefonat. *Also gut, er sucht jetzt die Nummer raus und ruft darauf an. Das dauert ein paar Minuten.* Jula warf einen Blick ins Wohnzimmer, in dem Babyspielzeug herumlag. Auf der Kommode im hinteren Flur stand ein Festnetztelefon. Gleich darüber entdeckte sie eine Pinnwand, an die zahlreiche Fotos gesteckt worden waren. Jula trat näher. *Kein Baby! Aber gut, wenn das Kind erst vor Kurzem zur Welt gekommen ist, kann es schon sein, dass die beiden hier noch keine Fotos aufgehängt haben. Junge Eltern haben schließlich genug andere Dinge zu tun.*

Jula sah sich die Aufnahmen genauer an. Wie glücklich sie waren, Cecile und Jonathan Dorm. Auf jedem einzelnen Foto. Wie sie lachte, während er mit betont ernster Miene in einem albernen Clownskostüm neben ihr stand, offenbar auf einer Faschingsparty. Wie sie sich aneinanderschmiegten mit den bunten Cocktails in der Hand vor dem Sonnenuntergang am Meer, vermutlich in der Karibik. Wie Cecile ein Kapuzineräffchen auf der Schulter hatte und Jonathan auf einem anderen Bild mit Freunden vor der Waldbühne posierte und dabei stolz Eintrittskarten in die Luft hielt, die den Outfits der Männer nach zu urteilen für das Konzert einer Rockband aus ihrer Jugendzeit waren.

Was für ein fröhliches Paar diese beiden Menschen doch waren, die Jula soeben blutend, schreiend und panisch vor ihrem Haus erlebt hatte. Ihr Blick fiel noch auf das Foto einer Geburtstags-Poolparty, auf dem Cecile rank und schlank im Bikini mit einigen weiteren Gästen Sekt trank und Jonathan zusah, wie er die Kerzen auf einer Torte mit einer großen *Neunundvierzig* darauf ausblies. Dann vibrierte ihr Smartphone.

»Hegel, sind Sie das?«

»Ja, haben Sie das Handy gefunden? Ich habe es gerade angerufen.«

»Tut mir leid, ich habe nichts klingeln oder surren gehört.«

»Dann hat der Mann es vermutlich bei sich. In seinem jetzigen Zustand würde er jedenfalls bestimmt nicht rangehen, wenn es klingelt.«

»Okay, Hegel. Ich werde jetzt nach Hinweisen auf eine Entführung oder ein anderes Verbrechen suchen. Oder nach …« Jula stockte.

»Was ist denn los?«

Sie wagte es nicht, zu antworten. Sie wagte es nicht einmal, das Handy vom Ohr zu nehmen oder sich sonst irgendwie zu bewegen. Nicht jetzt, da plötzlich diese Frau vor ihr stand. Die Frau, die angezogen war, als stecke sie für eine Aufführung des örtlichen Stadttheaters im Kostüm von *Miss Marple*. Die Unbekannte, die schwer atmete, deren Gesicht geschwollen war und deren Nase auf unheimliche Weise schief stand und offensichtlich gebrochen war. Doch der verstörende Zustand der Frau war noch Julas geringstes Problem.

»Auflegen, sofort!«, befahl die Fremde mit brüchiger Stimme.

»Okay!« Langsam und bedacht darauf, die Frau nicht zu erschrecken, betätigte Jula eine Taste auf ihrem Smartphone und legte es vorsichtig auf der Kommode ab.

»Wer sind Sie, und was wollen Sie hier?« Die Frau atmete schwer und schien große Schmerzen zu haben.

»Ich bin Jula Ansorge. Bitte …«

Die Frau fiel ihr ins Wort. »Im Ernst? Sie sind diese Podcasterin, die Matthias Hegel rehabilitiert hat? Dann habe ich mich also doch nicht verhört, als Sie gerade *Hegel* zu Ihrem Gesprächspartner gesagt haben.«

»Sie kennen mich?«

»Es gehört zu meinem Beruf, gut informiert zu sein. Das war also Professor Hegel da gerade am Telefon?« Die Frau deutete mit dem Lauf ihrer Waffe auf das Handy.

»Ja.«

Die Frau schnaubte, als hätte sie es geahnt. »Dann hat

Holder ihn also wirklich in diese Sache mit reingezogen. Das hätte ich mir eigentlich denken können, die beiden haben ja schon vor zehn Jahren versucht, uns auszuschalten.«

»Wie meinen Sie das? Wer ist *uns?*« Julas Wissensdrang überstieg ihre Angst.

»Wenn ich Ihnen das sage, muss ich Sie töten.« Die Frau sah an Jula auf und ab und zuckte mit den Schultern. »Aber wie es aussieht, muss ich das so oder so. Sie hätten mich hier niemals sehen dürfen.«

»Sie sehen so aus, als ob Sie Hilfe brauchen.« Jula bemühte sich, Mitleid in ihren Blick zu legen. »Ich kann Sie ins Krankenhaus fahren.«

»Dahin, wo Jonathan Dorm gerade seine Frau bringt? Ich fürchte, den beiden muss ich heute auch noch einen Besuch abstatten. Aber eines nach dem anderen. Jetzt muss ich Sie wohl leider erst mal zu Ihrem Bruder Moritz schicken.« Sie spannte den Hahn des Revolvers.

»Wer sind Sie?« Jula riss die Augen auf. Was hatte diese gruselige Frau mit dem eingeschlagenen Gesicht, die allem Anschein nach auf dem letzten Loch pfiff, da gerade gesagt? Wie sie dastand, den kleinkalibrigen Revolver ausgestreckt in der zittrigen Hand, mehr taumelnd als stehend, dem Zusammenbruch nahe und doch voll von Selbstsicherheit. *Hat sie da etwa gerade wirklich den Namen …* »Moritz? Woher wissen Sie von …«

»Denken Sie, wir nehmen die Frau nicht unter die Lupe, die Matthias Hegel aus dem Gefängnis holen will? Der Selbstmord Ihres Bruders war der größte Gefallen, den er Ihnen tun konnte!« Sie spannte den Hahn ihrer Waffe. »Und jetzt lassen Sie uns das hier zu Ende bringen. Ich habe heute noch mehr Leute zu erledigen als Sie!«

KAPITEL 45

Eine Frage noch!« Jula stand zu weit von der Frau entfernt, um sie angreifen zu können, bevor sie zum Schuss kommen würde. Sie musste also auf Zeit spielen. »Das Kind, um das es hier geht, heißt Selma, oder? Die Mutter hat diesen Namen gerufen, und er stand auf ihrem Körper. Mit Blut gemalt!«

Die Frau nickte leicht, es schien ihr Schmerzen zu bereiten. »Na und?«

»Ich glaube nicht, dass Ihnen das alles so egal ist. Hier geht es um ein Kind! Haben Sie die Kleine entführt?«

»Wir entführen die Kinder normalerweise nicht. Nur wenn es sein muss.«

»Wer ist denn *wir?*«

Die Frau dachte kurz nach. Dann zuckte sie mit den Schultern. »Eine Organisation, die mächtiger ist, als Sie es sich vorstellen können.«

»Ich kann mir eine Menge vorstellen! Und wenn ich mir Ihr Gesicht so ansehe, wirken Sie irgendwie gar nicht so mächtig auf mich.«

Die Frau stutzte. Vermutlich hatte sie nicht damit gerechnet, dass eine Frau, auf die sie mit einer Waffe zielte, sie auch noch provozieren würde.

»Sie haben Schneid, das gefällt mir. Ich war als junge Frau auch so. Es sollte mehr von unserer Sorte geben! Gut, ich muss Sie ja leider sowieso töten, also kann ich es Ihnen auch sagen: Wir sind Remus. Und wir sind überall.«

Jula war erstaunt, wie klar und fokussiert sie die Todesnähe werden ließ. Sie war vollkommen schmerzfrei, und ihr Verstand schien ihr vollen Zugriff auf alle seine Fähigkeiten zu bieten. Wer oder was war *Remus*? Wer war diese blutende Frau?

»Was haben Sie mit Matthias Hegel zu tun?« Jula hatte den Eindruck, dass die Frau immer wieder für kurze Augenblicke wegdriftete.

»Ihre Neugier ist Ihr Verhängnis, das ist Ihnen wohl hoffentlich klar?« Die Knie der Frau sackten ein, sie musste einen Schritt nach hinten treten, um sich abzufangen.

»Remus handelt mit Kindern, oder? Darum geht es in dieser Sache hier.«

»Kinder sind nur einer der Geschäftszweige von Remus. Waffen, Cyberkriminalität, Drogen, Korruption. Suchen Sie sich was aus. Wir agieren weltweit. Ein Netzwerk, mit dem man sich lieber nicht anlegen sollte.«

»Hinter dem *kleinen Notruf* steckt also ein ganz großer Fall. Das hätte mir klar sein müssen. Nur so ist es schlüssig.«

Die Frau schien überrascht zu sein. Sie senkte den Revolver etwas. »Wie meinen Sie das?«

»Das LKA ist zu Hegel ins Gefängnis gegangen, damit er und kein anderer in dieser Sache ermittelt. Und das wegen eines Notrufs, der nicht so dramatisch klang, dass man deswegen einen mutmaßlichen Mörder aus der Untersuchungshaft entlassen müsste. Ich habe mich gefragt, warum Holder das gemacht hat. Die einzige Information, die die Polizei zu diesem Notruf hatte, war neben den wenigen Worten der Anruferin deren Handynummer. Doch darüber konnte die Identität der Hilfesuchenden nicht ermittelt werden. Warum eigentlich nicht? Eine panische Frau ruft von einem Handy, das nicht ihres sein kann, weil man es sonst zu diesem Haus hätte zurückverfolgen können, bei der Feuerwehr an und meldet ein verschwundenes Kind. Jemand hält sie mit Gewalt davon ab, mehr zu verraten. Daraufhin setzt das LKA den inhaftierten Hegel auf den Fall an, der wiederum heimlich mich ins Boot holt, weil er Angst vor einem Maulwurf im LKA hat. Ein bisschen viel Aufregung um einen gewöhnlichen Notruf. Sogar ziemlich viel Aufregung um eine mutmaßliche Kindesentführung. Es sei denn, die Polizei hat Grund zu der Annahme, dass dieser Notruf im Zusammenhang mit einer sehr viel größeren Ermittlung steht. Darauf könnten sie angesichts der wenigen Hinweise, die sie hatten, eigentlich nur über die Handynummer gekommen sein, von der der Notruf kam.«

»Kluges Kind!« Die Frau versuchte zu lachen, doch der Versuch erstarb in einem Schmerzenslaut. »Das Handy hat einem gewissen Arthur Greiner gehört. Er hat vor zehn Jahren für Remus gearbeitet – bis ihm die Idee kam, uns ans LKA verraten zu wollen. Das ist ihm nicht gut bekommen. Wir haben länger nicht mehr an ihn gedacht. Bis dieser Notruf von seiner alten Nummer aus bei uns ankam.«

Jula horchte auf. »Bei *uns*? Dann sind Sie der Maulwurf bei der Polizei?«

Jula sprach so sanft, wie sie konnte. *Bloß diese Frau nicht provozieren, sie pfeift ja schon aus dem letzten Loch.* Doch so entkräftet sie auch wirkte, die Frau hatte zweifellos immer noch genug Kraft, um den Finger krumm zu machen und Jula damit eine Kugel durch den Kopf zu jagen. *Was sie allerdings schon längst hätte tun können, wenn sie es wirklich wollte …*

»Maulwurf?« Die Frau hustete. »Warum benutzen bloß immer alle diesen bescheuerten Begriff? Maulwürfe sind blind, sie wühlen sich durch den Dreck und leben im Dunkeln. Ich stehe mitten im Licht, und ich kann ziemlich gut sehen! Sie würden nicht im Traum erahnen, was man so alles erfährt, wenn man bei der Polizei arbeitet und Zugang zu allen möglichen Informationen hat.«

»Dann hat Remus Sie deswegen angeheuert?« Jula sah der Frau in die Augen. *Man schießt nicht so schnell auf jemanden, der einen ansieht. Deswegen legt man Delinquenten eine Binde an, bevor das Erschießungskommando abdrückt.*

»Sie wissen doch gar nichts über Remus. Man kann uns nicht finden. Wir sind keine zentral gesteuerte Organisation. Es gibt keinen Mann mit Glatze und Narbe im Gesicht, der irre lachend an einem Schreibtisch sitzt und seine Katze streichelt. Remus ist ein Geflecht mit kleinen, unabhängigen Zellen, überall auf der Welt. Jede davon hat gerade so viele Informationen über die andere, dass wir unsere Geschäfte abwickeln können. Niemand weiß mehr, als er wissen muss. Wenn Sie eine Zelle aufbrechen, schnappen Sie ein paar Leute. Alle anderen Mitglieder von Remus bleiben davon unberührt. Weil niemand von uns mehr Komplizen verraten könnte als zwei oder drei. Was meinen Sie denn, warum es uns schon so lange gibt?«

»Aber hier scheint ja einiges schiefgelaufen zu sein.« Jula sah sich in dem blutverschmierten Hausflur der Dorms um. »Welchen Sinn sollte es denn auch ergeben, dass diese Frau Ihnen ihr Kind verkauft, wenn sie es dann doch nicht hergeben will.«

»Es ergibt Sinn, wenn man weiß, dass nur der Vater das Kind verkaufen wollte. Dieser Dorm hat sich von Anfang an merkwürdig verhalten. Aber warum hätte mich das stutzig machen sollen? Eltern, die ihre Kinder zum Verkauf anbieten, verhalten sich eher selten unauffällig.«

»Hat er denn gesagt, *warum* er Selma verkaufen will?«

»Nein, das ist uns letztlich auch egal. Allein schon, dass Eltern ihre Kinder verkaufen wollen, reicht mir, um sicher zu sein, dass diese armen Kinder nicht bei solchen Eltern bleiben sollten.«

»Sie haben Mitleid mit den Babys?«

»Natürlich, ich bin kein Monster. Diese Würmchen können ja für das alles gar nichts. Remus checkt nur, ob die Babys gesund sind, alles andere interessiert uns nicht. Dorm wollte Selma schnell loswerden, dem war sogar das Geld egal.«

Jula behielt den Revolver im Blick. Wie absurd das alles war. Die Augen dieser Frau waren blau unterlaufen, und ihre Stimme klang wegen der gebrochenen Nase beinahe unwirklich. *Du musst jetzt volles Risiko gehen. Wenn sie merkt, dass sie sich nicht mehr auf den Beinen halten kann, könnte es sein, dass sie vorher doch noch schießt.*

»Was macht Remus eigentlich mit einem Mitglied, das nicht mehr von Nutzen ist? Ich meine, diese Frau, die hier gerade aus dem Haus gelaufen ist, lebt noch. Und ihr Mann ist bei ihr, in Sicherheit. Ich schätze, dass bald die Polizei mit ihm reden wird. Ich weiß nicht, was genau Sie für Remus getan haben, welche Position Sie hatten, wie viel Macht. Aber ich vermute stark, dass Sie nach dieser Nummer hier zum Problem für das Netzwerk werden.«

Jula sah, dass die Hand der Frau zu zittern begann. Ihr

fiel es augenscheinlich zunehmend schwerer, den Revolver ausgestreckt zu halten.

»Sie sind ein wirklich kluges Mädchen, Frau Ansorge!« Sie atmete tief durch. »Jahrelang musste ich bei der Polizei miterleben, wie die Kollegen wieder und wieder versucht haben, diesen Verbrechern das Handwerk zu legen. Und auf jeden, den sie gefasst haben, kamen mindestens zwei neue nach. Irgendwann habe ich mich gefragt, warum ich das eigentlich noch mitmachen sollte. Warum die anderen, die einen Dreck auf Regeln und Gesetze gegeben haben, reich geworden sind, während ich mit ein paar Euro vom Staat abgespeist wurde. Wir sterben nicht glücklich oder unglücklich – wir sterben einfach nur! Die Frage ist doch, wie wir davor leben.«

»Sie haben also Ihre Ideale für ein bisschen Geld verkauft. Hat Sie das glücklich gemacht?«

»Geld?« Die Frau hustete. »Kindchen, denken Sie vielleicht, ich hätte im Bentley vor dem LKA vorfahren können? Oder in eine Villa am Griebnitzsee ziehen? Ich habe das getan, weil es mir Macht gegeben hat. Weil ich endlich auf der Seite der Sieger stand. Und ich würde es vermutlich wieder tun. Was ist denn schon dabei? Die einen wollen Kinder, die anderen sollten keine haben. Wer sein Kind verkauft, der verdient es auch nicht. Ich habe nur vermittelt, es war ein Tausch. Und nicht der schlechteste!«

Jula sah sich im Hausflur um, ganz ruhig, um nur bloß die Frau mit der Waffe nicht zu erschrecken. Es standen Koffer bereit, und überall auf Boden, Möbeln und Wänden war das Blut von Cecile Dorm zu sehen.

»Was ist hier geschehen?« Jula entging nicht, dass die Ausfallerscheinungen der Frau weiter zunahmen. »Wer sind diese Dorms, was ist ihr Geheimnis?«

Die Frau schüttelte den Kopf, Blut lief aus ihrer gebrochenen Nase. »Ich hätte mich niemals auf diesen Kerl einlassen sollen. Aber wie es immer so ist, alles geht so lange gut, bis man irgendwann mal einen Fehler macht …« Sie trat einen Schritt zurück, bis sie die Wand an ihrem Rücken spürte. Sie lehnte sich kraftlos dagegen, schloss kurz die Augen, streckte sich noch einmal durch und hob den Revolver wieder an. »Ich bin so müde!« Ganz langsam ließ sie sich an der Wand zu Boden gleiten, bis sie auf dem blutbefleckten Teppich zu sitzen kam. »Irgendwie witzig. Dieser Greiner hat es am Ende doch noch geschafft, uns zu verraten. Aus dem Grab heraus, allein mit einem alten Handy.«

Jula hatte den Eindruck, dass die Frau vermutlich nicht mehr lange bei Bewusstsein bleiben würde. *Kann sie überhaupt noch einen gezielten Schuss abfeuern? Sie weiß, dass sie am Ende ist, sie will sich offenbar seelisch erleichtern.*

»Wie heißen Sie eigentlich?«

»Ist das noch wichtig? Ich heiße Hedwig Förster. Deckname *Frau Sommer*.«

»Es ist vorbei, Frau Förster. Das Versteckspiel, Ihr Kinderhandel, die Angst davor, dass alles auffliegt.« Jula sprach ganz sanft. Sie nahm ruhig ihr Handy von der Anrichte und zeigte Förster, dass darauf eine App aktiviert war. »Als ich gerade auf das Display gedrückt habe, habe ich nicht das Telefonat mit Hegel beendet. Ich habe nur eine App aktiviert und unser Gespräch aufgezeichnet. Außerdem hat Hegel alles mitgehört, und die Datei lädt sich gerade in die Cloud hoch.«

Förster schmunzelte gequält. »Aus Ihnen wird mal was!« Sie ließ die Waffe sinken.

Jula ging auf die Knie und strich der Frau sanft über die Schulter. »Ich rufe jetzt einen Arzt, Sie brauchen Hilfe.«

Förster griff mit der freien Hand nach Julas Unterarm und sah ihr in die Augen. »Es ist noch nicht zu spät für das Kind.«

»Was meinen Sie damit?« Jula horchte auf.

»Mein Partner ist auf dem Weg zu der Frau, die Selma entführt hat. Und er steckt auf der Stadtautobahn im Stau. Sie könnten es vielleicht noch schaffen.«

»Sie wollen mir helfen?«

Die Frau hustete trocken. »Mein Partner Miquel wird sich die Entführerin vornehmen, und wenn er erfährt, was hier passiert ist, muss er auch das Baby loswerden.«

»Also gut. Was soll ich tun?«

Förster deutete wortlos auf Julas Handy, und diese schloss aus ihrem Blick, dass das, was sie jetzt zu sagen beabsichtigte, nicht für Hegels Ohren bestimmt war. Jula spürte, wie Förster sie an ihrem Unterarm zu sich heranziehen wollte, und beugte sich daher zu ihr vor. Direkt vor Försters Augen stellte sie ihr Handy so ein, dass Hegel vorübergehend nicht mithören konnte. Der Geruch von frischem Blut stieg Jula in die Nase, als die Frau hauchte: »Die Frau versteckt sich mit Selma in einem Abrisshaus in der Stephanstraße in Moabit. Retten Sie das Kind, die Kleine kann nichts für unsere Fehler.«

»Also gut, ich …« Jula brach ihren Satz ab, als die Frau sie fester am Arm packte und ihr eindringlich in die Augen sah. »Ich habe die Menschen kennengelernt, im LKA und bei Remus. Und ich habe Wissen gesammelt. Ich kenne Geheimnisse, die so dunkel sind, dass es Sie grausen würde. Sie sind ein gutes Mädchen, bewahren Sie sich das. Die Welt braucht Superhelden! Ich werde Ihnen jetzt noch etwas mit auf Ihren Weg geben, und Sie sollten es unbedingt beherzigen.«

»Okay.«

Förster lächelte sanft, und es wirkte aufrichtig auf Jula. »Achten Sie ab jetzt genau auf jeden Ihrer Schritte. Trauen Sie in dieser Sache niemandem, nicht mal der Polizei. Und erst recht nicht Matthias Hegel. Trauen Sie ihm unter keinen Umständen! Und noch was ...«

»Ja?«

Förster sah Jula eindringlich in die Augen. »Ich habe das alles für die Kinder getan. Auch wenn Sie mir das nicht glauben.«

Jula erkannte, dass die Frau offenbar ihre letzten Kräfte aufbot.

»Ich rufe jetzt den Arzt.«

»Unsinn! Selma braucht Ihre Hilfe jetzt dringender. Auf der Stadtautobahn ist Stau. Wenn Sie den umfahren, treffen Sie vielleicht noch vor Miquel bei Selma und der Entführerin ein. Alles Gute für Sie!«

Und noch ehe Jula etwas erwidern konnte, hatte Förster sie auch schon aus ihrem Griff entlassen, sich den Revolver in den Mund gesteckt und abgedrückt.

KAPITEL 46

»Warum haben Sie die Verbindung unterbrochen? Gab es Probleme?« Hegel klang angespannt, zumindest für seine Verhältnisse.

»Ob es Probleme gab? Die Frau ist tot! Sie hat sich vor meinen Augen die Rübe weggeschossen! Ist Ihnen das Problem genug?«

»Bitte, Sie müssen versuchen, ruhig zu bleiben!«

»Ich weiß. Wie es aussieht, bin ich nämlich der einzige Mensch, der Selma noch retten kann. Und Sie Schwein haben mich über den wahren Hintergrund dieser Geschichte belogen! Sie wussten von Greiners Handy, und Sie wussten, dass Sie mich nicht nach einem Entführer suchen lassen, sondern nach einer internationalen Verbrecherorganisation!«

»Wenn ich Sie mit diesem Wissen belastet hätte, wären Sie niemals in die Suche nach dem Kind eingestiegen. Und wie Sie ja gerade selbst erfahren haben, hätte diese Frau Förster alles, was ich Holder anvertraut hätte, direkt an Remus weitergeben können. Oder ein anderes Remus-Mitglied im LKA, denn Frau Förster von der Revision kann diesen Notruf ja nicht selbst geschnitten haben. Das ist nicht ihre Abteilung, sie muss also gut vernetzt sein. Sie sehen, das Netzwerk kann überall lauern! Ich *musste* Sie belügen!«

Jula atmete tief durch, während der Hinterkopf von Frau Förster in Form von Splittern, Hirnteilen und klebriger Pampe direkt vor ihren Augen an der Wand hinunterlief und sich auf dem Boden mit Cecile Dorms Blut vermischte. *Du wirst jetzt ruhig und fokussiert bleiben und nicht in Panik geraten wie diese blöden Weiber in den alten Filmen. Hedwig Förster war kein guter Mensch, auch wenn sie es vielleicht von sich gedacht hat! Sie hat andere ins Leid gestürzt, und ganz sicher sind nicht wenige ihretwegen gestorben. Und wenn es nicht noch mehr Tote geben soll, muss ich auch meine Wut auf diesen Dreckskerl Hegel zurückstellen. Ich muss funktionieren, damit Selma noch eine Chance hat!*

»Also, wie geht es jetzt weiter?«

»Förster ist tot, das ist nicht gut.« Hegel klang so sachlich, als kommentiere er die Eröffnung einer Kunstausstellung. »Sie hätte uns wichtige Informationen über Remus liefern können. Umso dringender ist es, dass Sie mir Arthur Greiners Handy besorgen!«

»Ach ja? Dieses Handy ist jetzt wichtig? Das Handy, von dessen Wichtigkeit Sie mir kein Wort gesagt haben? Ich glaube, es ist jetzt noch ein bisschen wichtiger, sofort das Baby zu retten! Försters Komplize ist auf dem Weg zu der Entführerin. Jetzt, in diesem Augenblick, während Sie hier irgendwas von einem beschissenen Handy erzählen. Und zu diesem Treffpunkt werde ich jetzt fahren!«

»Das ist doch Unsinn.« Hegel hatte seine Sprechlautstärke gesenkt, er klang jetzt fast väterlich. »Sie brauchen von der Tannenbergallee mindestens zwanzig Minuten bis nach Moabit. Schicken Sie die Polizei da hin! Es ist nur *ein* Kind, und das werden die Profis vom SEK retten. Wir müssen vielleicht *Hunderte* Kinder retten. Aber dafür benötigen wir das Handy!«

Jula dachte nach. Jedenfalls so gut es ging, hier, in diesem Haus, das sich mehr und mehr ihrer Vorstellung von der Hölle annäherte. *Trauen Sie in dieser Sache niemandem, nicht mal der Polizei.* Sie schüttelte stumm den Kopf und sagte dann: »Selma wird von diesem Miquel vermutlich getötet, wenn ich nicht …«

»Jula!« Hegel klang, als versuche er, sie aus einem Schockzustand zu reißen. »Fahren Sie jetzt sofort zu Dorm ins Krankenhaus und beschaffen Sie dieses verdammte Handy, bevor ein anderer Maulwurf bei der Polizei es vernichten kann! Was glauben Sie, was da alles an Beweisen drauf sein könnte?«

»Ich weiß ja noch nicht mal, in welcher Klinik er ist.«

Jula wandte sich von der Leiche ab und blickte in den Flur. Doch die herumliegenden Kuscheltiere, das Blut, die fröhlichen Fotos an der Wand oder den aus dem Wohnzimmer herüberziehenden Duft von Zitronengras nahm sie jetzt nicht mehr wahr. *Trauen Sie Matthias Hegel unter keinen Umständen!* Warum hatte Förster das gesagt? Am Ende ihres Lebens, gescheitert und enttarnt. Die letzten Worte einer Frau, die vermutlich tatsächlich irgendwann einmal in ihrem Leben das Gute für ungeliebte Kinder gewollt und sich dafür doch dem Bösen verschrieben hatte. Und die im Angesicht des Todes noch ein letztes Mal das Richtige hatte tun wollen. *Was wusste sie über Hegel? Und warum will er mich unbedingt davon abhalten, zu dieser Übergabe zu fahren? Der Mann, der die Polizei bisher unbedingt aus allem heraushalten wollte, besteht jetzt darauf, dass ich sie rufe?*

Entfernt vernahm Jula Hegels Stimme aus dem Handy. »Sind Sie noch da?«

Sie sammelte sich. »Jonathan Dorm wird seiner Frau in den nächsten Stunden nicht von der Seite weichen. Sie wird bestimmt gerade operiert, das dauert eine Weile. Ich werde jetzt zu dieser Übergabe fahren, das Baby retten und herausfinden, was hier gespielt wird.«

»Überlassen Sie das den Profis!«

Jula drehte sich ein letztes Mal zu der Leiche von Hedwig Förster um. Dann rückte sie sich ihre Jacke zurecht, zuckte mit den Schultern und erwiderte: »Begreifen Sie das endlich: Ich *bin* ein Profi!«

Damit beendete sie das Telefonat und machte sich auf den Weg zu dem Abrisshaus in Moabit. Mit etwas Glück würde dieser Miquel noch nicht bei Selmas Entführerin eingetroffen sein.

Darüber, was passieren würde, wenn sie diesem Killer direkt in die Arme lief, versuchte Jula hingegen lieber nicht nachzudenken.

KAPITEL 47

MIQUEL

Wie dämlich muss man eigentlich sein?«

Miquel schüttelte ungläubig den Kopf. Ihm waren in seinem Leben wahrlich schon viele kranke Menschen begegnet, aber diese Frau hier schien wirklich eine ganz besondere Sorte Vollidiot zu sein. Eine bekokste Schlampe mit schlecht sitzenden Hosen, einer stinkenden, speckigen Jacke und einer Idiotenfrisur, die sich seit den Neunzigern nicht einmal mehr Physiklehrerinnen schneiden ließen. Diese Frau, die sich ihm gegenüber in einer Weise respektlos gezeigt hatte, wie Miquel es in Venezuela nicht einmal dem Dorfpfarrer hätte durchgehen lassen. Diese komplett von sich selbst eingenommene Schlampe, die allen Ernstes forderte, dass man ihr Geld ohne Gegenleistung zahlen solle. *Der schlaue Psychoheini weiß schon, warum er zahlen muss!* Was glaubte diese Frau eigentlich, mit wem sie es hier zu tun hatte?

Miquel Armando Grazia de la Hoya war der Sohn einer katalanischen Feldarbeiterin und eines Bäckers, aufgewachsen in einem der ärmsten Viertel von Caracas. Dort hatte er bereits in jungen Jahren gelernt, sich stets auf die richtige Seite zu schlagen. Auf die Seite, auf der man am Leben blieb. Der Tod war schon immer neben Miquel hergelaufen, ganz gleich, ob er nun seine Feinde oder seine Freunde ereilt hatte. Doch das machte ihm nichts aus, denn das Leben war hart, da, wo er herkam. Und es war allemal besser, wenn es die anderen erwischte statt ihn selbst. Nicht selten hatte Miquel Freunde oder gar Verwandte ans Messer liefern oder selbst töten müssen, wenn es dafür einen guten Grund gegeben hatte. Wenn das Überleben der *Familie* davon abhing, dem Verbund von Verbrechern, dem er sich angeschlossen und der ihm Schutz geboten hatte. Der ihn aufgezogen und das Überleben gelehrt hatte.

So lange, bis Miquel im Alter von vierundzwanzig Jahren an Remus geraten war. Ein paar Männer aus Osteuropa waren an ihn herangetreten. Man habe ihnen gesagt, Miquel sei der Mann in Caracas, der wirklich alles besorgen könne, wenn nur der Preis stimmte. Ob er auch Kinder besorgen könne, hatten sie ihn gefragt. Aber nicht für Sex, sondern zum Verkauf an reiche Leute, die selbst keine Kinder bekommen und auch keine adoptieren konnten. Gesunde Babys, hübsche Kinder. Solche, die hier in diesem Moloch keiner brauchte, die niemand vermissen und an die sich keiner erinnern würde. Und ja, selbstverständlich konnte Miquel Babys besorgen. Und das so diskret und schnell, dass die Männer ihm bald anboten, nach Deutschland zu gehen. In ein Einsatzgebiet, in dem man einen Mann wie ihn gut gebrauchen konnte. In eine Zelle von Remus, die von der Berliner Polizei geschützt wurde. Dahin, wo Miquel seither tat, was erforderlich war. Dinge, die getan werden mussten und für die es eines Mannes bedurfte, für den weder das Leben noch der Tod eine besondere Bedeutung hatten.

»Du gibst mir jetzt sofort meine Kohle, du dumme Sau!«, herrschte diese stinkende Schlampe Miquel an.

»Erst das Baby!« Der schlanke, drahtige Mann mit dem

Tattoo auf dem Hals zuckte nicht mit der Wimper, und sein Atem war so ruhig wie der eines Uhrmachers bei der Arbeit.

»Raffst du Chilifresser das nicht?« Die Frau mit der speckigen Jacke zog die Nase hoch und trat einen Schritt näher an Miquel heran. »Der schlaue Psychoheini wird das Gör nicht wiedersehen! Die Kohle ist dafür, dass ich ihn und seine Alte in Ruhe lasse.«

»Das verwirrt mich.« Miquel fasste sich ans Kinn, während er einen demonstrativ fragenden Blick aufsetzte. »Und ich mag es nicht, verwirrt zu sein!«

Er sah sich um, aber nicht, weil er befürchtete, jemand könne ihn und diese Frau beobachten. Miquel hatte das Areal gründlich ausgekundschaftet. Das Abrisshaus, das vermutlich Luxuswohnungen weichen sollte, war eine dieser Baustellen, die man schnell und aufwendig errichtet hatte, um dann, nachdem die Verträge unterschrieben und die ersten Zahlungen geflossen waren, auf Eis gelegt zu werden. In einer Stadt, die niemals fertig werden würde, in der nichts einfach nur so bleiben durfte, wie es war, und in der es mehr Bauaufträge als Bauunternehmer gab. Außer dem entkernten Rohbau dieses brüchigen Gebäudes gab es hier nicht viel mehr zu sehen als einen verwaisten Kran, einige Gerüste, einen weißen Bauwagen, eine abgedeckte Zementmischmaschine und zahlreiche Stahlstreben, die aus dem Boden ragten wie Schilfhalme. Nein, hier würde sich so schnell niemand blicken lassen. Miquel war mit dieser bekoksten Schlampe und dem Baby allein. Warum, so fragte er sich, sollte er noch Zeit mit sinnlosen Diskussionen vergeuden? Frau Sommer wartete nicht gern, und die Schreie dieser Schlampe würden im Tosen des Großstadtlärms untergehen.

»Wo sind meine zehntausend?« Noch immer schien diese Frau zu denken, sie habe Oberwasser.

Miquel rieb sich die Hände. »Ich glaube, ich muss hier mal was klarstellen!«

Ansatzlos schnellte er an die Frau heran und schlug ihr mit der rechten Faust so kräftig auf die Rippen, dass er eine davon brechen hörte. Mit weit aufgerissenen Augen und schmerzverzerrtem Gesicht sank sie auf den kalten Boden vor der Matratze, auf der die schlafende Selma lag. Miquel setzte seinen Lederstiefel auf das Gesicht seines Opfers.

»Mein Deutsch ist nicht so gut, das tut mir leid. Vielleicht hast du mich ja einfach nicht richtig verstanden.« Tatsächlich sprach Miquel fast fehlerfrei, und auch sein Akzent störte die Verständlichkeit seiner Worte nicht. »Also noch mal: Gib mir das Baby! Ich hole es mir sowieso, aber wenn du es freiwillig hergibst, lasse ich dich wenigstens schnell und schmerzlos sterben.«

Die am Boden liegende Frau stieß einen kurzen Schrei aus und sah Miquel dann fest in die Augen. »Denkst du Wichser vielleicht, du bist der erste Kerl, mit dem ich fertigwerden muss?«

Sie wand sich aus ihrer Lage, fasste Miquels Stiefel und drehte diesen so herum, dass der Latino zu Boden fiel. Sie rappelte sich auf, und sofort stand auch Miquel wieder auf den Beinen. Nur dass er jetzt nicht mehr gelassen wirkte. *Warum sich diese Kokser bloß immer so stark und unbesiegbar fühlen. Na gut,* puta, *dann eben schmerzhaft, das macht sowieso mehr Spaß …*

»Du willst es also auf die harte Tour?« Er sah seiner Gegnerin fest in die Augen.

»Fick dich! Du kannst dem schlauen Psychoheini sagen, dass es ein großer Fehler war, dich zu schicken.«

Noch immer klang die Frau vollkommen selbstsicher, wenn ihre Schmerzen sie auch keuchen ließen. »Er kann sich schon mal von seiner Alten verabschieden!«

Miquel hatte etlichen Menschen in die Augen gesehen, während sie um ihr Leben gefürchtet hatten. Einige hatten müde gewirkt, so, als freuten sie sich geradezu auf die nahende Erlösung. Die meisten aber begegneten ihrer Lage mit Respekt. In dem Wissen, dass es jetzt allein darum ging, zu überleben – oder zu sterben. Sie waren konzentriert, von Schmerzen befreit. Bereit zu kämpfen. Doch das, was diese bekokste Schlampe mit der gebrochenen Rippe und der Idiotenfrisur jetzt in ihrem Blick hatte, war selbst Miquel noch nicht untergekommen. *Sie fühlt sich vollkommen im Recht, mächtig, überlegen, sie droht mir noch immer.* Mierda, *diese verdammte* puta *weiß offenbar gar nicht, was ich überhaupt von ihr will!*

»Was redest du da?« Miquel senkte seine Sprechlautstärke.

»Ich werde dafür sorgen, dass Jonathan Dorm und seine Frau keine glückliche Minute mehr in ihrem verkackten Leben haben! Und du verpisst dich jetzt besser, bevor ich dich fertigmache! Geh zu dem schlauen Psychoheini und sag ihm, der Preis ist gerade gestiegen! Zwanzigtausend! Morgen, selbe Zeit. Und wenn er wieder irgendeinen Schläger schickt, dann war es das Letzte, was er gemacht hat.«

Miquel legte einen Ausdruck des Bedauerns in seinen Blick. »Ich fürchte, ich habe schlechte Neuigkeiten für dich.«

»Was?«

»Du hast mich gerade neugierig gemacht!« Er trat einen Schritt näher, ganz ruhig, fast schon lässig.

»Ach so?« Die bekokste Frau wich mehrere Schritte zurück, bis sie gegen den Tisch traf, auf dem noch immer Tabak, Wodka und diverse Drogen herumlagen. »Worauf bist du denn neugierig?«

»Auf den Grund dafür, warum du hier diesen ganzen Mist laberst. Warum du ausgerechnet *dieses* Baby entführt hast und mit was du Dorm fertigmachen willst. Das wirst du mir jetzt alles erzählen …«

»Ach so? Ich werde dir jetzt was erzählen?« Die Frau fasste hinter sich. »Ich schätze, die Flasche wird dir was erzählen. Und ihre Geschichte wird deinem Gebiss nicht gefallen!«

Blitzschnell holte sie mit der Wodkaflasche aus und setzte an, sie dem eher leichtgewichtigen Miquel gegen den Kopf zu schlagen. Doch mit einem katzenartigen Reflex riss dieser die rechte Hand hoch und konnte den Schlag mit der Flasche abfangen. Er wand sie der Frau aus der Hand und musterte das Etikett.

»Dieser Wodka passt zu dir. Billig und widerlich.« Er warf die Flasche auf den Boden, wo sie scheppernd zerbrach.

»Dich mache ich fertig!« Die Frau schien ungebrochen von ihrer Stärke überzeugt.

Miquel schüttelte sich kurz, bevor sein Blick erneut auf den Tisch mit den diversen Drogen fiel. Pillen und Pulver, nicht sehr viel. Aber genug! Er grinste die Frau an. »Ich schätze, wir beide werden jetzt eine Menge Spaß haben!«

KAPITEL 48

JULA

Hoffentlich bin ich noch nicht zu spät!

Jula sah sich um. Wie um alles in der Welt sollte sie so schnell herausfinden, wo Selma versteckt gehalten wurde? Das Abbruchhaus war riesig, und da es keinen Strom darin gab, verriet auch kein Lichtschein, hinter welchem der zahllosen Fenster in den etlichen Stockwerken sich die Entführerin mit Selma verbarg. *Es hilft nichts, du musst alle Stockwerke absuchen!* Jula wollte gerade die Ruine betreten, als ihr Handy in der Hosentasche vibrierte. Sie nahm den Anruf entgegen, denn jede Information konnte jetzt von höchster Bedeutung sein.

»Hi, Sis! Ich wollte nur mal Meldung machen.« Elyas klang entspannt. »Die Frau ist im OP, und der Typ sitzt heulend im Warteraum. Und er guckt alle drei Sekunden auf sein Handy, aber keiner meldet sich, und er selbst ruft auch niemanden an.«

Das Handy!

»Elyas, das ist jetzt echt wichtig: Kannst du erkennen, was für ein Handy das ist? Ich meine, was für ein Modell.« Jula schloss die Augen, um sich besser konzentrieren zu können.

»Auf jeden, Alter! Krasses Teil! iPhone, erste Generation! Wen will der damit anrufen? Mozart?«

Jula öffnete wieder die Augen. »Ich bin hier gerade beschäftigt, aber wie es aussieht, ist das Handy extrem wichtig! Du musst dieses iPhone unbedingt im Blick behalten und, wenn es irgendwie möglich ist, an dich bringen. Schaffst du das?«

»Willst du mich verarschen? Der Typ legt das Teil keine Sekunde aus der Hand. Der ist voll durch, flennt rum wie ein Mädchen. Aber ich kann ihm das Ding abziehen, wenn du willst.«

»Du ziehst niemandem was ab! Du musst es schaffen, ihm das Handy so abzunehmen, dass er es nicht merkt.«

»Dein Ernst? Der Typ ist nicht gerade so drauf, als ob er gleich einpennen würde. Alter, der Spacko ist durch, der geht hier den Schwestern voll auf die Eier und heult rum. Mit dem will keiner im Warteraum sitzen, der treibt alle vor die Tür mit seinem Generve. Wofür brauchst du denn eigentlich dieses alte Handy? Wie funktioniert das Ding überhaupt? Mit Rauchzeichen?«

Jula senkte den Blick, und eine Träne lief ihre Wange hinunter. *Verdammt, dieser Miquel ist mit Selma bestimmt schon über alle Berge.*

»Pass auf, du machst jetzt erst mal gar nichts! Nicht dass du noch Ärger bekommst oder es gefährlich wird. Sag mir einfach, wo ihr seid, ich komme gleich zu euch. Und bis dahin behalte einfach nur das Handy im Blick!«

»Kein Ding, wir sind DRK-Klinik, Spandauer Damm.«

Jula ging die Fahrtroute im Kopf durch. »Okay, ich brauche ungefähr zwanzig Minuten bis dahin. Aber erst muss ich hier noch was versuchen. Drück mir die Daumen, dass ich nicht zu spät bin!«

Jula beendete das Telefonat und trat auf den Hauseingang zu. *Okay, ich bin durch die Seitenstraßen ziemlich gut durchgekommen, vielleicht hat der Stau diesen Miquel ja wirklich aufgehalten. Falls er es nicht geschafft hat, von der Autobahn abzufahren und auf die Nebenstraßen zu kommen …* Sie öffnete die Tür, die offensichtlich aufgebrochen worden war. Der Eingangsbereich, der sich vor ihr auftat, war vollständig entkernt und der Fahrstuhl bereits ausgebaut. Allein die nackte Treppe war noch vorhanden. Jula aktivierte die Aufnahmefunktion ihres Handys.

»Operation Notruf, 27-7-02: Es ist so gut wie alles schiefgelaufen. Ich habe es hier mit einer internationalen Verbrecherorganisation zu tun, und Hegel hat mir diese Information vorenthalten. Alle wollen Selma haben, und ich habe keine Ahnung, bei wem sich das Kind befindet. Ich wage es nicht, darüber nachzudenken, was Miquel, ein Killer dieser Organisation, mit dem Baby macht, wenn er erfährt, dass seine Chefin sich eine Kugel durch den Kopf geschossen hat. Ich unternehme jetzt noch einen letzten Versuch, das Kind in einem Abrisshaus zu finden, in dessen Eingang ich gerade stehe. Sollte ich dabei scheitern, werde ich Oswald Holder anrufen. Er leitet die Suche nach diesem Verbrecherring und hat mir seine Visitenkarte gegeben. Wenn ich hier versage, übernimmt das LKA.«

»Aaaaah!«

Was war das? Jula brach die Sprachnotiz ab. Hatte da eine Frau geschrien? Der Lautstärke und der Intensität des Echos nach befand sie sich schätzungsweise im dritten oder vierten Stock. Jula führte ihr Handy noch einmal vor den Mund: »Oh, Gott, ich glaube, ich habe die Frau gefunden. Aber wie es klingt, komme ich zu spät …«

Jula rannte das Treppenhaus nach oben. Dem Tod entgegen, so schnell ihre Beine sie trugen.

KAPITEL 49

PEGGY

Ich muss klare Gedanken fassen. Auf die Beine kommen, mich konzentrieren. Dieses Dröhnen abstellen, das Flimmern, die Geräusche. Aus dem Loch kriechen und dem Dämon entkommen. Irgendwie! Peggy lag der Länge nach auf dem kalten Fußboden, und ihr Körper schien sich tonnenschwer in ihn eingraben zu wollen. Ihre Gedanken schossen kreuz und quer durch ihren Kopf und drohten, ihre Gedanken an das Baby mit jeder Minute mehr und mehr zu einem Nebenklang verkommen zu lassen. *Alles ist gut, Kleine. Ich würde dir nie wirklich Drogen geben. Meine Mutter hätte das gemacht, aber ich bin besser als sie. Ich tu dir nichts! Peggy, du musst hier raus, wehr dich!*

Obwohl dieser Kerl ihr mit einem widerlichen Grinsen im Gesicht so ziemlich alles verabreicht hatte, was er an Drogen gefunden hatte, kämpfte in Peggy noch immer irgendetwas gegen die Wirkung der Mixtur aus Kokain, Ecstasy und Crystal Meth an. So, als gebe es irgendwo in ihrem verbrauchten Körper noch einen Rest von dem, was früher einmal ein Gewissen gewesen sein mochte.

Er genießt es, mich leiden zu sehen. Von irgendwoher erklang ein Glucksen des Babys, das sich in ein Weinen wandelte. Noch erkannte Peggy, dass das Bündel sich bewegte. *Ich rette dich vor diesem Kerl, kleines Wesen! Ich weiß, ich war nicht immer lieb zu dir, aber bevor ich krepiere, werde ich noch einmal in meinem Leben etwas Gutes tun!* Peggy glaubte für einen Augenblick, sie bewege sich auf das Baby zu, doch ihr abgekämpfter Körper hatte sich keinen Zentimeter von dem mit Brandflecken und Resten von eingetrocknetem Erbrochenen besudelten Fußboden wegbewegt. Immer stärker griff die Wirkung der Drogen nach ihr, als ziehe ein Koloss sie mit übermächtigen Kräften in die Tiefe eines Ozeans aus Farben, Trugbildern und Verzweiflung. Als dringe das Weinen des Kindes jetzt aus einer anderen Dimension zu ihr, die oberhalb des Wasserspiegels lag, während der Koloss Peggy tiefer und tiefer in das seelenlose Land des Vergessens zog. *Nein, ich muss hierbleiben! Bei dem kleinen Engel, den nur ich noch vor dem retten kann, was ihm droht. Vor dem, was ihm droht, wenn dieser Kerl mich hier hat verrecken lassen. Hätte ich doch nur die Kraft, ihn zu töten. Dieses Schwein. Ihm den Kopf abzureißen und ihn im Meer zu versenken. Sinken … ich sinke … Wehre dich, Peggy, wehre dich!*

»Ich schätze, der Spaß muss jetzt mal ein Ende haben. Ich habe heute noch Termine. Also, erzählst du mir jetzt, was hier läuft? Oder schaffst du es sogar mit so viel Zeug im Blut noch zu lügen?«

Der Kerl schien irgendwo weiter hinten im Raum zu stehen, aber was wusste Peggy schon noch? Sie zuckte mit dem linken Fuß, als das Stampfen zu ihr vordrang. Ob es die Schritte dieses Kerls waren, der sich auf sie zubewegte, vermochte sie nicht zu erkennen. Doch dass es aus der echten Welt kam, aus der, in der sich das Baby befand, fernab von der Welt, in die der Koloss sie zu ziehen versuchte, das erkannte sie.

»Wichser …«, kam es aus ihrem Mund, und Peggy hätte selbst nicht erklären können, was in ihr sie noch auf Miquels Frage hatte antworten lassen.

»Okay, dann eben nicht. Dann wird mir Dorm das eben erzählen, wenn ich ihn mir vorknöpfe. Oder seine Frau. Du machst jetzt eine kleine Reise!«

Die Worte drangen erstaunlich klar zu Peggy vor, und aus irgendeinem Grund sah sie plötzlich Fernando vor ihrem inneren Auge. Den Jungen, den sie auf Mallorca kennengelernt hatte, damals, mit der Gruppe vom Jugendamt, als sie zwölf gewesen war. Wunderschöne dunkle Augen hatte er gehabt. Und Grübchen in den Wangen. Peggys Körper verkrümmte sich, während die Bilder des spanischen Jungen, der ihr damals ein Eis gekauft und sie auf die Wange geküsst hatte, so schnell wieder verschwanden, wie sie gekommen waren. Stattdessen rückte das Baby in den Vordergrund.

»Ich rette dich«, hörte sie sich zu dem Kind sagen, doch der Schmerz in ihrem Hals verriet ihr, dass die Worte tonlos gewesen sein mussten.

Dann vernahm sie wieder die Stimme mit dem Akzent, den auch Fernando gesprochen hatte, nur dass diese Stimme hier viel heller und böse klang.

»Du machst jetzt eine Flugreise. Sie wird allerdings ziemlich kurz sein.«

Jemand packte Peggy am Kinn, zog ihren Kopf hoch und kam ihr nah.

»Das Baby!« Sie spürte, wie etwas sie zurück in die Welt zu bringen schien. Etwas, das ihr half, diesem Zeug in ihrem Körper alles entgegenzusetzen, was sie noch aufzubieten hatte. »Lass mir das Baby!«

»Halt dein Maul, blöde Schlampe!«

Ein Ruck, kurze Erleichterung an ihrem Kinn, doch schon traf ihr Kopf auf dem Boden auf. Peggy wand sich, spannte die Muskeln an und wollte zur Matratze robben, auf der das Kind lag. Da spürte sie den Luftzug und begriff instinktiv, dass Fernando ein Fenster geöffnet hatte. *Nein, das ist nicht Fernando! Er war sanft, fast liebevoll. Damals.* Sie zuckte zusammen. *Du musst ins Hier zurück. Das Kind retten. DEIN Kind retten!*

»Du hast mich heute verdammt genervt, und Gott ist mein Zeuge: Ich mag es nicht, wenn man mich nervt!«

Das Fenster! Warum hat er es geöffnet? Und schon wieder griff jemand an Peggys Schultern und wuchtete sie hoch. Der kleine, drahtige Kerl, in dessen bloßen Umrissen sie jetzt wieder Gesichtszüge erkannte, hatte sie vom Boden aufgehoben. Sie konnte seinen Atem riechen, Pfefferminz oder Eukalyptus, eines von beidem, egal, sie hatte den Unterschied nie verstanden.

»Mein Baby!« Sie trommelte gegen die Brust des Kerls, der wie Fernando sprach, nur böse.

»Halt dein Maul, *puta!*« Er spuckte ihr ins Gesicht. »Das ist jetzt *mein* Baby! Aber keine Angst, du wirst die Kleine nicht lange vermissen. Das verspreche ich dir!«

»Nein, bitte …«

Er schleifte sie mühselig zur Wand, und während der Luftzug, der durch das offene Fenster drang, stärker wurde, erkannte Peggy, was er plante. *Das ist der vierte Stock. Ich werde fliegen. Fliegen, wie ich es mir immer gewünscht habe. Aber das geht noch nicht. Nicht jetzt! Mein Kind, bitte, ich muss zu meinem Kind! Wenn ich auch nichts mehr im Leben will, dann lass mich bitte wenigstens zu meinem Kind!* Und während sich ihr Körper vom Boden löste und der Kerl sie auf die Höhe der Fensterbank wuchtete, vernahm Peggy noch einmal das Weinen des Babys. Sie trat gegen den Kerl, doch auch dieser letzte verzweifelte Versuch einer Gegenwehr blieb erfolglos. *Warum sollte auch gerade ich sie retten können? Ich konnte niemals jemanden retten. Meine Mutter nicht, mein Kind nicht – und nicht mal mich selbst. Wir sehen uns im Himmel wieder, mein kleiner Engel. Leb wohl!*

Peggy schloss die Augen und bereitete sich darauf vor, zu fliegen.

Endlich zu fliegen!

KAPITEL 50

HEGEL

Als Ihr Rechtsanwalt muss ich Ihnen dringend von diesem Vorhaben abraten. Wenn Sie *das* tun, bekommen Sie ernsthafte Probleme!« Dr. Gunnar Varbelow beugte sich zu seinem Mandanten vor. »Aber andererseits, was bleibt Ihnen schon übrig?«

Hegel saß mit übergeschlagenen Beinen in seinem wuchtigen Ledersessel und schwenkte einen alten Whisky im Glas. Jula hatte sich noch immer nicht gemeldet, und allmählich begann die Situation auch für ihn kritisch zu werden. Denn wenn sich Jula gerade tatsächlich den Leuten von Remus in den Weg stellte, konnte dies mehr als nur brenzlig für sie werden.

»Ich werde gar nicht drum herumkommen. Frau Ansorge ist verlässlich, aber schwer zu kontrollieren.« Hegel sprach ganz ruhig und aus dem Bauch heraus, seine wachsende Anspannung ließ er sich nicht anmerken. »Sie hat den Maulwurf im LKA enttarnt, aber leider will sie jetzt auch noch das Baby retten. Im Alleingang!«

Varbelow erhob sich und begann, im Kaminzimmer auf und ab zu gehen. »Was ist nur los mit dieser Frau?«

Hegel sah auf das Glas in seiner Hand und betrachtete, wie der Whisky langsam an dessen Rand hinunterfloss und dabei breite Fenster warf.

»Was soll mit ihr sein? Sie ist schwer traumatisiert,

kämpft fanatisch für Gerechtigkeit. Das ist der Grund, weswegen sie morgens aufsteht, warum sie isst, wofür sie atmet. Wir wussten von Anfang an, dass sie schwer in Schach zu halten sein würde.«

Varbelow blieb stehen und sah seinen Mandanten an. »Aber Sie haben Macht über Frau Ansorge. Zumindest so lange, wie nur Sie ihr die Wahrheit über ihren Bruder Moritz erzählen können.«

Hegel nickte. »Das ist es, wofür sie kämpft. Von mir zu hören, dass damals nichts so war, wie es schien. Dass sie immer recht hatte, dass Moritz niemandem etwas zuleide getan hat und er glücklich in einer Villa auf den Malediven lebt. Nur darauf wartend, sie endlich wieder in die Arme schließen zu können. Die arme, kleine Jula.«

Varbelow biss sich leicht auf die Unterlippe. »Aber Sie wollen ihr doch wohl nicht wirklich erzählen, was Sie über ihren Bruder herausgefunden haben? Ich meine, diese Informationen sind …«

Hegel hob die linke Hand und bedeutete Varbelow damit, dass er nicht weiterreden solle. »Sie weiß, dass er bei der Polizei auspacken wollte. Aber sie hat keine Ahnung, was oder gegen wen. Und sie wird auch niemals darauf kommen, in was für Schwierigkeiten Moritz gesteckt hat. Das lässt sie gar nicht zu, dafür idealisiert sie ihn viel zu sehr.«

Varbelow sah sich um. Vermutlich wollte er sich vergewissern, dass Marian nicht in Hörweite war. »Und dabei muss es unbedingt bleiben! Frau Ansorge weiß ohnehin schon viel zu viel. Im Ernst, es war keine gute Idee, ihr diese Telefonnummer zu geben!«

»Im Gegenteil! Es war das Beste, was ich tun konnte. Diese Frau ist seelisch tot. Das Einzige, was sie noch antreibt, ist ihre Hoffnung auf Seelenheilung. Und die habe ich ihr mit dieser Telefonnummer gegeben.« Hegel lächelte süffisant, bevor er hinzufügte: »Natürlich nur die Hoffnung, nicht die Seelenheilung …«

Varbelow trat zur Tür und blickte in die Eingangshalle. Dann zog er seinen in Leder gebundenen Notizblock hervor und schrieb etwas hinein. »Sie hätten niemals im Fall von Moritz Ansorge Nachforschungen anstellen dürfen!« Er sah von seinem Block auf. »Das war sehr riskant. Wer weiß, welche Höllentore Sie damit aufgestoßen haben!«

Hegel nahm einen Schluck von seinem Whisky. Er ließ sich Zeit damit, den guten Tropfen über die Zunge rollen zu lassen, während er den Schliff des Kristallglases im Schein der Flammen im Kamin betrachtete.

»Es gibt ein Höllentor, das viel weiter offen steht!« Er sah zu Varbelow. »Und das hat diese Frau mit dem verdammten Handy von Arthur Greiner aufgestoßen! Bevor ich mich weiter mit der Zukunft von Jula Ansorge beschäftige, muss jetzt erst dieses Problem aus der Welt geschafft werden. Ich muss Ihnen ja wohl nicht erklären, was davon abhängt.«

Varbelow schüttelte den Kopf. »Sie haben sich da in eine wirklich höchst unangenehme Lage hineinmanövriert. Sie hätten mir diese Sache viel früher anvertrauen sollen. Ich bin Ihr Anwalt, ich muss so was wissen.«

»Solche Überlegungen helfen uns jetzt nicht weiter! Hedwig Förster ist tot, die wird mir schon mal nicht mehr gefährlich. Aber noch kann alles zusammenbrechen. Den letzten Schritt werde ich deswegen also selbst gehen. Den vertraue ich niemand anderem an, nicht einmal Jula Ansorge. Was schätzen Sie, wie viel Zeit werde ich haben, wenn es losgeht?«

Gunnar Varbelow zuckte mit den Schultern. »Es wird schon nicht gleich ein Sondereinsatzkommando ausrücken. Ich schätze etwa eine Stunde, aber rechnen Sie sicherheitshalber mit weniger.«

Hegel fuhr sich mit der linken Hand durchs Haar und schloss für einige Sekunden die Augen. Dann sah er wieder zu seinem Verteidiger. »Gut, das sollte reichen. Wie es aussieht, wird mir bei dieser Sache wohl sonst keiner mehr helfen können.«

»Auch nicht Frau Ansorge? Sie hat sich doch bisher als sehr nützlich erwiesen.«

Hegel erhob sich und trat nah an den Kamin heran. Während er noch einmal das Flammenspiel darin betrachtete, sagte er: »Frau Ansorge legt sich gerade mit Miquel an. Ich würde mich in meiner momentanen Lage lieber nicht darauf verlassen wollen, dass sie das überlebt!«

KAPITEL 51

JULA

»Lass die Frau los!«

Jula atmete schwer. Sie war beim Durchsuchen der Wohnungen ein Stockwerk tiefer gewesen, als sie das Weinen des Kindes gehört hatte.

»Hilfe!« Die blasse, ausgemergelte Frau, die gerade von dem drahtigen Kerl zum geöffneten Fenster geschleppt wurde, krächzte mehr, als dass sie schrie.

Jula war vollkommen erschöpft, doch darauf konnte sie jetzt keine Rücksicht nehmen.

»Wer bist du denn jetzt schon wieder?« Der Kerl wandte sich zu Jula um, ohne von seinem Opfer abzulassen.

»Ich weiß jedenfalls, dass du Miquel bist.« Jula trat in die Wohnung. »Die Polizei weiß, dass ich hier bin. Jetzt kannst du noch abhauen, aber lass die Frau los. Und Selma bleibt auch hier!« Sie deutete auf das Baby, das in Decken gehüllt auf der versifften Matratze lag. Miquel lachte auf.

»Welche Polizei hast du denn gerufen? Etwa die deutsche? Diesen Haufen von Typen, die sofort ein Verfahren an den Hals bekommen, wenn sie nur an ihre Waffe greifen oder einen schief angucken? Kleine, komm wieder, wenn du *richtige* Bullen gerufen hast!«

Damit packte er sein Opfer fester, hob es erneut an und wuchtete es ruppig auf die Fensterbank.

»Bitte … mein Baby …« Die Frau wirkte vollkommen wirr und weggetreten, sie stammelte nur noch.

Jula ging näher auf den Kerl zu, wobei ihr ein Gemisch übler Gerüche in die Nase stieg. Nur wenige Schritte entfernt von dem Kerl blieb sie stehen.

»Du kannst damit aufhören! *Frau Somme*r hat sich gerade vor meinen Augen das Hirn rausgeschossen! Jonathan Dorm sitzt bei seiner Cecile im Krankenhaus, und Kommissar Holder wird gleich bei ihm sein. Und glaub bloß nicht, dass ich dich hier einfach so mit Selma rausspazieren lasse! Also, wenn du deinen Arsch noch retten willst, solltest du jetzt verdammt schnell abhauen.« Jula deutete auf die Tür.

Der Kerl ließ die Frau zu Boden sinken, wischte sich die Hände an seiner Hose ab und trat auf Jula zu. Sie wich nicht zurück.

»Hedwig ist tot?« Ein Grinsen trat auf sein Gesicht. »Von mir aus, kein Problem. Ich konnte sie sowieso nie leiden! Aber sie war wichtig für Remus, hatte Einfluss. Deswegen musste ich machen, was sie mir gesagt hat. Jetzt nicht mehr!«

Jula deutete auf die Frau, die unter dem Fenster auf dem Boden lag. »Die hat euch so richtig in die Suppe gespuckt, oder? Indem sie ausgerechnet das Baby entführt hat, das Dorm an Remus verkaufen wollte. So viel Pech muss man erst mal haben.«

Miquel musterte Jula von oben bis unten, bevor er entgegnete: »Ein bisschen zu viel Pech. Das klingt nach einem ziemlich unwahrscheinlichen Zufall, findest du nicht?« Er lachte auf.

Jula spürte, wie immer mehr Adrenalin in ihr Blut schoss. *Gleich geht es los!*

»Das ist jetzt deine letzte Chance, abzuhauen!« Sie zuckte nicht einmal mit der Wimper.

Miquel lächelte überheblich, bevor er fragte: »Und was, wenn ich noch ein bisschen bleibe?«

»Dann sieht deine Zukunft schlecht aus!«

»Meine Zukunft?« Er schnalzte mit der Zunge. »Die sieht sogar super aus! Ich nehme den Platz von Hedwig ein und werde neuer Boss der Berliner Zelle von Remus! Aber das wirst du leider nicht mehr erleben.«

Jula wendete ihren Blick von dem Kerl ab und sah zu der Stelle, an der er die hilflose Frau hatte zu Boden sinken lassen. Sie sah Miquel wieder direkt in die Augen und zwinkerte ihm zu. »Ich meinte eher deine nähere Zukunft!«

»Ach ja? Was weißt du denn über die?«

Er grinste, doch Jula lächelte dennoch charmant. »Du fällst gleich um wie ein abgesägter Baumstamm!«

Und noch ehe der Kerl reagieren konnte, hatte ihm diese ausgemergelte, dürre, blasse Person, die er gerade noch hatte aus dem Fenster werfen wollen, von hinten mit dem abgebrochenen Hals einer Wodkaflasche die Achillessehne durchtrennt. Mit einem hellen Aufschrei sackte Miquel in die Knie und fasste sich mit der linken Hand an die Wunde. Jula stürzte auf die Matratze zu und wollte nach dem weinenden Baby greifen, als sie aus dem Augenwinkel wahrnahm, wie der Kerl die am Boden liegende Frau mit einem Schlag ins Gesicht außer Gefecht setzte und sich den abgebrochenen Flaschenhals griff.

»Dafür töte ich euch alle! Dich, diese Schlampe – und das beschissene Baby!«

Mit schmerzverzerrtem Gesicht raffte er sich auf und schleppte sich zu Jula hinüber, die nur wenige Meter von ihm entfernt bei Selma stand.

»Es ist aus, kapierst du das denn nicht?« Jula sah zwischen Selma und Miquel hin und her.

Sie würde das Bündel nicht mehr von der Matratze retten können, bevor er sie erreicht und ihr den Weg abgeschnitten hätte. Abgesehen davon, dass sie diese arme Frau nicht einfach mit ihm allein lassen konnte. *Das wäre ihr sicheres Todesurteil! Er ist verletzt. Aber er ist auch wütend und spürt, dass er verloren hat. Das wird ihm noch einmal enorme Kräfte verleihen. Ein psychopathischer Killer, der nichts mehr zu verlieren hat. Super, Jula. Du hast ein Händchen für die Auswahl deiner Gegner!*

»Muere, puta!«, spie Miquel hasserfüllt aus.

Mit voller Wucht stürzte er sich auf Jula, die dabei zu Boden geschleudert wurde. Aus dem Augenwinkel heraus sah sie noch Selma, wie sie sich auf der Matratze wand. Dann packte Miquel sie auch schon, und Jula sah nichts mehr. Nur noch Dunkelheit.

KAPITEL 52

Robin hatte verdammt süß ausgesehen, als er sich mit dem Rücken auf diese alte Turnhallenmatte gelegt und die durchtrainierten Beine angewinkelt hatte. Wie sexy er war, dieser Kerl von Mitte zwanzig. Der kalten Turnhalle mit den veralteten Sportgeräten und dem Linoleumboden mit den unzähligen, teilweise abgewetzten bunten Markierungen hatte Jula in seinem Beisein jedenfalls keine Aufmerksamkeit mehr gewidmet. Auch wenn sie eigentlich etwas reifere Männer bevorzugte, aber Robin war schon schnuckelig, das musste sie zugeben. Die anderen Frauen hatten ebenfalls nur Augen für ihn gehabt.

»Ich stütze mich jetzt mit dem linken Bein ab und lege mein Körpergewicht auf die rechte Schulter.«

Wie viel Sport er wohl trieb und welche Entbehrungen er auf sich nehmen musste, um so ausdefiniert sein zu können? *Das wäre es mir nicht wert, aber ich gucke es mir trotzdem gern mal an.* Das letzte Mal hatte Jula als Schülerin in so einer Halle gestanden. Nur dass es damals Frau Färber gewesen war, die sich auf die Matte gelegt hatte. Eine strenge Frau im Trainingsanzug mit der Ausstrahlung einer russischen Eiskunstlauftrainerin und den Gesichtszügen einer fiesen Zeichentrickfigur. Nicht Robin mit dem blonden Haar und den funkelnden blauen Augen, an dessen Sixpack man vermutlich Kokosnüsse hätte knacken können.

»Wenn ich mich jetzt mit dem linken Bein abstütze,

rutsche ich automatisch aus meiner Position heraus, seht ihr das?« Er hatte die Bewegung dreimal vorgemacht, bis jeder sie verstanden hatte. »Wenn ihr dann durch das Wegrutschen Platz gewonnen habt, müsst ihr die Arme ausstrecken, um Abstand herstellen zu können. Am besten presst ihr sie durchgestreckt gegen seine Schultern.«

»Also, deine Schultern würde ich schon gern mal anpacken, aber auf Abstand halten würde ich dich nicht!«, hatte Urte geantwortet, und die anderen Frauen hatten verlegen gekichert.

Robin hatte den Impuls souverän aufgegriffen, war aufgestanden und hatte Urtes Hand genommen.

»Na gut, dann machen wir beide das jetzt mal. Leg dich auf die Matte!«

Urte hatte sich noch verlegen im Rund der Frauen umgesehen und sich schließlich in die Ausgangsstellung begeben.

»Und jetzt?«, hatte sie gefragt.

»Jetzt lege ich mich auf dich drauf und versuche, dich zu packen! Du rutschst wie gerade gesehen aus deiner Liegeposition raus und stützt dich dann mit ausgestreckten Armen an meiner Schulter ab.«

Der erste Versuch war an Urtes Schüchternheit gescheitert, doch bereits nach dem zweiten Anlauf war sie dem schweren Robin tatsächlich entwichen und hatte ihn mit ausgestreckten Armen auf Abstand gebracht.

»Sehr gut! Jetzt stützt du den Fuß auf meinem Oberschenkel ab, nutzt mein Körpergewicht als Stütze und rutschst so noch weiter aus deiner Position heraus.«

Urte hatte es schon beim ersten Versuch mit Leichtigkeit geschafft. Eine etwas pummelige Frau, die vierzig war, wie fünfzig aussah und in der Buchhaltung eines Einkaufscenters arbeitete, war spielend einfach der Umklammerung eines durchtrainierten Kraftsportlers von fast hundert Kilo entkommen.

»Siehst du, jetzt habe ich nicht mehr genug Nähe zu dir und werde deshalb versuchen, eine neue Angriffsposition zu finden. Aber dazu muss ich erst mal von dir ablassen. Deswegen lehne ich mich leicht zurück. Und *das* ist der entscheidende Moment! Was machst du jetzt, Urte?«

Die alles entscheidende Frage!

Was macht Urte jetzt?

Jula öffnete die Augen. Sie war nicht mehr in dieser Turnhalle. Stattdessen sah sie direkt in das Gesicht dieses Miquel, der sich auf sie geworfen hatte und plante, sie zu töten.

»Danke, Robin!« Jula sah ihrem Angreifer so fest in die Augen, dass es ihn beeindruckte.

Irritiert hielt er inne.

»Robin?«

»Allerdings!« Julas Tonfall ließ den Kerl zögern. »Du Stück Scheiße legst dich gerade mit einer Frau an, die vergewaltigt worden ist!«

Und dann tat Jula exakt das, was Robin ihr in dem Selbstverteidigungskurs für Frauen beigebracht hatte. Sie stützte sich mit ausgestreckten Armen an den Schultern ihres Angreifers ab, legte ihr Gewicht auf die linke Schulter, schob sich mit dem rechten Bein aus seinem Griff heraus und stützte ihren Fuß auf den Oberschenkel ihres Angreifers. Jetzt hatte er nicht mehr genug Nähe zu ihr und versuchte, eine neue Angriffsposition zu finden. Dazu musste er kurz von Jula ablassen und damit ihre Beine freigeben. So, dass sie ihm jetzt mit beiden Füßen und aller Kraft aus den Oberschenkeln ins Gesicht treten konnte!

»*Mierda!!!*«

Er heulte auf, ließ den Flaschenhals fallen, sprang von Jula weg, rappelte sich vom Boden hoch, merkte im Aufstehen wieder, dass seine Achillesferse durchtrennt war, sackte ein, verlagerte sein Gewicht auf den gesunden Fuß, verlor das Gleichgewicht und prallte mit dem Rücken gegen die Wand, da, wo das Fenster offen stand. Jula rappelte sich auf, stürmte auf den Kerl zu und sah noch im Anlaufen, wie er die Faust hob. *Täter suchen Opfer, keine Gegner!,* hatte Robin gesagt. Immer wieder, sein Mantra. Und alle Frauen hatten es wiederholt. Vor und nach jeder Stunde von Robins Selbstverteidigungskurs.

Und als Miquel, der diese kranke Frau verprügelt und Selma beinahe wie ein Stück Butter verkauft hatte, zum Schlag ausholte, sprang Jula in die Luft, streckte das rechte Bein aus und flog in vollem Schwung mit dem Fußrücken gegen den Brustkorb dieses dünnen Kerls. Und noch während Jula zu Boden stürzte, sah sie Miquel auch schon taumeln, nach hinten wanken, sein Gleichgewicht verlieren, mit den Händen vergeblich nach Halt suchen und schließlich rücklings aus dem Fenster stürzen. Was folgte, war der Aufprall. Dumpf und hohl, nur wenige Sekunden später. Dann wurde es still.

KAPITEL 53

Er hat nicht geschrien. Dieser Kerl, der Jula hatte töten wollen, hatte einfach nicht geschrien. Nicht einmal im letzten Augenblick, unmittelbar bevor sein Körper vor dem Abrisshaus aufgeschlagen war. Jula rappelte sich vom Boden hoch und sah aus dem Fenster. Und wenn der Anblick auch verstörend war, konnte Jula ihren Blick doch sekundenlang nicht von der Leiche wenden. Wie unwirklich das aussah, ganz anders als im Fernsehen. Nein, der Körper dieses Mannes lag nicht einfach da, als ob er schliefe. So wie ein Schauspieler, um dessen Körper herum man ein bisschen Filmblut drapiert hatte. Miquel war mit dem Kopf voran aufgeschlagen, und unter der Last seines Körpers hatte sein Hals nachgegeben wie ein Streichholz. Deformiert und entwürdigt lag seine tote Hülle nun da, während das Blut aus seinem Körper floss wie aus einem Fass, das umgefallen war. Jula trat vom Fenster weg. Miquel würde niemandem auf der Welt mehr etwas antun, und etwas anderes war weit wichtiger als seine Überreste auf dem kalten Steinboden.

»Es ist vorbei, meine Kleine.«

Jula ging zu der Matratze hinüber und beugte sich zu dem Kind hinunter, dessen Weinen leiser geworden war. Sie hob es hoch und nahm es in den Arm. Dabei entdeckte sie die kleine Kette um das linke Handgelenk des Kindes. *Selma! Sie ist es also wirklich.*

»Du bist in Sicherheit! Ich bringe dich jetzt zu deiner Mama.«

Jula war wirklich durch die Hölle gegangen. Der Anblick dieser ältlichen Dame mit dem zerschossenen Kopf und der auf dem Beton vor dem Haus aufgeprallte Killer, dessen Angriff sie nur deswegen hatte überleben können, weil sie damals in Buenos Aires vergewaltigt worden war und danach einen Selbstverteidigungskurs bei Robin mit dem blonden Haar und den blauen Augen absolviert hatte. *Was für ein beschissener Tag!* Doch was zählte das alles jetzt noch, da Jula dieses unschuldige kleine Wesen sicher im Arm hielt?

»Diese Menschen können dir jetzt nichts mehr tun.« Sie strich dem Baby mit dem Zeigefinger über die linke Wange.

Jula wandte sich der ausgemergelten Gestalt zu, die schwer atmend auf dem Fußboden lag. Sie legte das Baby noch einmal vorsichtig auf der Matratze ab, setzte sich zu der Unbekannten und hob deren Kopf auf ihren Schoß.

»Sie haben es überstanden.« Sie sprach so sanft, wie sie nur konnte. »Wie heißen Sie denn?«

Die Frau schien selbst bei dieser Frage noch überlegen zu müssen.

»Peggy Sobotta«, hauchte sie schließlich.

Jula lächelte sie an. »Das Kind, das Sie entführt haben, werde ich jetzt den Eltern zurückgeben. Dann wird alles wieder gut.«

Jula bemerkte, dass ihr Gegenüber etwas sagen wollte, doch die Laute blieben ihr im Hals stecken.

»Bleiben Sie ganz ruhig hier liegen. Ich rufe den Notarzt.«

»Caprice …«, gelang es der Frau noch zu sagen.

»Was meinen Sie mit *Caprice?*« Jula strich ihr durchs Haar.

Sie öffnete die Augen, und nach einigem wirren Hin und Her hatte ihr Blick schließlich das Baby gefunden. Mit letzter Kraft streckte sie den Zeigefinger aus und deutete in die Richtung des Kindes.

»Sie ist … mein Engel …« Es war nicht zu übersehen, wie viel Mühe der Frau das Sprechen bereitete.

»Selma?«

»Bitte …« Sie deutete noch einmal auf die Kleine, bevor sie schließlich das Bewusstsein verlor.

Sofort griff Jula nach ihrem Handy und wollte den Notruf wählen, als sie bemerkte, dass zwischenzeitlich eine Nachricht von Hadrian eingegangen war.

»Na super, gutes Timing! Jetzt brauche ich dich auch nicht mehr!«

Sie drückte die Nachricht weg und wählte die 112. *Schon komisch,* dachte sie. *So, wie alles angefangen hat, so endet es auch. Mit einem Notruf.*

»Notruf Berliner Feuerwehr, wo ist der Notfallort?«

Jula beschrieb die Baustelle und die Lage der Wohnung so genau, wie es möglich war.

»Wer ist von dem Notfall betroffen?«

»Es gibt eine bewusstlose Person, Peggy Sobotta, vermutlich Alkohol oder Drogen. Sie wirkt völlig weggetreten. Und …« Jula stockte.

»Ist noch jemand betroffen?«

Jula sah das weinende Kind an. *Kann ich das wirklich riskieren? Ich kann sie jetzt nicht einfach aus der Hand geben. Ihr Vater könnte sie sich holen und doch noch an Remus verkaufen. Und wer weiß, wie viele Leute da drinhängen? Nein, ich muss Selma ihrer Mutter überge-*

ben, persönlich! Und Holder muss dabei sein! Sie wandte sich wieder dem Mitarbeiter der Feuerwehr zu:

»Entschuldigung, ich war kurz abgelenkt! Also, es gibt noch einen weiteren Verletzten, vermutlich ist er tot. Er ist aus dem Fenster gestürzt und liegt vor dem Haus. Ich muss jetzt auflegen!«

»Bitte bleiben Sie in der …«

Noch ehe der Disponent seinen Satz aussprechen konnte, hatte Jula das Telefonat beendet. Sie sah auf die Uhr. Der Rettungswagen würde bald da sein. Jula zog die Visitenkarte aus der Tasche, die Oswald Holder ihr vor wenigen Stunden in Hegels Villa gegeben hatte, und wählte seine Nummer. Es dauerte nicht lange, bis sich jemand meldete.

»Oswald Holder, LKA Berlin!«

»Gut, dass Sie rangehen!«

»Frau Ansorge!« Holders Stimmung hellte sich hörbar auf. »Was kann ich für Sie tun?«

»Es ist eine Menge passiert, seit wir uns bei Hegel getroffen haben. Ich habe gerade einen Mann aus dem Fenster gestoßen, muss aber den Tatort jetzt trotzdem verlassen.«

»Wie bitte? Aber, warum …«

»Nicht jetzt! Es war Notwehr, aber das klären wir alles später. Sie müssen jetzt sehr aufmerksam zuhören, wir haben keine Zeit!«

»Ich höre.«

»Es geht um den Notruf, dessentwegen Sie bei Hegel waren. Fahren Sie sofort in die DRK-Klinik am Spandauer Damm. Da sitzt irgendwo ein gewisser Jonathan Dorm. Das ist der Ehemann der Frau, die diesen Notruf abgesetzt hat.«

»Woher wissen Sie …? Ach, egal. Ich bin nicht weit weg, ich kann in wenigen Minuten in der Klinik sein. Sie sagten *Jonathan Dorm?*«

»Ja! Und noch was: Ich habe das entführte Baby. Es ist ein Mädchen, Selma!«

»Dann verlieren wir jetzt besser keine Zeit! Lassen Sie das Kind nicht aus den Augen, ich leite alles Weitere in die Wege!«

»Bis gleich!«

Jula wollte ihr Handy gerade in die Tasche stecken, als ein Anruf einging. Ohne aufs Display zu sehen, nahm sie ihn entgegen.

»Ist noch was?«

»Wo seid ihr denn? Ich suche euch überall.«

»Paul? Wo zur Hölle bist du abgeblieben? Wir konnten dich nicht mehr erreichen, und die Jungs haben dich in der Straße nicht gefunden.«

»Ja, sorry, ich konnte nicht rangehen. Aber ich glaube, ich habe was rausgefunden.«

Jula fiel ihm ins Wort. »Das ist bestimmt ein super Rechercheergebnis, aber wir haben das richtige Haus inzwischen über einen anderen Hinweis gefunden! Danke für deinen Einsatz, du kannst jetzt erst mal heimfahren.«

»Hast du …?«

»Ja, ich habe das Kind gerettet! Sonst noch was?«

»Wow, das ist ja … ich gratuliere! Na ja, eine Sache wäre schon noch. Ich habe dir immer noch nicht erzählt, was ich dir beim Franzosen sagen wollte.«

»Dafür ist jetzt nicht der richtige Zeitpunkt.«

»Ich weiß! Aber den gibt es bei dir ja nie! Julchen, ich arbeite an mir. Nicht nur an meinem Look, sondern auch an meiner Art, mit Menschen umzugehen. Der Mann, der ich war, konnte dich nicht halten. Meine letzte Hoffnung ist jetzt der Mann, der ich werden kann. Ich will dich zurück, Julchen. Bitte, denk darüber nach. Ganz in Ruhe, sobald sich die Dinge beruhigt haben. Und jetzt: Bring erst mal die Sache mit der Frau und diesem Baby zu Ende! Wer sollte das schaffen, wenn nicht du?«

Und noch ehe Jula etwas dazu sagen konnte, hatte Paul das Telefonat beendet. Jula sah kurz ins Leere, sammelte sich wieder, steckte ihr Handy ein und neigte sich zu Peggy hinunter. Sie vergewisserte sich, dass die Frau noch atmete. Da erklang unten von der Straße her die Sirene des Rettungswagens. Jula nahm Selma liebevoll in den Arm. »Du hast es überstanden, Kleine. Ich bringe dich zu deiner Mama! Jetzt kann nichts mehr passieren!«

KAPITEL 54

HOLDER

»Wir wissen, dass Ihre Frau vor wenigen Tagen die Feuerwehr wegen einer Kindesentführung um Hilfe gerufen hat. Und jetzt liegt sie hier mit aufgeschnittenen Pulsadern und wird notoperiert. Also hören Sie endlich auf, mir irgendwelchen Schwachsinn zu erzählen, und sagen Sie mir, was hier verdammt noch mal los ist!«

Oswald Holder stand vor Jonathan Dorm im Warteraum. Sie waren jetzt allein, nachdem die beiden Teenager – ein schlaksiger Blondschopf und ein dunkelhaariger Junge mit wuchtiger Goldkette um den Hals – den Raum auf Drängen von Holder verlassen hatten. In seinem imposanten Mantel hatte sich der Kommissar vor dem blassen Dorm aufgebaut, der auf einem der harten Besucherstühle kauerte, nervös mit den Füßen wippte und immer wieder mit seinem Blick zur Tür auswich, wohl in der Hoffnung, dass endlich jemand kommen und ihm erlauben würde, seine Frau zu sehen.

»Ich bin jetzt wirklich nicht in der Stimmung für solchen Unsinn. Sehen Sie nicht, in welcher Sorge ich bin? Die Frau, die ich liebe, hat gerade versucht, sich das Leben zu nehmen. Und Sie kommen hier mit Ihrem Polizeiausweis rein und erzählen mir irgendwelche Räuberpistolen!« Dorm sprach monoton.

Holder sah sein Gegenüber schweigend an. Eindringlich, so, als lese er in Jonathan Dorm wie in einem offenen Buch. *Obwohl ich im Moment absolut nichts gegen ihn in der Hand habe!* Sicher, Jula hatte am Telefon sehr überzeugt geklungen, und dieser Dorm wohnte auch in dem Gebiet, aus dem der Notruf gekommen war. Aber Holder war nach Julas Anruf sofort in die Klinik aufgebrochen, sodass er keine Zeit für weitere Recherchen gehabt hatte. Solange das Handy von Arthur Greiner nicht in seinem Besitz und die Frau nicht vernehmungsfähig war, musste er darauf hoffen, dass Dorm von selbst etwas preisgeben würde. *Was er ganz offensichtlich nicht vorhat. Nichts Ungewöhnliches bei einer Kindesentführung. Vermutlich hat er einfach Angst um seine Tochter. Er weiß ja noch nicht, dass sie in Sicherheit ist.*

»Sobald Ihre Frau wieder ansprechbar ist, werde ich mit ihr reden. Was denken Sie, welche Geschichte wird sie mir wohl erzählen?«

Dorm hob den Blick und sah Holder in die Augen. »Ich denke, dass Cecile nach einem Selbstmordversuch und einer Not-OP erst mal eine Weile nicht vernehmungsfähig sein wird. Abgesehen davon dürfen Sie keine Befragung mit einer Frau durchführen, die gerade in einer Narkose war.«

Holder zuckte nicht mit der Wimper. Natürlich, er bluffte, und dieser Psychologe schien ihm das anzumerken. Aber wenn er den Erkennungsdienst zu Dorms Haus geschickt und einen richterlichen Beschluss zur exakten Handyortung erwirkt hatte, würde sich die Beweislage ändern. Und spätestens dann war dieser Dorm gezwungen, sich etwas Besseres einfallen zu lassen als bloßes Abstreiten. *Zum Beispiel eine gute Antwort auf die Frage, wo seine Frau das Handy von Arthur Greiner herhatte.*

Holder lächelte. »Also, falls der Selbstmordversuch Ihrer Frau etwas mit der Entführung Ihres Kindes zu tun gehabt haben sollte, dann habe ich gute Neuigkeiten für Sie: Das Kind ist in Sicherheit!«

Oswald Holder hatte im Lauf seiner Karriere Hunderte Vernehmungen durchgeführt. Er wusste, nicht einmal ein so geschulter Psychologe wie Jonathan Dorm war in der Lage, sich auf eine solche Nachricht keine Reaktion anmerken zu lassen. Und wenn es nur eine minimale Veränderung in den Pupillen war, ein Zucken oder eine kurze Atempause. Und tatsächlich, Dorm reagierte. Wenn auch anders, als Holder es vermutet hatte. Er erhob sich und baute sich direkt vor dem Kommissar auf. Jetzt befanden sich die Männer auf Augenhöhe.

»Sie lassen meine Frau und mich in Ruhe, ist das klar?« Dorm klang entschlossen. »Ich habe keine Ahnung, wovon Sie reden. Meine Frau ist zurzeit nicht zurechnungsfähig, und wenn Sie jetzt nicht einen Haftbefehl oder sonst irgendeine rechtliche Legitimation aus der Tasche ziehen, dann muss ich Sie bitten, uns in Ruhe zu lassen.«

Oswald Holder konnte Dorms Atem auf dem Gesicht spüren, doch er wich keinen Zentimeter zurück. *Typen wie dich habe ich schon in der Schule immer gehasst. Blöder Lackaffe!*

»Was für eine faszinierende Reaktion eines Vaters auf die Nachricht, dass sein entführtes Kind in Sicherheit ist. Diese Erleichterung, diese Freude. Ganz großes Kino, Herr Dorm! Ich schätze, ich werde jetzt Ihr Haus auf den Kopf stellen lassen, Ihre digitalen Aktivitäten der vergangenen Monate nachvollziehen und jeden Stein in Ihrem Leben umdrehen, den ich finde.«

Holder war daran gewöhnt, dass Verdächtige, die sich

in eine sture Verleugnungshaltung zurückgezogen hatten, selbst durch unschlagbare Argumente nicht daraus zu befreien waren. Doch dieser Dorm war ganz offensichtlich weit klüger als das. Mit Kälte in den Augen sah er den Kommissar an und sagte: »Sie sind also fest davon überzeugt, das Kind von mir und meiner Frau sei entführt worden? Dann habe ich jetzt eine Information für Sie, die Sie interessieren wird. Und Sie sollten besser gut zuhören, denn ich werde es nicht zweimal sagen!«

KAPITEL 55

JULA

Ihrer Tochter geht es einigermaßen gut, aber der Zustand des Kindes ist trotzdem besorgniserregend. Selma ist schmutzig, riecht streng und ist nicht regelmäßig gewickelt worden. Was war denn da los?«

»Es ist so schrecklich, ich weiß gar nicht, was ich sagen soll.« Jula benötigte nicht viel schauspielerisches Talent. Das, was sie an diesem Tag erlebt hatte, ließ ihr die Verzweiflung von selbst im Gesicht stehen. »Sie war nur zwei Tage bei ihrem leiblichen Vater, dagegen konnte ich nichts machen, er hat ja ein Recht darauf. Aber er hat offenbar die ganze Zeit getrunken und das Kind vernachlässigt. Ach, es war furchtbar!«

Jula war dem Baby keine Minute von der Seite gewichen, seit sie mit ihm in der Klinik eingetroffen war. Die Ärztin war davon ausgegangen, dass Selma Julas eigenes Kind war, und sie hatte nicht widersprochen. Was machte diese kleine Notlüge jetzt noch aus? *Nach dem tagelangen Drama um dieses wehrlose Kind werde ich es erst dann freiwillig aus der Hand geben, wenn ich es in die Arme seiner Mutter legen kann!*

»Wir erleben solche Fälle hier leider oft. Die Kollegin am Empfang kann Ihnen Informationen geben, an wen Sie sich in so einem Fall wenden sollten. Ich gebe Ihnen gern eine Bescheinigung, in welchem Zustand der Kindsvater die Kleine an Sie übergeben hat. Ich denke, Sie sollten sich einen Anwalt nehmen und das alleinige Sorgerecht einklagen.«

Die Ärztin sah Jula ernst an.

»Vielen Dank, ja, das werde ich tun! Dieser Dreckskerl bekommt Selma nicht noch mal allein!«

»Gut so! Also, aus medizinischer Sicht ist mit Ihrem Kind alles in Ordnung, aber ich möchte zur Sicherheit noch Lunge und Herztöne abhören. Wir kümmern uns noch ein paar Minuten um Selma, aber nach dem Eindruck, den ich von Ihnen habe, kann ich es wohl verantworten, sie Ihnen dann wieder mitzugeben. Aber bitte, holen Sie sich Hilfe!«

Jula atmete erleichtert auf, und noch ehe sie sichs versah, hatte die Ärztin sich auch schon verabschiedet und sich ihrem nächsten Patienten zugewandt.

Ein Krankenpfleger trat auf Jula zu. »Ich bräuchte noch mal Ihre Versichertenkarte, da hat wohl irgendwas nicht funktioniert.«

Jula nickte und zog ihre Chipkarte aus dem Portemonnaie. Konnte ihre Krankenkasse so schnell registriert haben, dass Jula die Behandlung eines Babys darüber abrechnen wollte? Doch selbst wenn, ein bisschen Ärger mit ihrer Krankenversicherung war ihr jetzt allemal lieber, als zu riskieren, dass man ihr Selma vielleicht nicht wieder zurückgeben würde.

»Vielen Dank!« Der Pfleger lächelte. »Und Sie wollen wirklich nicht bei der Untersuchung der Kleinen dabei sein? Das ist absolut kein Problem, es ist sogar üblich.«

Verdammt. Ich bin wohl doch nicht so eine gute Mutter-Darstellerin … Aber ich muss noch so viele Sachen klären, ich brauche die Zeit einfach!

»Selma hatte heute schon genug Stress um sich herum. Ich würde wahrscheinlich weinen und die Ärztin bei ihrer Arbeit stören. Ich lasse das jetzt lieber die Profis machen.«

»Wenn mal alle Eltern so viel Vertrauen in uns hätten!« Der Pfleger lächelte. »Nehmen Sie bitte noch einen Moment Platz, wir bringen Ihnen die Kleine in ein paar Minuten.«

Jula nickte, ging in den angrenzenden Warteraum und setzte sich auf einen der unbequemen Stühle, die bei jeder Bewegung ein Quietschen auf dem sterilen Krankenhausboden verursachten. Außer ihr befand sich noch eine Frau mit einer etwa sechsjährigen Tochter in dem Wartezimmer. Das Kind spielte mit einer Puppe aus der bereitstehenden Spielzeugkiste. Jula verweilte mit ihrem Blick noch kurz auf dem spielenden Mädchen und zog dann ihr Handy hervor. Elyas hatte mehrmals versucht, sie zu erreichen. Sie rief ihn zurück.

»Alter, was ist denn los?« Elyas klang besorgt und erleichtert zugleich. »Du wolltest doch herkommen? Vor über 'ner Stunde!«

»Sorry, es gab ein paar unvorhergesehene Probleme.«

»Echt? Was war denn los?«

Ein Killer, der mich kaltmachen wollte und den ich aus dem Fenster getreten habe, woraufhin sein Schädel auf dem Asphalt zerbrochen ist. Eine hilflose Frau und Kindesentführerin, die ich allein in ihrer Wohnung zurückgelassen habe, wenn auch nur für ein paar Minuten.

»Das erzähle ich dir später! Pass auf, ich bin jetzt in der Klinik, unten in der Notaufnahme. Ich habe das Kind bei mir, und ich komme gleich damit zu euch hoch. Wie ist die Lage?«

»Wie die Lage ist? Alter, hier ist ein Typ aufgekreuzt,

der auf zwei Meilen wie ein Bulle aussieht. Und der labert gerade mit diesem Kerl.«

Jula atmete auf. »Ja, gut so. Das ist Kommissar Holder vom LKA. Den habe ich herbestellt. Was ist mit dem Handy?«

»Was soll damit sein? Der Typ hat es noch! Warum ist dieses Handy eigentlich so wichtig?«

Jula schüttelte den Kopf, als könne Elyas es durch das Handy hindurch sehen.

»Das wissen wir, sobald wir es haben. Pass auf, ich bekomme hier gleich das Kind aus der Untersuchung zurück. Gib mir noch ein paar Minuten, dann bin ich bei euch. Wo muss ich genau hinkommen?«

Jula ließ sich erklären, wo Elyas und Friedrich auf sie warteten, und beendete das Telefonat. Als sie ihren Blick hob, fiel er wieder auf das kleine Mädchen, das noch immer mit der Puppe spielte. *Wer um alles in der Welt würde so ein wunderbares kleines Wesen an Leute wie diesen Miquel verkaufen? Dieser Jonathan Dorm hat doch einen wirklich liebenden, verzweifelten Eindruck gemacht. Kein bisschen wie ein eiskalter Kinderhändler. Was hat ihn bloß dazu gebracht, das alles zu tun?* Jula kamen wieder Hedwig Försters Worte in den Sinn. *Dorm wollte Selma nur schnell loswerden, dem war sogar das Geld egal.* Sie richtete sich in ihrem Sitz auf. Das ergab alles überhaupt keinen Sinn! Was konnte ein so unfassbares Handeln erklären? Seiner offensichtlich sehr geliebten Frau das gemeinsame Kind wegnehmen? *Mir fällt absolut kein Grund ein, der das erklären könnte. Und ausgerechnet in dem Moment, in dem Dorm diese völlig unlogische Entscheidung trifft, kommt eine Frau, die komplett fertig aussieht, die mitten in einer bürgerlichen Gegend aus einem der weniger schicken Häuser ganz gezielt ausgerechnet dieses Kind entführt?* Was hatte dieser Miquel gesagt? *Das klingt nach einem ziemlich unwahrscheinlichen Zufall, findest du nicht?*

»Wer bist du eigentlich, Jonathan Dorm?« Jula hauchte ihren Gedanken nur, dennoch sah die Mutter des spielenden Kindes kurz zu ihr herüber.

Jula aktivierte noch einmal ihr Handy und suchte im Internet nach Jonathan. Er hatte eine eigene Website, auf der er seine Leistungen als Psychotherapeut anbot. Jula öffnete die Seite und überflog sie. *Ausbildung in Berlin und Dresden, früher Klinikarzt, seit Kurzem selbstständig, seinem Geburtsdatum nach heute neunundvierzig Jahre alt, verschiedene Fortbildungen.*

»Das kann doch nicht …«

Jetzt hatte Jula laut gesprochen, und wieder sah die Mutter zu ihr herüber. »Ist alles in Ordnung?«

»Ich bin mir nicht sicher!« Jula hob den Blick nicht von ihrem Handydisplay.

Ihr Herz begann immer schneller zu pochen, mit jeder Sekunde, die sie länger über ihre Vermutungen nachdachte. *Jonathan Dorm ist neunundvierzig Jahre alt? Und diese abgemagerte Frau in dem Abrisshaus hat gesagt: ›Caprice …‹* Jula rief den Chat mit Hadrian auf. Noch immer war sie nicht dazu gekommen, ihm zu antworten, doch jetzt hatte sie nur eine Hoffnung: *Bitte sei am Rechner!*

→ BIST DU ONLINE? ES EILT!!!

Es dauerte nur Sekunden, bis eine Antwort aufpoppte.

→ WAS IST DENN LOS?

Gott sei Dank!

→ ICH BRAUCHE UNBEDINGT EIN PAAR WICHTIGE INFORMATIONEN!
→ LEG LOS!

Jula kniff die Augen zu schmalen Schlitzen zusammen. Sie durfte jetzt nichts vergessen.

→ ICH BRAUCHE ALLE MÖGLICHEN INFORMATIONEN ÜBER DEN GESUNDHEITSZUSTAND VON CECILE DORM AUS DER TANNENBERGALLEE. UND ÜBER DEN EINER GEWISSEN PEGGY SOBOTTA, ADRESSE KENNE ICH NICHT. WIE LANGE BRAUCHST DU DAFÜR?
→ DA MUSS ICH ÜBER DIE SOZIALVERSICHERUNG GEHEN UND DIE BEHANDELNDEN ÄRZTE RAUSFINDEN. GIB MIR EIN BISSCHEN ZEIT.
→ ICH HABE NICHT VIEL, BITTE VERSUCHE ZU ZAUBERN!
→ BEI DEN MEISTEN KRANKENVERSICHERUNGEN WAR ICH SCHON MAL IM SYSTEM, DA KENNE ICH DIE ZUGANGSDATEN SCHON. MIT ETWAS GLÜCK GEHT ES ALSO RELATIV SCHNELL.
→ VIELEN DANK! BIS GLEICH!

Jula versuchte, ihre Gedanken zu ordnen. Sie sah zu der Mutter und dem Kind mit der Puppe und beschloss, auf den Flur hinauszugehen. Dort startete sie eine Aufnahme:

»Operation Notruf – ab jetzt *Operation Remus* 21-11-01: Ich werde gleich auf die Eltern von Selma treffen und ihnen das Kind übergeben. Kommissar Holder vom LKA wird dabei sein. Aber ich habe noch zu viele offene Fragen. Friedmann, der Nachbar der Eltern, hat meinem

Bruder Elyas einiges über das Paar erzählt. Nach meinen aktuellen Erkenntnissen muss ich das sehr ernst nehmen. Jonathan Dorm hat sich erst vor Kurzem als Psychotherapeut selbstständig gemacht. Am Anfang hat er noch in seiner Mansarde therapiert, dann plötzlich das halbe Haus umgebaut. Er und seine Frau führen angeblich eine seltsame Beziehung, aber es kann schon sein, dass diesem Friedmann alle moderneren Beziehungen seltsam vorkommen. Cecile ist wohl launisch, manchmal erkennt sie Friedmann nicht, wenn sie ihn auf der Straße trifft. Dorm scheint blind in sie verliebt zu sein. Seit einiger Zeit ist sie nicht mehr zu sehen gewesen, angeblich krank. Und Dorm selbst soll ihn wohl heute bedroht und sich höchst eigenartig verhalten haben. Friedmanns Zeitangaben stimmen mit dem Zeitpunkt des Notrufs überein.«

Ein Fenster poppte auf, in dem das Eingehen einer Nachricht von Hadrian angezeigt wurde.

→ DIESE PEGGY SOBOTTA IST POLIZEIBEKANNT! DADURCH MUSSTE ICH KEINE KRANKENAKTE FINDEN UND ENTSCHLÜSSELN, SONDERN KONNTE EINE ABKÜRZUNG NEHMEN. ES GAB EIN MEDIZINISCHES GUTACHTEN IN EINER AKTE.

→ SUPER, DU BIST DER BESTE! UND, WAS STEHT DRIN?

→ ICH HABE ES ANGEHÄNGT. DAS GUTACHTEN IST ABER ÜBER EIN JAHR ALT. SCHEINT EINE CHARMANTE DAME ZU SEIN!

→ MOMENT!

Jula öffnete die Datei. *BtM-Abhängigkeit, Depressionen, Alkoholabusus, Wahnvorstellungen, Anzeichen von sexuellem Missbrauch und häuslicher Gewalt. Mein Gott, die arme Frau ist ja vollkommen am Ende.*

→ UND WAS IST MIT CECILE DORM?

→ DA WAR ICH AUCH EIN BISSCHEN KREATIV! ANSTATT EWIG IHRE KRANKENKASSE ZU SUCHEN, HABE ICH EINFACH IHREN ARBEITGEBER GEHACKT. ES GIBT DA EINE KRANKMELDUNG. CECILE DORM HAT FÜR DAS JUGENDAMT GEARBEITET, AUSSENDIENST. ABER DAS MACHT SIE NICHT MEHR. ICH HABE IN IHRER PERSONALAKTE GESTÖBERT.

→ WAS STEHT DA?

→ SIE WAR ZUSTÄNDIG FÜR DIE KONTROLLE DER HÄUSLICHEN SITUATION VON KINDERN AUS SOZIAL SCHWACHEN VERHÄLTNISSEN. ES GAB WOHL IMMER WIEDER BESCHWERDEN. SIE SOLL PSYCHISCH AUFFÄLLIG GEWESEN SEIN. JEDENFALLS HAT SIE DAS DANN NICHT MEHR GEMACHT.

→ SIE HATTE DANN GAR NICHT MEHR DIREKT MIT DEN FAMILIEN ZU TUN? WIE PASST DAS DENN ALLES ZUSAMMEN?

Jula konnte spüren, dass sie der Lösung des Rätsels näher kam. Aber noch immer gab es zu viele offene Fragen. Was hatte Hegel über Hedwig Förster gesagt? *Sie hätte uns wichtige Informationen über Remus liefern können. Umso dringender ist es, dass Sie mir Greiners Handy besorgen!*

Wo, verdammt noch mal, hatte Jonathan Dorm denn nur dieses Handy her? Das Handy, das offenbar eine zentrale Rolle spielte.

→ ICH BRAUCHE NOCH EINE INFORMATION.

→ ÜBER WEN?

→ ER HEISST ARTHUR GREINER. IST WOHL SEIT ZEHN JAHREN TOT, DU MUSST ALSO EIN BISSCHEN IN DEN ARCHIVEN STÖBERN.

→ OKAY, ICH MACHE MICH AUF DIE SUCHE! ABER DAS GEHT JETZT NICHT SO SCHNELL.

→ VIELEN DANK!

Hadrian hatte sich ausgeloggt.

Jula lehnte sich gegen die Wand, schloss die Augen und atmete tief durch.

»So, meine Kleine, da ist die Mama wieder!« Die Stimme des Pflegers riss Jula aus ihren Gedanken.

Sie öffnete die Augen und sah, wie der junge Mann mit Selma im Arm vor ihr stand. Die Kleine hatte endlich mit dem Weinen aufgehört.

»Mein Engel! Mama lässt dich nie wieder bei diesem schrecklichen Kerl!« Jula lächelte und nahm das Baby in die Arme.

»Sie hat sich beruhigt, ja. Das war heute wohl alles etwas aufregend für Selma.«

Jula nickte dem Pfleger zu. *Es ist so weit. Gleich werde ich sie ihrer Mutter zurückgeben*. Jula sah durch die Glastür des Warteraums hindurch noch einmal das kleine Mädchen, das fröhlich mit der Puppe spielte. *Moment mal*. Jula war ein Gedanke gekommen. Fast schämte sie sich dafür, doch je länger sie darüber nachdachte, desto weniger absurd erschien ihr der Einfall. Im Gegenteil, er bot sogar die erste Erklärung für diesen ganzen Wahnsinn hier, die aus jedem Betrachtungswinkel heraus schlüssig zu sein schien. Wenn sie Jula auch eine Gänsehaut bereitete. *Wenn das stimmt, ergibt das hier alles plötzlich einen Sinn!* Jula warf dem Pfleger ein Lächeln zu, das so charmant war, dass auch der junge Mann über das ganze Gesicht erstrahlte. Dann sagte sie: »Dürfte ich Sie vielleicht noch um einen kleinen Gefallen bitten?«

KAPITEL 56

HOLDER

Das können Sie nicht ernst meinen!« Holder musste sich beherrschen, um auf Dorms unglaubliche Behauptung nicht in höhnisches Gelächter auszubrechen.

»Überprüfen Sie es einfach. So, wie Sie es eigentlich hätten tun sollen, bevor Sie hergekommen sind und mich in dieser schweren Lage belästigt haben. Und nun lassen Sie meine Frau und mich endlich in Ruhe!« Dorm war vollkommen klar.

Da ging die Tür zum Warteraum auf, und der schlaksige Teenager mit den blonden Haaren und der viel zu weit geschnittenen Hip-Hop-Kleidung trat ein.

»Jo, Leute, was geht?« Er räusperte sich. »Sorry, will nicht stören.«

Sowohl Holder als auch Dorm drehten sich zu dem jungen Mann um.

»Können Sie uns bitte allein lassen?« Holder klang bestimmt.

»Ja, nee, ist schlecht gerade. Also, wenn einer von euch beiden bei der Polizei ist, soll er sich mal melden.« Der Junge kreuzte die Arme in einer Pose vor der Brust, die er vermutlich in einem Musikvideo gesehen hatte.

»Ich bin Polizist.« Holder sah den jungen Kerl skeptisch an. »Worum geht es denn?«

»Jo, also, Jula will Sie sprechen. Aber allein, also, unter

vier Augen. Na, genau genommen sind es sechs Augen, sie hat ein Baby dabei. Aber es sind nur vier Ohren. Na ja, das Baby hat schon auch Ohren, aber mit denen versteht es nichts, glaube ich.«

Holder entging nicht, dass sich Dorms Körper anspannte. Und wenn er auch nicht wusste, wer dieser Teenager in der Gangsterverkleidung war, erkannte er in der Besprechung mit ihm doch seine Chance, Dorm zu einem Fehler zu provozieren.

»Wenn ich Sie richtig verstehe, dann steht Frau Ansorge mit dem entführten Kind vor der Tür?«

Der Junge zuckte mit den Schultern. »Eigentlich nicht. Ich meine, das Kind ist ja jetzt nicht mehr entführt. Aber ja, das Baby ist hier. Also nicht hier, sondern im Flur. Quasi draußen.«

Holder drehte sich mit großer Geste zu Jonathan Dorm um. »Na, ist alles in Ordnung mit Ihnen? Soll ich da mal rausgehen? Oder möchten Sie das, was Sie gerade behauptet haben, doch revidieren? Bevor ich mir die Mühe mache, einfach in den Computer zu sehen, um es selbst zu widerlegen? Zum jetzigen Zeitpunkt könnte sich das noch positiv für Sie auswirken.«

Dorm antwortete nicht. Stattdessen beschleunigte sich sein Atem, Schweiß trat ihm auf die Stirn, und während er die Hände zu Fäusten ballte, verspannte sich sein Körper immer weiter.

»Das darf nicht sein.« Dorm flüsterte.

»Was?« Der blonde Junge hatte die Worte offenbar nicht verstehen können.

»Das. Darf. Nicht. Sein.« Jonathan sprach etwas lauter, und er sah dabei in Richtung Flur. »Sie soll gehen. Mit dem Kind.«

Holder, der in seiner Karriere unzählige Vernehmungen geführt hatte, ahnte, dass Jonathan Dorm in einen Zustand überdriftete, in dem er unkontrollierbar werden konnte. *Der Wahn in den Augen, der starre Blick, die entschlossene Haltung. Ich muss ihn weiter provozieren, dann wird er platzen und in seiner Wut und Verzweiflung alles erzählen, was er weiß.*

»Nun, wenn Frau Ansorge Ihr Kind bei sich hat, dann wollen wir unsere Heldin mal nicht warten lassen. Ich wette, Ihre Frau wird sich vor Glück gar nicht mehr einkriegen können, wenn sie ihr Baby endlich wieder in die Arme nehmen kann. Und sie wird reden und reden und reden.«

Holder klopfte Jonathan auf die Schulter und sah zu dem blonden Jungen hinüber. »Danke für die Nachricht, junger Mann. Ich werde jetzt mit Frau Ansorge sprechen.« Er wandte sich ab in Richtung Flur.

»Nein!« Dorm brüllte so laut, dass ihm Spucke aus dem Mund flog. »Das darf nicht sein!«

Und ehe sichs Holder versah, hatte sich Dorm auch schon rücklings auf ihn gestürzt, ihm einen kräftigen Leberhaken verpasst und ihn zu Boden gerungen. Holder wollte schon zur Gegenwehr ansetzen, als Dorm ihm noch einen Fausthieb ins Gesicht rammte, ihm unter den Mantel griff, seine Pistole an sich nahm und zu dem jungen Mann aufsah, der einfach nur dastand und den Kampf mit aufgerissenen Augen in Schockstarre verfolgte.

»Wo ist sie?« Dorm fauchte den Jungen an.

»Lassen Sie Jula in Ruhe!« Der Teenager stellte sich mit zitternden Knien zwischen Dorm und die Tür.

Holder rappelte sich auf und wollte nach Dorm greifen. Doch dieser bemerkte es und verpasste dem Kommissar einen Schlag gegen den Brustkorb, woraufhin Holder erneut zu Boden ging.

»Mach einfach Platz, Junge! Ich kann es nicht zulassen, dass jemand Selma zu Cecile bringt. Ich will dir nichts tun, aber geh mir jetzt aus dem Weg!«

Er zielte auf die schmale Brust des Jungen, der nach kurzem Zögern einen Schritt zur Seite machte und die Tür widerwillig freigab.

»Tun Sie ihr nichts!«

Holder keuchte und hustete, doch die Schläge waren heftig gewesen. Er konnte nur noch auf dem Boden liegend zusehen, wie Dorm die Tür öffnete, sich noch einmal zu dem jungen Mann umdrehte und ihm antwortete: »Ich hoffe, es wird nicht nötig sein. Aber für Cecile tue ich alles, was erforderlich ist!«

Mit der Waffe in der Hand trat er in den Flur hinaus.

KAPITEL 57

JULA

Jula war mit Elyas zu den Fahrstühlen gelaufen, nachdem sie die Kampfgeräusche und das Brüllen gehört hatten.

»Elyas, fahr nach unten! Ich habe keine Ahnung, was dieser Dorm macht, wenn er mich mit dem Kind im Arm sieht. Ich hole jetzt Friedrich da raus und schicke ihn zu dir!«

Elyas sah Jula entgeistert an. »Denkst du im Ernst, ich habe Schiss vor einem Spacko aus der Tannenbergallee? Alter, ich bin schon mit ganz anderen fertiggeworden! Ich lasse dich bestimmt nicht mit dem Typen allein.«

In diesem Moment ging weiter hinten im Flur die Tür des Wartezimmers auf, doch nicht Friedrich und Oswald Holder traten in den Flur, sondern Jonathan Dorm. *Mit einer Pistole in der Hand.* Jula drückte hastig und immer wieder auf den Knopf des Fahrstuhls, als würde dieser darin eine Dringlichkeit erkennen und sich mit seiner Ankunft beeilen.

»Gehen Sie! Gehen Sie, solange Sie es noch können! Und nehmen Sie das Baby mit!« Jonathan ging mit zügigen Schritten durch den hellen, sterilen Krankenhausflur auf Jula zu, die Waffe auf sie und das Bündel in ihrem Arm gerichtet.

Jula presste es instinktiv fester an sich, ohne den Angreifer aus den Augen zu lassen.

»Hilfe!« Eine Krankenschwester, die etwas weiter hinten im Flur stand, hatte den bewaffneten Mann gesehen.

»Gehen Sie weg!«, rief Dorm der jungen Frau zu.

Diese rannte in das Schwesternzimmer und würde zweifellos sofort die Polizei verständigen, sodass es nur noch Minuten dauern konnte, bis diese eintreffen würde. *Aber hier geht es nicht um Minuten. Es geht um Sekunden!*

»Frau Förster ist tot. Und Miquel auch.« Jula sprach so ruhig, wie sie konnte, während sie sich vor Elyas stellte, der sich nicht regte und kein Wort hervorbrachte.

»Frau Förster? Sie meinen die Alte? Frau Sommer?« Dorms Hand zitterte, und er atmete schwer. Mittlerweile hatte er Jula fast erreicht.

»Genau die! Herr Dorm, bitte, was immer Sie mit Remus vereinbart haben, es ist niemand mehr am Leben, dem Sie Selma jetzt noch verkaufen könnten. Also lassen Sie uns in Ruhe reden, ohne Waffe. Heute sind schon genug Menschen gestorben.«

Jonathan Dorm verlangsamte seine Schritte. Jula bemerkte, wie Friedrich mit angsterfülltem Blick aus dem Warteraum herausspähte. Von Holder war nichts zu sehen.

»Von wem haben Sie Selma?« Tränen liefen Dorm über die Wangen, doch er senkte seine Waffe noch immer nicht.

»Von Peggy Sobotta. Der Name sagt Ihnen was, oder?«

»Und wenn?«

»Die Frau aus Moabit, die ausgerechnet Selma aus Ihrem Haus in Westend entführt und Sie erst Tage später deswegen erpresst hat. Seltsam, oder?«

Jonathan Dorm blieb stehen. Kurz schloss er die Augen, wischte sich mit der freien Hand den Schweiß vom Gesicht und sah wieder zu Jula, dieses Mal mit einer Note von Verzweiflung.

»Das wird doch jetzt alles nichts mehr ...« Er senkte den Blick, nicht jedoch die Waffe.

Jula kämpfte mit sich, um äußerlich ruhig zu wirken, während sie sich mit einem flüchtigen Blick vergewisserte, dass Elyas noch hinter ihr stand. *Ich bin aber nicht kugelsicher. Aus dieser Entfernung geht sein Schuss direkt durch mich hindurch und trifft Elyas am Ende auch noch. Wann kommt denn dieser verdammte Fahrstuhl?*

»Wenn es so ist, wie ich vermute, stehen Ihnen und Ihrer Frau schwere Zeiten bevor. Aber die werden Sie durchstehen. Gemeinsam!«

»Ach ja? Wissen Sie, was das alles für Konsequenzen haben wird?« Endlich senkte Dorm die Pistole.

»Ihre Cecile bedeutet Ihnen alles, oder?«

Dorm kamen Tränen, während er auf die Knie sank. »Natürlich!«

Und als er verzweifelt den Kopf senkte, erklang endlich der Ton, der nach scheinbar endlosen Sekunden des Wartens das Eintreffen des Fahrstuhls signalisierte. Dann öffneten sich dessen Türen.

»Werfen Sie die Waffe weg!«

Der Ruf war laut und durchdringend, doch er kam nicht vom Fahrstuhl her, sondern von weiter hinten im Flur. Jula und Jonathan Dorm sahen gleichzeitig in die Richtung, aus der das Kommando gekommen war. Oswald Holder hatte sich mit schmerzverzerrtem Gesicht in den Flur geschleppt. Offenbar ohne nachzudenken, riss Dorm die Waffe wieder hoch und feuerte noch aus der

Hocke zwei Schüsse in die Richtung, aus der Holder gerufen hatte. Der Kommissar duckte sich weg, und die Glasfront zum Warteraum splitterte und zerbarst. Holder flüchtete sich zurück in den Nebenraum, in dem sich auch Friedrich in Sicherheit gebracht hatte. Mit purer Verzweiflung im Blick drehte sich Dorm wieder zu Jula um.

»Jetzt ist wirklich alles egal!« Er hob die Waffe erneut.

»Weg da!« Die feste, markante Stimme erklang von hinten aus dem Fahrstuhl, und sie kam Jula erschreckend vertraut vor.

Und ehe Dorm seine Waffe erneut heben konnte, schob eine große, dunkle Gestalt Jula und Elyas von hinten zur Seite, trat mit festem Schritt aus dem Lift, ging lässig auf Dorm zu, packte dessen Hand mit der Waffe darin, entwand sie ihm und schlug ihm mit dem Griff der Pistole so kräftig auf den Kopf, dass er zu Boden sank.

»Hegel?« Jula sah den Professor an, als sei er eine Marienerscheinung. »Was machen Sie denn hier?«

»Was wohl? Ich verstoße gegen meine Auflagen!« Er kniete sich zu Dorm hinunter und durchwühlte dessen Taschen.

»Was suchen Sie denn?« Elyas hatte sich aus seiner Deckung hinter Jula hervorgewagt.

»Das Handy! Hat er es noch?«

»Ja, linke Hosentasche! Alter, warum sind alle so geil auf dieses Kackhandy?«

Schon hatte Hegel das Telefon gefunden. Er erhob sich aus seiner Hocke und streckte es Jula entgegen.

»Wie es aussieht, haben wir wohl wieder mal einen gemeinsamen Sieg errungen! Gute Arbeit, Jula!«

Und unter den ratlosen Blicken von Jula, Elyas, Holder und Friedrich, unter dem Einsetzen der Rufe und Schreie der Menschen, die von den Schüssen aufgeschreckt in den Flur getreten waren, inmitten des Wuselns der Krankenpfleger und Ärzte, die eilig zu ihren Patienten liefen, nahm Matthias Hegel das alte iPhone von Arthur Greiner, warf es vor sich auf den Krankenhausboden und trat mit den festen Sohlen seiner italienischen Lederschuhe so lange darauf ein, bis es nur noch aus dessen Einzelteilen bestand. Dann trat er die Splitter und Bauteile in Richtung des noch immer offen stehenden Fahrstuhls, sodass einige davon durch den Spalt in den Schacht fielen.

Jula sah Hegel unverwandt an. »Was sollte *das* denn bitte? Sie wollten doch dieses Handy die ganze Zeit über unbedingt haben, warum haben Sie es zerstört?«

Hegel lächelte Jula an. »Dieses Handy ist die Keimzelle des Unglücks, dessen Opfer auch Sie gerade um ein Haar geworden wären. Und es hätte noch sehr viel mehr Unheil angerichtet! Es zu zerstören war das einzig Richtige.«

»Und deswegen haben Sie gegen Ihren Hausarrest verstoßen? Weil Sie das Handy persönlich zerstören wollten?«

Hegel zuckte mit den Schultern. »Ich schätze, Sie hätten es nicht getan. Sie wären zu neugierig gewesen, um das einzig Richtige zu tun. Wenn man möchte, dass etwas klappt, muss man es selbst machen!«

In diesem Augenblick sprang auch schon die Tür zum Treppenhaus auf, und fünf Polizisten stürmten mit kugelsicheren Westen und Schusswaffen im Anschlag schreiend in den Flur. Hegel zwinkerte Jula ein weiteres Mal zu, bevor er die Hände auf den Kopf legte und sich auf den Fußboden kniete.

»Bis bald, Jula. Wir sehen uns!«

KAPITEL 58

CECILE

Keiner hat mich gesehen. Ich habe mich im Bad versteckt, hinter der Tür. So lange, bis alle aus dem Haus waren.« Ceciles Mutter ergriff die Hand ihrer Tochter und streichelte deren Handinnenfläche so, wie sie es früher immer getan hatte, als Cecile noch ganz klein gewesen war.

»Das ist gut, Mama. Die anderen dürfen nicht wissen, wo du bist. Ich will nicht, dass sie dich mir wieder wegnehmen.«

Cecile hatte Schwierigkeiten damit, klare Sätze zu formulieren, so entkräftet war sie nach ihrer Operation. Doch die Wärme der Hand ihrer Mutter und das Wissen darum, dass sie beide diesem Kerker dank ihres mutigen Handelns entkommen waren, hielten sie wach.

»Was denkst du? Kommt jetzt auch Selma zu uns zurück?« Petra Kramer fuhr ihrer Tochter mit ihrer freien Hand durch die Haare.

Als Cecile durch die schmalen Schlitze ihrer halb geöffneten Augen zu ihrer Mutter hinaufsah, wie diese liebevoll lächelnd am Bettrand saß, spürte sie auf einmal, dass sie es geschafft hatte. Dass sie endlich angekommen war, wo sie immer hingewollt hatte. *Meine kleine, glückliche Familie. Mein Hafen, meine Heimat. Mein Anfang und mein Ende. Das ewige Königreich, aus dem mich niemals wieder irgendjemand vertreiben wird. Nicht, wenn ich es nicht zulasse.* Und Cecile hatte nicht vor, es zuzulassen.

»Sag mir nur eines, Mama.« Es fiel ihr schwer zu lächeln, aber es gelang ihr.

»Du willst wissen, wo Selma jetzt ist?«

Cecile nickte kraftlos. »Kannst du sie mir bitte bringen?«

Gerade als Petra Kramer mit einem Leuchten in den Augen darauf antworten wollte, klopfte es an der Tür.

Ceciles Mutter schrak auf. »Soll ich mich wieder verstecken?«

Cecile schüttelte den Kopf. Nur ganz leicht, doch ihre Mutter konnte es erkennen.

»Du musst dich jetzt nicht mehr verstecken. Nie wieder!«

Und im selben Augenblick wurde die Tür des Krankenzimmers von außen geöffnet.

KAPITEL 59

JULA

Der Raum war hell und freundlich. Jedenfalls so freundlich, wie ein Krankenzimmer eben sein konnte. *Maximal fünf Minuten. Frau Dorm braucht jetzt Ruhe.* Jula hätte über die Worte des Arztes am liebsten schallend gelacht. *Ruhe!* Die ganze Station war auf den Beinen gewesen, nachdem die Schüsse gefallen waren, und der nachfolgende Polizeieinsatz hatte noch für weit mehr Radau gesorgt. Auch das lautstarke Eintreffen zahlreicher weiterer Einsatzfahrzeuge vor der Klinik hatte nicht eben zur Beruhigung der Situation beigetragen.

Aber es ist alles gut gegangen, und die Patienten und Klinikmitarbeiter haben sich inzwischen wieder beruhigt. Das ist das Wichtigste. Oswald Holders Verletzungen waren nicht allzu gravierend gewesen, ein paar Prellungen und eine angebrochene Rippe. Auch Jonathan Dorm, der auf Holders Anweisung noch immer im Einsatzfahrzeug vor der Klinik festgehalten wurde, hatte keine bleibenden körperlichen Schäden zu befürchten. Hegel war wieder in die Untersuchungshaft nach Moabit überstellt worden. Nur wenige Minuten nach dem Eintreffen der Polizisten, die von der Krankenschwester gerufen worden waren, hatten sich auch deren Kollegen eingefunden, die Hegels elektronische Fußfessel geortet hatten. *Aber jetzt herrscht Ruhe. Und Cecile Dorm ist ansprechbar.* Cecile hatte die

Operation überstanden, befand sich jedoch offensichtlich in keinem guten Zustand. Weder körperlich noch seelisch. *Maximal fünf Minuten!*

»Geht es Ihnen besser, Frau Dorm?« Jula wiegte noch immer das Bündel in den Armen, als sie sich auf Ceciles Bett zubewegte.

Die blasse Frau mit den Verbänden um die Handgelenke öffnete die Augen etwa zur Hälfte, offenbar wirkte die Narkose noch nach.

»Selma? Bekomme ich mein Kind endlich zurück?« Cecile hauchte nur, doch selbst in ihren tonlosen Lauten war für Jula sehnsuchtsvolle Hoffnung zu erkennen.

Oswald Holder wartete im hinteren Teil des Krankenzimmers, hielt ausreichend Abstand zu den Frauen und schwieg. Alles würde jetzt so ablaufen, wie er es mit Jula besprochen hatte.

»Ihr Mann liebt Sie, wissen Sie das?« Jula trat vorsichtig näher, bis sie direkt an Ceciles Bett stand.

Die Frau wirkte müde, ihr Blick war leer und glanzlos. Erst als sie das Bündel in Julas Arm erkannte, hellte sich ihre Mimik auf. »Sie haben meine kleine Selma zu mir gebracht!« Ceciles Mundwinkel hoben sich leicht, und sie versuchte, die Arme auszustrecken.

»Ich habe nach Ihnen gesucht, nachdem Sie die Feuerwehr angerufen haben.« Jula zwinkerte Cecile zu. »Sie haben mit diesem Notruf ganz schön was ausgelöst.«

Jula bemerkte, dass Holder auf seine Armbanduhr deutete. Nicht nur, dass Cecile ihre Ruhe brauchte, auch Jonathan Dorm konnte nicht ewig im Einsatzwagen vor der Klinik festgehalten werden.

»Mein Baby …«

Cecile war nicht von dem Bündel abzulenken. Immer

wieder zuckten die Arme der verwundeten Frau, die aber zu kraftlos waren, um etwas greifen zu können.

Jula sah zu Holder hinüber. Er nickte ihr zu. *Also gut, dann ist es wohl jetzt so weit.* Jula erwiderte Holders Nicken und beugte sich zu Cecile hinunter.

»Es tut mir leid, aber die Dinge liegen nicht so, wie Sie denken.«

Jula hob das Bündel an und löste die Decken, mit denen dessen Inhalt umwickelt gewesen war. Sie zeigte Cecile, was sie in den Armen gehalten hatte. *Es tut mir leid, dass ich dir das antun muss. Aber ich muss wissen, ob meine Vermutung zutrifft.* Cecile betrachtete die Puppe, die Jula aus dem Warteraum in der Notaufnahme mitgenommen hatte, während Selma sicher und gut versorgt in der Obhut des Pflegepersonals geblieben war.

»Das ist …« Cecile stockte.

Jula senkte den Blick, sie schämte sich für ihre Scharade. Der armen Frau das anzutun war nicht eben feinfühlig. *Aber leider unumgänglich. Jonathan Dorm ist neunundvierzig, und seine Frau ist wegen psychischer Auffälligkeiten von ihrer Tätigkeit beim Jugendamt freigestellt worden. Er wollte das Baby nur schnell loswerden, um jeden Preis.*

»Sie wissen doch bestimmt, dass ich Ihnen Selma nicht geben kann, oder?« Jula lächelte, wenn es auch ein verzweifeltes Lächeln war.

Doch Cecile schienen ihre Worte gar nicht zu erreichen. Unter dem monotonen Piepen des Elektrokardiogramms neben ihrem Bett griff sie mit letzter Kraft nach dem Bündel mit der Puppe darin und hauchte mit einem sehnsuchtsvollen Lächeln auf den rissigen Lippen: »Mein Baby … Mein geliebtes Baby … Siehst du, Mama, jetzt sind wir zusammen. Eine glückliche Familie.« Cecile richtete ihren Blick auf den Stuhl neben ihrem Bett.

»Frau Dorm?« Jula sah ebenfalls zu dem Stuhl. »Ist alles in Ordnung mit Ihnen?«

»Ja, natürlich. Ich zeige meiner Mutter nur zum ersten Mal ihre Enkeltochter.«

Jula wandte sich zu Holder um. Auch der Kommissar sah mit skeptischem Blick auf den leeren Stuhl neben Ceciles Bett.

»Ihre Mutter?«, fragte Jula vorsichtig nach.

»Sehen Sie sie denn nicht? Da sitzt sie doch. Sie war die ganze Zeit über bei mir. Da, wo eine Mutter sein sollte. An der Seite ihres Kindes.«

Cecile wandte sich wieder der Puppe zu und lächelte sie an. Auf eine melancholisch schöne Weise wirkte sie jetzt auf Jula, als sei sie der glücklichste Mensch auf Erden. Und wer wusste schon, ob sie es nicht vielleicht wirklich war? Wenn auch nur in der Welt, in die sie entschieden hatte, sich jetzt zurückzuziehen.

KAPITEL 60

Eines der Fotos an Ihrer Pinnwand hat mich stutzig gemacht.«

Jula saß neben Oswald Holder in dem Einsatzwagen der Berliner Polizei, in dem Jonathan Dorm in Handschellen darauf wartete, dem Haftrichter vorgeführt zu werden. Das Polizeifahrzeug war auf der Rückseite der Klinik abgestellt, da sich vor dem Gebäude bereits die ersten Journalisten eingefunden hatten. Die Schießerei und der Polizeieinsatz in der Klinik waren von mehreren Patienten gemeldet und in diversen sozialen Netzwerken öffentlich gemacht worden, und die entsprechenden Reaktionen hatten nicht lange auf sich warten lassen. Dorm selbst schien von alldem unbeeindruckt zu sein. Er wirkte beängstigend ruhig auf Jula, fast schon katatonisch. Wie er einfach dasaß, bereit dazu, geschehen zu lassen, was geschehen musste. *Wie ein Mann, dem nichts mehr Angst machen kann, weil er alles verloren hat. Weil er gar nicht weiß, wofür er noch kämpfen soll.*

»Nicht dass es jetzt noch wichtig wäre.« Dorm sah Jula aus glanzlosen Augen an. »Aber welches Foto meinen Sie?«

Jula sah die Aufnahme vor sich. *Wie glücklich dieser Moment gewesen sein muss.* Jetzt, hier im Einsatzwagen, sah sie nichts mehr von dem Leuchten und der Zuversicht in Jonathan Dorms Gesicht.

»Das Bild von der Geburtstagsparty am Pool. Sie pusten die Kerzen auf der Torte zu Ihrem neunundvierzigsten Geburtstag aus. Ihre Frau steht im Bikini daneben und hält ein Sektglas in der Hand.«

Dorm schien sich ein Lächeln zu verkneifen. Jula hätte ihn jetzt am liebsten in den Arm genommen, er tat ihr leid, wie er da so kauerte mit blauen Flecken und Schrammen im Gesicht, entkräftet und entwürdigt. Nur noch ein trauriges Abbild des Mannes, den Jula auf den Fotos an der Pinnwand gesehen hatte.

Dorm nickte anerkennend. »Sie sind eine kluge Frau!«

»Das Bild ist gerade mal ein paar Monate alt, und Cecile ist darauf nicht schwanger. Klar, es hätte kurz nach der Entbindung aufgenommen worden sein können, aber eine so schlanke Frau würde dann Hautlappen und Dehnungsstreifen haben, außerdem würde eine stillende Mutter niemals Sekt trinken.«

Jonathan Dorm deutete eine Verneigung an: »Gut beobachtet, Chapeau!«

Jula sah zu Holder. Dieser gab ihr mit einem Nicken zu verstehen, dass sie fortfahren solle. Immerhin war dies hier keine offizielle polizeiliche Vernehmung. Jonathan war nach seiner Festnahme noch nicht umfassend über seine Rechte belehrt worden, Holder war nicht Leiter der Ermittlungen gegen ihn, und ohne das Beisein eines Verteidigers war alles, was in diesem Polizeibus besprochen wurde, für das spätere Gerichtsverfahren irrelevant. *Wir reden einfach nur, und ich schätze, das tut dem armen Kerl gerade ziemlich gut.*

»Dieses Foto hat eine Lawine von Überlegungen bei mir ausgelöst«, fuhr Jula fort. »Ihre Frau war nicht schwanger, hatte aber trotzdem ein Baby. Und Sie, der scheinbare Vater, wollten dieses Kind mit allen Mitteln loswerden. Es sogar an Kinderhändler verkaufen, egal, zu welchem Preis! Dann verschwindet dieses Baby unter mysteriösen Umständen, und eine drogenabhängige Frau will Geld von Ihnen. Und schließlich erfahre ich, dass Ihre Frau beim Jugendamt mit sozial schwachen Eltern zu tun hatte und wegen psychischer Auffälligkeiten schon vor einiger Zeit freigestellt wurde.«

Jonathan schloss die Augen und lehnte sich zurück.

»Ich habe mich gewundert, warum diese Frau die Geldübergabe in ihrem Versteck durchführen wollte. Warum sagt sie dem Mann, dessen Kind sie entführt hat, wo sie wohnt? Es konnte nur einen logischen Grund geben: Weil sie nichts von ihm zu befürchten hat! Weil er die Polizei gar nicht verständigen *kann,* da er selbst mehr zu verlieren hat als sie. Das Treffen in diesem Abbruchhaus sollte niemals eine Lösegeldzahlung sein, oder? In Wirklichkeit ging es um Schweigegeld.«

Jonathan stieß Luft durch die Nase aus, als müsse er sich ein bitteres Lachen verkneifen. »Diese Frau hat gedroht, mir Cecile wegzunehmen, wenn ich nicht zahle. Indem sie die Entführung anzeigt.« Er öffnete die Augen und rückte ein paar Zentimeter näher an Jula und Holder heran, die ihm direkt gegenübersaßen.

»Ihre Frau hat Peggy Sobotta bei ihrer Arbeit für das Jugendamt kennengelernt, oder?«, fragte Jula.

»Vermutlich schon, aber sie hat mir nie konkret etwas von ihren Fällen erzählt. Überhaupt hat sie wenig über ihre Arbeit gesprochen, ich habe sie auch nicht gedrängt. Ich kannte ja ihre eigene Familiengeschichte. Diese Sache mit ihrer Mutter.«

Jula horchte auf. »Ihre Frau hat mir gerade gesagt, dass ihre Mutter neben ihrem Bett sitzt. Da war aber niemand.«

Dorm senkte den Blick und nickte. »Meine Frau hat ihre Mutter nie kennengelernt. Sie ist kurz nach ihrer Geburt gestorben. Das hat etwas bei Cecile ausgelöst. Sie hat sich schon als Kind immer, wenn sie allein war und Angst hatte, vorgestellt, dass ihre Mutter bei ihr wäre. Das hat ihr anfangs Halt gegeben. Aber im Lauf der Jahre wurde diese Vorstellung immer wahnhafter. Irgendwann war es keine Erleichterung durch kindliche Fantasie mehr, sondern drohte zu einer Psychose zu werden. Cecile hat immer öfter mit ihrer Mutter geredet. Vor allem, wenn sie allein war und dachte, dass ich es nicht höre. So, als wäre ihre Mutter im Raum. Sie ist immer weiter und weiter in diese Psychose abgesunken. So lange, bis Cecile fast nur noch in ihren Wunschfantasien und Träumen gelebt hat. Als dann diese Sache mit Selma passiert ist, wollte ich Cecile bei ihrer Arbeit krankmelden. Da habe ich dann überhaupt erst erfahren, dass sie schon seit Wochen gar nicht mehr dort gearbeitet hat. Das hatte sie mir nicht erzählt, sie ist einfach weiter jeden Tag aus dem Haus gegangen.«

»Wie kam Selma denn zu Ihnen?«

Jonathan benötigte einige Sekunden, um sich zu sammeln. »Eines Tages stand Cecile mit einem Baby im Arm in der Tür. Ich habe sie gefragt, wo sie das Kind herhat, aber sie hat mich einfach nur angelächelt und gesagt: *Erkennst du sie denn nicht, du Dummerchen? Das ist doch Selma, unsere Tochter.* Ihr Blick war verloren, glücklich und wahnsinnig zugleich. In diesem Moment habe ich es gewusst. Ich wusste, dass sie endgültig psychotisch geworden ist. Dass sie in ein Wahnsystem abgerutscht ist. Solche Menschen sind von außen nicht mehr belehrbar, ich hätte Cecile mit nichts in der Welt davon überzeugen können, dass Selma nicht unser gemeinsames Kind ist. Und das wollte ich auch gar nicht versuchen, dann wäre ich zu ihrem Gegner geworden! Ich musste also mitspielen, in ihrem Wahnsystem bleiben, um den Zugang zu ihr zu bewahren. Ich habe der Kleinen sogar ein Kinderzimmer eingerichtet und ein Namenskettchen für sie anfertigen lassen. Selma, diesen Namen hat Cecile immer geliebt.«

Holder sah Dorm fragend an. »Warum haben Sie Ihrer Frau nicht Medikamente gegen ihre Wahnvorstellungen gegeben?«

»Ich habe es versucht, aber Cecile wollte sie nicht nehmen. Ich habe behauptet, das wären wichtige Vitamine für Mütter. So was ist für einen Arzt absolut nicht ethisch, aber ich hatte keine andere Wahl. Es hat allerdings nicht funktioniert, sie war einfach schon viel zu entrückt, um regelmäßig irgendwelche Pillen einzunehmen.« Dorms Stimme brach, er presste Mund und Augen zusammen, und Tränen liefen ihm übers Gesicht.

Während Holder seinen Blick von dem weinenden Mann abwandte, legte Jula ihre Hände auf die von Jonathan. »War Cecile mal Ihre Patientin?« Jula sprach so einfühlsam, wie es ihr möglich war.

Dorm sammelte sich wieder. »Das war angedacht, ein Kollege aus der Psychiatrie hatte sie mir nach einem Nervenzusammenbruch überwiesen. Aber ich musste es ablehnen, sie zu behandeln. Weil ich sofort gespürt habe, dass ich Gefühle für sie habe. Auf den ersten Blick. Für diese wundervolle Frau mit der geschundenen Seele.«

»Ich hätte vorhin beinahe gelacht, als Sie mir da oben im Warteraum erzählt haben, dass ich mit meinem Verdacht falschliege, weil Sie und Cecile gar kein Kind haben«, sagte Holder. »Ihre Frau wollte immer schon Kinder, oder?«

»Eine glückliche, harmonische Familie war ihr sehnlichster Wunsch, diese Vorstellung hat sie extrem idealisiert. Aber das war nicht möglich. Cecile ist unfruchtbar, alle Ärzte haben ihr das bestätigt, immer wieder. Sie konnte das einfach nicht akzeptieren, weil es unmittelbar mit ihrer Vorstellung von Seelenheilung kollidiert ist. Sie wollte zu der Mutter werden, die sie selbst nie hatte. Sie wurde psychisch immer auffälliger. Und dann, völlig unvorhersehbar, hat sie wohl das Kind einer Frau mitgenommen, die sie beim Jugendamt betreut hatte.«

Jula warf einen Blick aus dem Fenster des Polizeibusses. Die ersten Journalisten hatten die Rückseite der Klinik erreicht, der Tumult nahm zu. Sie sah zu Holder, der diskret auf seine Uhr deutete. *Lange können wir Dorm nicht mehr befragen.*

»Die Zustände bei dieser Peggy Sobotta sind furchtbar«, bestätigte Jula. »Ich kann verstehen, dass Cecile die Kleine da rausholen wollte. Aber Selmas echte Mutter hat heute auch einiges getan, um ihre Tochter zu beschützen. Sie hat sogar mutig gegen einen brutalen Killer gekämpft.«

Dorm atmete tief durch. »Sie können sich nicht vorstellen, welche Ängste ich durchstehen musste. Wochenlang, Tag und Nacht. Jederzeit hätte die Polizei bei uns vor der Tür stehen können. Aber diese Frau hat der Polizei nichts davon gesagt, dass Cecile ihr Kind einfach mitgenommen hat. Ich vermute, Cecile hat behauptet, dass sie im Auftrag des Jugendamts handele. Sie muss dann rausgefunden haben, dass Cecile gar nicht mehr beim Jugendamt arbeitet. Und anstatt Anzeige zu erstatten, muss sie versucht haben, unsere Adresse ausfindig zu machen und uns zu beobachten. Und dann hat sie ihr eigenes Kind einfach zurückentführt.«

Holder schüttelte ungläubig den Kopf. »Nur dass Sie zu diesem Zeitpunkt vermutlich schon so lange vergeblich danach geforscht hatten, woher Selma kommt, dass Sie einfach nicht mehr wussten, wie Sie das Kind noch so loswerden konnten, dass man Ihre Frau nicht ins Gefängnis stecken würde. Oder in die Psychiatrie!«

Jonathan Dorm rang um Fassung. »Das Baby musste weg, so schnell wie möglich! Und das, bevor es irgendjemand sah! Ich musste Cecile die ganze Zeit über davon abhalten, allen von *unserem Baby* zu erzählen. Ich musste sie im Haus halten, unter allen Umständen. Ich habe sogar einen abschließbaren Raum gebaut, in dem ich sie festhalten konnte. Um sie dort zu therapieren, nachdem Selma weg gewesen wäre. So lange, bis sie aus ihrem Wahn aufgewacht wäre. Bis sie verstanden hätte, dass das nicht ihre Tochter war.«

Und anscheinend bist du dabei selbst allmählich in den Wahn abgedriftet …

Jula zog ihr Handy hervor und rief eine Nachricht auf, die Hadrian ihr geschickt hatte, noch bevor sie mit der Puppe im Arm zu Cecile gegangen war.

»Und so ist dann Remus ins Spiel gekommen, oder? Sie wussten einfach nicht, wohin mit dem Baby. Weil sich während der Wochen, in denen Sie Angst davor hatten, dass die Polizei Sie abholen kommen würde, einfach niemand bei Ihnen gemeldet hat. Und weil in den Medien auch keine Rede von einem entführten Kind war. Peggy Sobotta hatte niemandem was gesagt, weil sie ja zunächst dachte, ihr Kind sei ganz offiziell vom Jugendamt mitgenommen worden. Und später, nachdem sie gemerkt hat, dass das nicht stimmt, hat sie geschwiegen, weil sie das alles allein regeln und Geld aus der Sache schlagen wollte. Eine Babyklappe kam für Sie nicht infrage, weil die Gefahr bestand, dass herausgekommen wäre, welches Kind das ist, und die Entführung Ihrer Frau aufgeflogen wäre. Das Baby musste also außer Landes geschafft werden, und das am besten mit neuer Identität. In Ihrer Verzweiflung haben Sie sich daran erinnert, was Ihnen Arthur Greiner damals erzählt hat. In Ihren Therapiesitzungen. Greiner war Ihr Patient, vor zehn Jahren. Bis kurz vor seinem Tod.«

Dorm starrte Jula an. »Das wissen Sie? Aber wie …?«

Jula deutete auf ihr Handy. »Sagen wir mal, ich habe so meine Quellen … Greiner hat Ihnen damals erzählt, dass er für Remus arbeitet, oder?«

»Ja, das hat er, weil er dachte, ich stehe unter Schweigepflicht. Aber solche Dinge muss ich natürlich trotz Schweigepflicht melden! Da geht es ja darum, Verbrechen zu verhindern. Ich habe Greiner vorgeschlagen, dass er sich selbst anzeigen und der Polizei seine Mithilfe anbieten soll, um diesen Ring zu zerschlagen. Davon konnte ich ihn schließlich tatsächlich überzeugen. Er hat mir in der folgenden Sitzung erzählt, dass er mit dem LKA zusammenarbeite und dass die Übergabe eines kleinen Mädchens bevorstehe, bei der er Remus auffliegen lassen wolle. Greiner hat dem LKA allerdings nicht getraut. Er hatte Angst, dass man ihn verraten würde. Deswegen hat er mir bei unserer letzten Sitzung sein Handy gegeben und gesagt, dass er auf dem Speicher Informationen, Daten und Fotos zu Remus gesichert habe. Ich sollte das Handy für ihn aufbewahren, falls er es später brauchen würde – um zum Beispiel einen Deal mit der Staatsanwaltschaft machen zu können.«

Jula bemerkte, dass Holder sämtliche Gesichtszüge entglitten.

»Wie bitte? Sie hatten zehn Jahre lang alle möglichen

Informationen in Ihrer Schublade liegen, mit denen wir Remus hätten hochnehmen können?«

»Ich hatte es vergessen, verdrängt, was weiß ich ... Greiner war schon lange verschwunden, vermutlich tot, das Kapitel war für mich abgeschlossen. Ich hätte das Handy wohl einfach wegwerfen sollen, aber ich wusste ja nicht, ob Greiner nicht doch noch lebt und es irgendwann brauchen würde.« Dorm schien mit seinen Kräften am Ende, seine Worte klangen zunehmend fahrig. »Aber dann musste ich Selma loswerden. Da ist mir das alles wieder eingefallen. Ich wusste von Greiner, dass die Kinder in gute Hände kommen. Was sollte ich tun? Ich konnte nicht zulassen, dass meine Cecile in die geschlossene Psychiatrie eingewiesen wird. Und jetzt? Jetzt ist wegen meiner Entscheidungen ein unschuldiger Polizist tot, und meine Cecile habe ich auch verloren.«

Jonathans Kräfte schwanden. Er legte den Kopf auf dem kleinen Tisch ab und weinte bitterlich. Von außen pochte es heftig gegen das Polizeifahrzeug. Holder öffnete, der Einsatzleiter der Berliner Polizei stand davor.

»So, jetzt reicht's!«, sagte er zu seinem Kollegen vom LKA. »Wir müssen ihn wegbringen, die Lage wird hier zu unruhig.«

Holder nickte knapp und gab Jula zu verstehen, dass sie gemeinsam mit ihm aussteigen solle. Sie erhob sich, doch als sie den Wagen schon fast verlassen hatte, drehte sie sich noch einmal zu Jonathan Dorm um und strich ihm sanft über die Hände.

»Selma heißt in Wirklichkeit Caprice. Und ich glaube, Sie wären ihr unter anderen Umständen ein guter Vater gewesen. Ich wünsche Ihnen alles Gute!«

KAPITEL 61

EINE WOCHE SPÄTER

Wie geht es denn jetzt für die kleine Caprice weiter?« Jula verbarg die Hände in den Taschen ihrer Daunenjacke, der Winter hatte in den vergangenen Tagen spürbar angezogen. Frostige Minusgrade ließen die Berliner zittern, und auch der erste Schnee war gefallen, wenn er auch nicht liegen geblieben war. Gemeinsam mit Oswald Holder schlenderte Jula am Ufer der Krummen Lanke in Berlin-Zehlendorf entlang. Holder hatte den Treffpunkt vorgeschlagen, er wohnte nicht weit von dem See entfernt.

»Gesundheitlich ist mit der Kleinen alles in Ordnung, die Fürsorge von Cecile Dorm war weit besser, als es vermutlich die von Peggy Sobotta gewesen wäre. Insofern hatte diese ganze Katastrophe auch ihr Gutes. Wer weiß, wie es dem Kind ohne die Entführung ergangen wäre? Caprice ist erst mal in einer Pflegefamilie untergekommen.« Oswald Holder blieb stehen und sah auf den See hinaus, der wie ein schlafender Riese majestätisch vor ihm lag. Jula nahm einen tiefen Zug der kalten Luft, als könne diese ihr klare Gedanken verschaffen.

»Wie geht es Peggy denn?«

Holder trat näher ans Ufer. »Eine Zierde der Gesellschaft ist sie jedenfalls nicht gerade. Sie wird wohl eine ganze Weile an sich arbeiten müssen, bevor sie ihre Tochter das erste Mal besuchen darf. Falls es überhaupt dazu kommt. Jetzt stehen erst mal Entgiftung und Therapie an. Aber vielleicht ist ihr Kind ja Motivation genug für sie, das alles zu bewältigen. Möglicherweise bekommt sie ihre Tochter irgendwann zurück, falls sie die Kehrtwende in ihrem Leben schafft. Es sollen ja manchmal Wunder geschehen.«

Jula folgte Holder mit achtsamen Schritten über den unebenen und teilweise vereisten Waldboden ans Ufer. »Und wie geht es bei Ihnen weiter? Kommen Sie in der Ermittlung gegen Remus voran?«

Holder stieß so etwas wie ein Lachen aus. »Na ja, ein paar Hinweise haben wir schon gefunden. Bei Hedwig Förster und auch über diesen Miquel. Es gab einige Verhaftungen und Befragungen. Aber ohne Arthur Greiners Handy stehe ich immer noch wie ein Trottel da. Warum musste Dorm das zerstören, als doch ohnehin schon alles verloren war?«

Jula schloss die Augen und senkte den Kopf. Nein, sie hatte Holder nicht erzählt, dass es Hegel gewesen war, der das Telefon zertrümmert und dessen Einzelteile über die halbe Klinik verteilt hatte. Irgendwann würde der Kommissar dies vermutlich von Jonathan Dorm selbst erfahren, falls dieser sich überhaupt noch an alle Details des vermutlich schlimmsten Tages seines Lebens erinnern konnte. Wenn es so weit wäre, würde Jula schon eine Erklärung für ihren *Irrtum* finden. Jetzt jedoch behielt sie ihr Wissen für sich. Und das aus gutem Grund.

»Vielleicht dachte er, das Handy sei so etwas wie die Büchse der Pandora. Immerhin, für ihn war es das ja auch. Hat Dorm denn kein Back-up von dem Handy auf seinem Rechner gehabt?«

»Nein, er war offenbar sehr vorsichtig damit. Und den Speicher haben wir erst Tage später im Aufzugsschacht gefunden, der war völlig zerstört. Es waren keine Daten mehr wiederherzustellen.« Holder sah zu Jula. »Wie sieht es denn bei Ihnen aus? Was sagt Ihr Rechtsanwalt?«

Jula zuckte mit den Schultern. »Was soll er schon sagen? Der Tod dieses Miquel war eindeutig Notwehr, und dass ich mit dem Baby aus der Wohnung abgehauen bin, wird er damit erklären, dass ich nach diesem Erlebnis vorübergehend nicht zurechnungsfähig war. Er schätzt, dass es keine Anklage gegen mich geben wird.«

»Hoffen wir es!« Holder sah Jula tief in die Augen. »Und das hier sage ich Ihnen jetzt ganz inoffiziell: Sie haben da wirklich sehr gute Arbeit geleistet! Aber bitte, Frau Ansorge, machen Sie solche Alleingänge nie wieder!«

Jula lächelte, und in diesem Moment fiel ein Sonnenstrahl durch die Wolken hindurch auf den See. Seine Reflexion ließ es so wirken, als tanzten Lichter auf der Wasseroberfläche. Sie zwinkerte Holder zu. »Das kann ich Ihnen unmöglich versprechen!«

Jetzt musste sogar der sonst so strenge Holder lachen.

Dann ging die Nachricht von Hadrian ein.

KAPITEL 62

→ HAST DU DICH SCHON VON DEINEN HELDENTATEN ERHOLT?

Jula sah sich zu Holder um. Er stand in ausreichender Entfernung am Ufer des Sees und nutzte offenbar den Moment, für den sie sich bei ihm entschuldigt hatte, um ebenfalls seine Nachrichten zu kontrollieren.

→ DER LORBEERKRANZ PIKST ETWAS, ABER SONST SCHON. HAST DU WAS NEUES FÜR MICH?

→ KANN MAN SO SAGEN! DIE AUSWERTUNG IST DA!

Oh, Gott, es hat geklappt! Bitte, bitte, lass es so sein, wie ich denke! Jula musste sich beherrschen, um nicht vor lauter Anspannung einen Schrei auszustoßen. Es war, als fließe pure Energie durch ihre Adern. Ihre Pupillen weiteten sich, ihr Herz schlug schneller, und selbst die frostige Winterluft konnte ihr nichts mehr anhaben. Noch einmal blickte sie verstohlen zu Holder hinüber. Schließlich war das, was sie im Schutze des Trubels um die Festnahmen von Hegel und Dorm in der Klinik getan hatte, selbst beim besten Willen nicht als Bagatelle zu rechtfertigen. Doch Holder schenkte ihr keine Beachtung, er tippte etwas in sein Handy.

→ DEIN KUMPEL HAT ES ALSO WIRKLICH GESCHAFFT?

→ ER IST DER BESTE, HABE ICH DIR DOCH GESAGT.

→ UND SIND DIE INFORMATIONEN SO GUT, WIE WIR HOFFEN?

→ KEINE AHNUNG. ER IST PROFI. IHN INTERESSIEREN DIE INFORMATIONEN NICHT, ER HAT SIE DIR NUR VERSCHAFFT. AUSWERTEN MUSST DU DAS DANN SCHON SELBST.
→ OKAY, UMSO BESSER. UND WAS WILL ER DAFÜR HABEN? ODER BESSER: WAS WILLST DU DAFÜR HABEN?

Es dauerte etwas länger als sonst, bis eine Antwort einging.

→ ALSO, IN EINEN RADIOSENDER EINHACKEN WILL ICH MICH DIESES MAL NICHT. WAR GANZ LUSTIG, ABER IRGENDWANN WIRD DAS AUCH LANGWEILIG.
→ DA WERDEN DIE BEI 101.5 SICHER GLÜCKLICH SEIN. ABER IM ERNST, DU HAST MIR WIEDER SEHR GEHOLFEN, OHNE DICH WÄRE ICH AUFGESCHMISSEN GEWESEN. WAS MÖCHTEST DU DAFÜR HABEN?
→ NICHTS BESONDERES. PASS AUF, ICH WERDE DIR DIE INFORMATIONEN GLEICH ÜBER EINEN SICHEREN SERVER IN EINEM VERSCHLÜSSELTEN ORDNER ZUSCHICKEN. DAS PASSWORT DAZU BEKOMMST DU SEPARAT.
→ UND DANN?
→ DANN WEISST DU, OB SICH DEINE NICHT SO GANZ KORREKTE AKTION GELOHNT HAT!
→ ICH KANN ES KAUM ERWARTEN! ALSO, WAS WILLST DU FÜR DEINE HILFE HABEN?

Wieder blieb Julas Display für mehrere Sekunden schwarz. Endlich blinkte wieder Hadrians Symbol auf Julas Handy auf, und seine Antwort war zu lesen. Ihre Blicke flogen über die Nachricht, und eine verschämte Röte stieg ihr ins Gesicht, die sogar Oswald Holder bemerkt zu haben schien.

»Gute Neuigkeiten?«, rief er Jula zu.

»Na ja, ehrlich gesagt weiß ich es noch nicht. Aber ich schätze schon.«

Sie sah wieder auf ihr Handy und tippte etwas ein.

→ ALSO GUT, DAS KANN ICH DIR JA WOHL KAUM ABSCHLAGEN!

→ SEHR GUT

→ BIS BALD! UND VIELEN DANK FÜR ALLES!

Jula schaltete ihr Handy aus und steckte es zurück in die Innentasche ihrer Winterjacke.

Sie trat neben Holder ans Ufer der Krummen Lanke.

»Was war denn los?«

»Ach, das war ein alter Chatfreund, wir kennen uns nur aus dem Internet. Er hat mich um etwas gebeten, und ich habe es ihm zugesagt.«

Holder war als Kriminalist geschult darin, in Menschen zu lesen. Obwohl Julas Verlegenheit auch einem Laien ins Auge gesprungen wäre.

»Ist es das, was ich denke?« Zum ersten Mal, seit sie ihn kannte, wirkte Holder geradezu fürsorglich auf Jula.

»Ich schätze schon. Er will mich treffen. Und zwar nicht mehr nur online, sondern richtig. In einem Café.«

»Und, wollen Sie das auch?«

Jula war sich nicht ganz sicher. Sie musste an das Gespräch denken, das sie mit Paul geführt hatte. In der Wohnung von Peggy, kurz nachdem sie Miquel aus dem Fenster gestoßen und damit das Leben vieler Menschen gerettet hatte. In diesem unpassendsten aller unpassenden Momente. Unmittelbar bevor der Wahnsinn Jula ein weiteres Mal seine groteske Fratze gezeigt hatte. *Julchen, ich arbeite an mir. Nicht nur an meinem Look, sondern auch an meiner Art, mit Menschen umzugehen. Der Mann, der ich war, konnte dich nicht halten. Meine letzte Hoffnung ist jetzt der Mann, der ich werden kann. Ich will dich zurück, Julchen. Bitte denk darüber nach. Ganz in Ruhe, sobald sich die Dinge beruhigt haben.*

»Ich bin nicht sicher. Es gibt nämlich schon einen Mann in meinem Leben.« Jula lächelte Holder an. »Wir werden sehen.«

KAPITEL 63

VIER TAGE SPÄTER

Es scheint Ihnen ja wirklich sehr wichtig gewesen zu sein, dieses Handy zu zerstören.« Jula sah sich demonstrativ im Besucherraum der Haftanstalt um. »Ihnen war klar, dass Sie nach dieser Aktion zurück nach Moabit müssen.«

Jula hatte ihren Besuch bei Hegel gewissenhaft vorbereitet. Zunächst hatte sie einen Besuchstermin mit der JVA vereinbart und im Anschluss daran in der Geschäftsstelle der Staatsanwaltschaft einen sogenannten *Sprechschein* beantragt. Dieser war Voraussetzung dafür, Inhaftierte besuchen zu können. Und Jula hatte einiges mit Matthias Hegel zu besprechen, nur dass es dieses Mal ganz sicher nicht *er* sein würde, der Spielchen spielte.

»Jula, was sollte ich denn tun? Ich habe Ihnen am Telefon gesagt, wie wichtig dieses Handy ist, aber Sie haben das nicht ernst genommen und sich immer nur für das Baby interessiert. Ich hatte keine andere Wahl, als mich persönlich darum zu kümmern. Auch wenn ich jetzt bis zum Prozess nicht mehr in meinem Spukschloss wohnen darf.«

Jula legte die Hände hinter dem Kopf zusammen und lehnte sich zurück. Der Besucherraum des Untersuchungsgefängnisses war minimalistisch eingerichtet. Sauberer Linoleumboden, ein paar unauffällige Bilder an den Wänden sowie mehrere kleine Tische mit einfachen, bequemen Stühlen daran. *Keine wuchtigen Ledersessel, Ethanolkamine, Spirituosenregale oder Lüster an den Decken*. Außer Jula und Hegel empfingen noch zwei weitere Inhaftierte Gäste. Ein Kerl mit Glatze und dickem Bauch hatte offenbar seine Frau zu Besuch, ein Hagerer, der mit seiner auffällig beherrschten Körperhaltung auf Jula wie ein Tänzer wirkte, empfing anscheinend seinen Vater. Zumindest ähnelten die beiden Männer einander, und ihr Umgang erschien vertraut.

»Sie können sich bestimmt vorstellen, dass ich mir den Kopf darüber zerbrochen habe, warum Sie das Handy zerstört haben, obwohl es ja anscheinend so wichtig war. Ernsthaft, ich habe wirklich, wirklich viel darüber nachgedacht!«

Hegel setzte ein Lächeln auf, das Jula an ihren Mathelehrer in der zehnten Klasse erinnerte. Dieses Lächeln, das gleichermaßen milde, väterlich, geringschätzig und voller Hoffnung war, dass die kleine Jula vielleicht doch mal irgendetwas könnte auf die Reihe bekommen haben.

»Und zu welchem Ergebnis sind Sie gelangt?«

Jula beugte sich vor und verschränkte die Arme vor der Brust. »Sie haben deutlich gesagt, dass dieses Handy wichtig ist. Aber Sie haben nie gesagt, in welcher Weise. Ganz offensichtlich bestand die Wichtigkeit dieses Handys darin, dass es eben *nicht* sichergestellt werden sollte. Und deswegen haben Sie auch von Anfang an alles darangesetzt, dass *ich* diese Frau und damit das Handy finde, nicht Holder. Wissen Sie, das war schon auffällig: Vollkommen egal, was ich Ihnen über die Vorfälle in der Tannenbergallee erzählt habe, Sie haben immer und immer wieder nur nach diesem Telefon gefragt!«

Die Anzahl der Falten in Hegels Gesicht schien seit Julas letztem Besuch in der Villa Noelle zugenommen zu haben. Sie meinte auch zu erkennen, dass der stets geheimnisvolle Blick in seinen Augen noch etwas abgründiger geworden war, wobei ihr da auch ihre Fantasie einen Streich spielen mochte.

Jetzt stützte er die Ellbogen auf der Tischplatte ab und neigte sich zu Jula vor. »Sie haben doch inzwischen mitbekommen, welche Leiden dieses Handy ausgelöst hat. Das Telefon eines Verbrechers, der dachte, er könne sich von seinen Sünden freikaufen, wenn er unmittelbar vor seiner Fahrt in die Hölle noch schnell dem LKA die Hand reicht. Was denken Sie, wie viel Leid dieses Telefon noch verursacht hätte? Es musste zerstört werden, und mit ihm jede Verbindung zu Remus. Das Ungeheuer musste in die Tiefen des Ozeans zurückgedrängt werden.«

Jula atmete ganz ruhig, während sie den Professor betrachtete. Ein stolzer Mann, der selbst im Trainingsanzug in diesem nüchternen Besucherraum einer Haftanstalt im tristen Moabit noch den Ton angab. Sein Blick war voller Glanz und Eifer für das, was ihn anzutreiben schien. *Nur dass ihn nicht das antreibt, was er vorgibt.*

»Wie lange wollen Sie mich eigentlich noch unterschätzen?« Jetzt stützte sich auch Jula mit den Ellbogen auf den Tisch und kam Hegel dabei so nah, wie die räumlichen Umstände es erlaubten. »Ganz im Ernst, das muss aufhören. Ich bin nicht mehr Ihre dumme, kleine Marionette.«

Hegel wich keinen Millimeter zurück. »Ich habe gerade so ein seltsames Gefühl.« Er zog eine Augenbraue hoch. »Möchten Sie mir vielleicht irgendetwas mitteilen?«

Jula schwieg einige Sekunden lang, während sie dem Blick Hegels standhielt, der sie fixierte, als säße nicht er, sondern sie auf der Anklagebank.

Dann lehnte sie sich zurück und schlug die Beine übereinander. »Hedwig Förster hat mir noch etwas gesagt, unmittelbar bevor sie sich erschossen hat. Sie sagte: *Trauen Sie in dieser Sache niemandem, nicht einmal der Polizei. Und erst recht nicht Matthias Hegel. Trauen Sie ihm unter keinen Umständen!*«

Der Professor zeigte sich unbeeindruckt. »Sie kannte mich offenbar.«

»Diese Frau stand unmittelbar davor, sich den Kopf wegzuschießen. Aber sie hat mich mit ihren letzten Worten nicht gebeten, ihren Kindern zu sagen, dass sie sie liebt. Sie hat nicht Albert Einstein zitiert oder sich in Selbstmitleid ergangen. Sie wollte mich warnen. Vor Ihnen! Und ganz offenbar wusste sie von einem Geheimnis, das mich noch über ihren Tod hinaus in Gefahr bringen würde. Warum sonst hätte sie mit ihren letzten Worten nur Andeutungen machen sollen, anstatt mir einfach zu sagen, was sie weiß?«

Wie er das durchzog, dieser aalglatte Kerl. Wie er sich auch von der drängendsten Erkenntnis, dem triftigsten Argument nicht aus seiner verdammten Ruhe bringen ließ. Was, so schien er zu denken, sollte sie ihm schon anhaben? Etwa bei seinem Verfahren gegen ihn aussagen? Die Beweislage war erstklassig für Hegel, sein Anwalt ein Genie, und außerdem befand er sich im Besitz dessen, was Jula mehr als alles andere auf der Welt wollte. Und was er ihr niemals geben würde, wenn sie ihn lebenslang hinter Gitter brächte.

»Also los, Jula. Was wollen Sie mir sagen?«

Gut, du verdammter arroganter Dreckskerl. Dann wollen wir mal!

»Sie waren es!«

»Ich war ... was?« Hegel legte den Kopf leicht schräg.

»Sie haben Arthur Greiner damals verraten! Sie haben zusammen mit Holder an dieser Sache gearbeitet, Sie wussten von dem geplanten Zugriff, Sie hatten alle Informationen.«

»Aber warum hätte ich verhindern sollen, dass ein international agierender Kinderhändlerring gesprengt wird?« Noch immer wirkte Hegel gelassen, wenn er auch eine Nuance schneller sprach als zuvor.

»Das ist die zentrale Frage, die ich mir gestellt habe!« Jula richtete sich auf. »Warum sollten Sie mit Remus paktieren? Warum sollten Sie Holder aus dem Fall raushalten wollen, und warum sollten Sie dieses Handy unbedingt zerstören wollen?«

»Und?« Hegel flüsterte nun beinahe.

»Dafür kann es nur einen Grund geben. Den einzigen Grund, aus dem Sie einfach alles machen würden: Aus Liebe zu Ihrer Tochter Mathilda!«

Die Frau des Dicken lachte im Hintergrund, vermutlich hatte sie etwas gesagt, das sie selbst lustiger fand als er, denn ihr Mann blieb still auf seinem Stuhl sitzen. Der Tänzer weinte, vielleicht hatte sein Vater ihm ins Gewissen geredet. Doch wen interessierte das schon? Jula hatte Hegel da, wo sie ihn haben wollte. Und sie beabsichtigte nicht, ihn aus ihrem Griff zu entlassen.

»Reden Sie weiter!« Hegel zuckte nicht einmal mit der Wimper.

»Ich vermute, dass Sie und Ihre Freundin Johanna Konradi sich ein Kind gewünscht haben. Aber aus irgendeinem Grund hat das nicht geklappt. Sie beide waren nicht verheiratet, und Johanna hat für das Zeugenschutzprogramm gearbeitet. Da bekommt man kein Adoptivkind, keine Chance. Und dann, eines Tages, kam Holder mit diesem Kinderhändlerring an. Wie auch immer, Sie müssen den Plan gefasst haben, selbst von Remus zu profitieren. Als Gegenleistung für ein Baby, das mit offiziellen Papieren als Ihr leibliches gelten würde, haben Sie Greiner und den geplanten Übergriff durch das LKA verraten. Dieses Mädchen, das Greiner damals abholen sollte, war der Lohn für Ihren Verrat, nicht wahr?«

Jetzt schwieg Hegel. Sein Blick und seine Körperhaltung veränderten sich nicht, als wäre er eine Wachsfigur. Nur ein Wort drang schließlich doch noch aus seinem halb geöffneten Mund: »Weiter!«

»Ich vermute, dass Johanna irgendwann das schlechte Gewissen gequält hat. Dass sie diese Lüge nicht mehr ertragen konnte. Sie wollte wahrscheinlich reinen Tisch machen, auffliegen lassen, dass Mathilda nicht ihr Kind ist. Und das wollten Sie nicht zulassen. Deswegen haben Sie Johanna getötet und mich dafür auserkoren, ein Jahr später Ihre *Unschuld* zu beweisen.«

Hegel schüttelte den Kopf, nur ganz leicht, aber mit tiefer Überzeugung. »Wenn das stimmen würde, warum hätte Johanna nach fast zehn Jahren das Kind aufgeben sollen, das bei ihr aufgewachsen ist?«

»Was weiß ich? Vielleicht wollte sie Mathilda ja auch gar nicht loswerden, sondern sie Ihnen nur wegnehmen?«

»Dann wäre da noch was: Meine Tochter hat das absolute Gehör, genau wie ich. Diese Gabe ist angeboren und extrem selten. Ihnen ist doch wohl bewusst, dass es schon ein gewaltiger Zufall wäre, wenn Remus mir zufällig ein Baby gegeben hätte, das über diese Gabe verfügt?«

Jula lächelte souverän, und sie konnte in Hegels Blick erkennen, dass dies nicht zu seiner Beruhigung beitrug.

»Ich habe das recherchiert! Das absolute Gehör ist zwar eine angeborene Gabe, aber bei kleinen Kindern kann es noch trainiert werden. Und wer, wenn nicht Sie, würde seinem Kind diese Fähigkeit beibringen? Aber bitte, wenn Sie mir widersprechen wollen, können wir gern einen DNA-Test machen lassen. Wie sieht es aus, wollen Sie?«

Und von allen Geräuschen, die es vermögen, das Grauen anzukündigen, stand nun das vermutlich schlimmste im Raum: Stille. Quälende Sekunden lang meinte Jula, den Schlag ihres Herzens bis zu den Ohren spüren zu können, sah sie den eiskalten Blick Hegels, roch das Putzmittel, mit dem der Linoleumboden gewischt worden war, und vernahm in der Ferne des Lachen und Weinen der anderen Besucher dieses kleinen, trostlosen Raumes.

Dann war es Hegel, der die Stille durchbrach. »Ohne Gerichtsbeschuss gibt es keinen DNA-Test. Und den bekommen Sie nicht, warum auch? Alles, was Sie hier reden, sind Theorien. Und zwar welche, die zu sehr bösen Verleumdungsklagen führen würden, wenn Sie versuchen sollten, sie öffentlich zu wiederholen. Dr. Varbelow würde nichts von Ihnen übrig lassen, das kann ich Ihnen versprechen.«

»Nur Theorien?«

In diesem Moment wusste Jula es. Sie konnte es ihm ansehen, es riechen, schmecken, wie auch immer. Sie wusste, dass Hegel es gehört hatte. An ihrer Stimmlage, der Kraft, mit der die Laute aus ihrem Mund gekommen waren, dem Umfang ihrer Frequenzen. Ganz gleich, wie dieses verdammte Genie das auch jedes Mal anstellte – er hatte es hören können. Er wusste, dass Jula nicht zu ihm gekommen war, um ihm wilde Theorien um die Ohren zu hauen, sich verspotten zu lassen und danach wie ein geprügelter Hund vom Hof zu schleichen.

»Sagen Sie jetzt nicht, dass Sie …«

Julas Blick ließ Hegel abbrechen.

Doch, ich habe!

»Während im Krankenhausflur die Hölle los war, habe ich aus den Trümmern von Greiners Handy den Speicher rausgefischt und eingesteckt. Sie mussten ein ziemliches Risiko in Kauf nehmen, als Sie das Telefon zerstört haben. Ihnen musste klar sein, dass man den Speicher eventuell noch würde auslesen können, aber Sie hatten einfach keine Zeit, das Handy komplett zu zerstören. Sie sind davon ausgegangen, dass die Polizei sich Zeit damit lassen würde, einen ausgebüxten Häftling mit Fußfessel wieder einzufangen. Aber dann hat dieser Dorm im Krankenhausflur rumgeballert, und die Polizei kam viel früher, als Sie es erwartet hatten. Ich habe schlechte Neuigkeiten für Sie: Ich habe den Speicher über einen Bekannten einem EDV-Experten zugeschickt. Anonym, über eine Packstation. Er war so gut wie nicht beschädigt. Der Experte hat die Daten ausgelesen und mir den Handyspeicher wieder zurückgeschickt. Ich habe ihn dann zerstört und in den Fahrstuhlschacht der Klinik geworfen, wo die Polizei ihn später gefunden hat. Leider nicht mehr brauchbar …«

»Respekt!« Hegel wirkte fast, als sei er stolz.

»Greiner wollte sich mit dem Handy absichern. Diese Leute von Remus sind sehr vorsichtig, nicht zentral organisiert, jeder Einzelne hat nur wenige Informationen, die er preisgeben kann. Aber Greiner hat im Lauf der Jahre doch ziemlich viele Daten sammeln können: eine Reihe von Remus-Verbindungsleuten, zahlreiche Namen von

Käufern und Verkäufern der Kinder. Adressen, Telefonnummern, da war so einiges zu finden. Das wird Remus vielleicht nicht zersprengen, aber auf jeden Fall schwächen! Was denken Sie, wie sich Oswald Holder gefreut haben wird, als ihm diese Daten heute Morgen anonym zugegangen sind? Ich wünschte, ich wäre dabei gewesen. Sein ganz großer Tag!«

Hegel schluckte, und er wurde blass. »Sie haben doch nicht etwa …?« Er brachte kaum einen Ton heraus.

»Ob ich die Beweise dafür, dass Mathilda nicht Ihr Kind ist, auch an Holder gesendet habe?« Sie beugte sich zu Hegel vor. »Unglücklicherweise konnten alle Dateien, die Sie belastet haben, nicht wiederhergestellt werden.«

Hegel atmete auf. »Jula, ich weiß gar nicht …«

»Nicht so schnell! Ich habe alles gesichert, was ich benötige, um Sie für immer hinter Gitter zu bringen. Aber wissen Sie was? Das will ich gar nicht!«

»Ich weiß genau, was Sie wollen …« Jetzt wirkte Hegel fast wie ein kleiner Junge auf Jula.

»Mathilda liebt Sie, und ihre echten Eltern haben die Kleine damals verkauft wie Vieh. Wenn die Kleine die Wahrheit über ihre Herkunft erfährt, wird sie das ihr Leben lang verfolgen. Ich weiß, wie es ist, gebrochen zu werden, und ich möchte Mathilda das nicht antun.«

»Aber Sie würden?«

»Nur wenn Sie mir nicht endlich erzählen, was Sie über Moritz wissen! Und zwar alles. Es ist jetzt endgültig vorbei mit Ihren Spielchen!«

Hegel sah sich um, obwohl sich offensichtlich niemand in diesem Raum für das Gespräch interessierte. »Also gut: Moritz lebt! Und natürlich hat er Sie nicht vergewaltigt.« Hegel flüsterte. »Es geht ihm gut, aber nur solange Sie sich aus dieser Sache raushalten. Sie müssen ihn vergessen! Lassen Sie ihn tot sein, so, wie es sein Wille war.«

Jula schluckte. Hatte Hegel das gerade wirklich gesagt? Hatte er tatsächlich fast schon beiläufig endlich die beiden wichtigsten Informationen bestätigt, die es für sie gab? Am liebsten hätte Jula hemmungslos zu weinen begonnen. *Aber noch nicht jetzt!*

»So einfach kommen Sie aus dieser Nummer nicht raus. Ich will alles wissen, was Sie herausgefunden haben. Gegen wen wollte er damals aussagen? Was ist in Argentinien wirklich passiert? Wer hat mich vergewaltigt? Und wie sind Sie an diese Informationen gelangt?«

Hegel lehnte sich zurück und rückte das Oberteil seines Trainingsanzugs zurecht. Er fuhr sich durchs Haar, rieb sich mit beiden Händen durchs Gesicht und fokussierte seinen Blick wieder auf Jula. Und wenn er auch offensichtlich in einer Weise aufgewühlt war, wie sie es noch nie bei ihm erlebt hatte, und wenn er auch sehen und hören konnte, dass Jula nervlich an ihre Grenzen gekommen war, fasste er sich doch mit beachtlicher Professionalität wieder und sah ihr in die Augen. Er räusperte sich, bevor er schließlich mit klarer, fester Stimme sagte: »Wenn Sie mich dazu zwingen, Ihnen diese Fragen zu beantworten, wird das schwere Konsequenzen haben.«

»Wie meinen Sie das?« Jula verschluckte ihre Worte fast.

Hegel lächelte, doch es war kein freundliches Lächeln. Er neigte sich zu Jula vor und erklärte so eiskalt und ruhig, dass sie eine Gänsehaut bekam:

»Wenn Sie die Wahrheit über Moritz kennen, werden Sie und jeder Mensch, der Ihnen jemals etwas bedeutet hat, sterben!«

DANKSAGUNG

Ich kann immer noch nicht so richtig glauben, wie vielen Menschen wir mit dem ersten Thriller um Jula und Hegel spannende Stunden bereiten durften! Jetzt ist *Die Frequenz des Todes* da, und es ist mir ein tiefes Bedürfnis, mich bei allen zu bedanken, ohne die das nicht möglich gewesen wäre:

Sebastian Fitzek war wieder der Initiator und Hauptideengeber dieser abgefahrenen Story. Die Arbeit mit Dir ist einfach der Wahnsinn, lieber Sebastian – in vielerlei Hinsicht! Ein Journalist hat mich in einem Artikel als »Sebastian Fitzeks Zauberlehrling« bezeichnet. Das trifft die Sache ziemlich gut ... Vielen Dank für alles!

Ihnen wird aufgefallen sein, dass Sie in diesem Thriller sehr viel Fachliches über die Arbeit forensischer Phonetiker erfahren haben. Dafür verantwortlich ist Prof. Oliver Niebuhr, den wir im *Auris*-Team gern den echten Hegel nennen. Er ist Phonetiker und hatte so viel Freude an der Idee zur *Auris*-Reihe, dass er der Story sogar einige neue Wendungen ermöglichte. Lieber Oliver, hoffentlich bleibst du uns auch in Zukunft als Berater erhalten! Vielen Dank!

Eine zentrale Rolle in der Story nimmt die Leitstelle der Berliner Feuerwehr ein. Sebastian und ich durften dort vorbeischauen, und wir haben eine lange, ausführliche und exklusive Führung bekommen. Vielen Dank an das ganze Team, nicht nur für diesen hochinteressanten Einblick, sondern auch für eure Arbeit im Allgemeinen!

Sylvia Lemke, die mir schon während unserer gemeinsamen Schulzeit beim Klavierspielen zugehört hat, ist

Psychotherapeutin (hoffentlich nicht deswegen) und hat mich zu ihrem Fachgebiet beraten.

Carolin Graehl ist meine Lektorin bei Droemer, und es ist erstaunlich, was sie zu meinen Texten so an Fragen aufwirft, auf die ich selbst nicht gekommen wäre. Als Autor steckt man immer wieder mal in einem Tunnel fest, aus dem man sanft herausgezogen werden muss. Darüber hinaus ist sie aber auch Kummerkasten, Diplomat, Koordinator und schlicht die gute Seele von *Auris.* Vielen Dank, liebe Carolin!

Regine Weisbrod hat als Redakteurin mit Adleraugen den Text unter die Lupe genommen und unter anderem so viele logische Pannen und Holprigkeiten entdeckt, dass ich mir manchmal selbst an den Kopf fassen musste. Da Sebastian ein gestrenger Supervisor ist, musste ich die Story immer wieder umbauen. Dann kann es aber passieren, dass Kap. 3 nicht mehr zu dem passt, was neuerdings in Kap. 38 steht – und dafür braucht man ein Adlerauge mit enormem Textverständnis. Vielen Dank, liebe Regine!

Das Team meiner Agentur AVA International hält mir komplett den Rücken frei, was die gesamte Abwicklung von Vertraglichem betrifft, um die sich ein Autor im besten Fall nicht sollte kümmern müssen, wenn er den Kopf für sein Buch frei haben muss. Roman Hocke, Markus Michalek, Frau von Hornstein, Frau Petersen-Laux, Frau Hilz, Frau Strutzenberger: Sie sind die beste Agentur, die man als Autor haben kann!

Und dann ist da natürlich mein Management, Raschke Entertainment! Ihr zieht die Fäden, die alle Aspekte eines Autorenlebens miteinander verbinden. Ihr koordiniert, entwickelt und kümmert euch um eigentlich alles. Manu, Sally, Angie, Stolli – Ihr seid die Besten!

Das ganze Team von Droemer hat von Anfang an mit großem Aufwand, Herzblut und Engagement an der *Auris*-Reihe gearbeitet. Meiner Verlegerin Doris Janhsen sowie allen Mitarbeitern im Verlag, insbesondere dem Vertrieb, den Vertretern, dem Marketing, den Herstellern, danke ich von ganzem Herzen!

Auch dieses Mal hat Audible ein Hörspiel produziert, das teilweise vom Roman abweicht. Die Kooperation für das parallele Entstehen von Buch und Audioplay war wieder sehr konstruktiv; mit dem Hörspiel kann man die Story auf andere Weise noch ein weiteres Mal erleben. Vielen Dank an das ganze Team!

Ein riesengroßes Dankeschön geht selbstverständlich auch an alle Buchhändler. Der große Erfolg von *Auris* wäre ohne Sie gar nicht möglich gewesen. Der persönliche Kontakt zwischen Kunden und Buchhändlern ist nicht zu ersetzen. Wir Autoren wären nichts ohne Sie!

Wie immer geht aber mein letzter Dank an Sie, die Sie dieses Buch gelesen haben. *Auris* hat es mir endgültig ermöglicht, meinen Traumberuf, den ich schon mit neun Jahren ergreifen wollte (peinliche Dokumente beweisen das …), voll und ganz ausüben zu können. Ohne Sie könnte ich nicht tun, was ich liebe und was mir als meine Aufgabe erscheint: Menschen mit dem, was mir auch selbst gefallen würde, möglichst gut zu unterhalten. Vielen Dank!

Vincent Kliesch